HTML & CSS设计与构建网站

[美] Jon Duckett 著

刘 涛 陈学敏 译

清华大学出版社

北 京

Jon Duckett

HTML & CSS: Design and Build Websites

EISBN：978-1-118-00818-8

Copyright © 2011 by John Wiley & Sons, Inc., Indianapolis, Indiana

All Rights Reserved. This translation published under license.

图书在版编目(CIP)数据

HTML & CSS设计与构建网站/(美)达科特(Duckett, J.) 著；刘涛，陈学敏 译.
—北京：清华大学出版社，2013.2 （2016.10 重印）

书名原文：HTML & CSS: Design and Build Websites

ISBN 978-7-302-31103-4

Ⅰ.①H… Ⅱ.①达… ②刘… ③陈… Ⅲ.①超文本标记语言—程序设计 ②网页制作工具 Ⅳ.①TP312 ②TP393.092

中国版本图书馆CIP数据核字(2012)第309485号

责任编辑：王 军 韩宏志
装帧设计：牛静敏
责任校对：邱晓玉
责任印制：王静怡

出版发行：清华大学出版社
　　　　网　　址：http://www.tup.com.cn, http://www.wqbook.com
　　　　地　　址：北京清华大学学研大厦 A 座　邮　编：100084
　　　　社 总 机：010-62770175　　　　邮　购：010-62786544
　　　　投稿与读者服务：010-62776969，c-service@tup.tsinghua.edu.cn
　　　　质 量 反 馈：010-62772015，zhiliang@tup.tsinghua.edu.cn
印 装 者：北京亿浓世纪彩色印刷有限公司
经　　销：全国新华书店
开　　本：148mm×210mm　印　张：15.625　字　数：680 千字
版　　次：2013 年 2 月第 1 版　印　次：2016 年 10 月第 8 次印刷
印　　数：18001～22000
定　　价：59.80 元

产品编号：042657-01

译者序

HTML & CSS在网站设计与构建中的作用无可替代！Jon Duckett——在Web领域著作颇丰的大师——为我们奉献了一本寓教于乐的优秀HTML & CSS教程！

尽管曾经读过不少同类书籍，但第一次拿到本书的原版时，其清晰的讲解和精美的版式着实令我耳目一新，仔细品读之后，又为作者所采用的这种介绍HTML & CSS的方式而惊叹不已。这是一种全新的方式，一种"简约而不简单"的方式。几乎每一种标签、每一项属性的讲解都会对应一个简短的示例。在每一章的最后还会附有一个综合的示例，系统地演示主要知识点。当别人还沉浸在连篇累牍的赘述中时，还在为密密麻麻的代码绞尽脑汁时，你应该为自己手中有这样一本赏心悦目的教程而感到庆幸。

学习并精通一门技术的关键不在于面面俱到，而在于透彻地理解和熟练地应用。有些教程类书籍动辄几十万、上百万字，将一门技术的所有细节都包含其中，读者在学习时往往抓不住重点，不利于知识的消化吸收，容易使学习变成机械记忆。与这些书籍不同，本书的主体内容涵盖了HTML & CSS的常用标记和属性，配有大量插图，在提供网站建设所需技术支持的基础上，最大程度地帮助读者透彻理解并熟练应用HTML & CSS。此外，针对读者在学习或建站过程中可能遇到的问题，本书也给出了一些非常实用的帮助信息。

当你决定学习网站建设时，很可能已经听说过近年来风生水起的HTML5 & CSS3组合。作为HTML & CSS各自的最新版本，HTML5 & CSS3凭借前所未有的颠覆性设计理念和多元化呈现方式受到越来越多开发者的追捧和众多互联网公司的青睐。本书自然不会错过这些内容，作者在相应的章节适时地介绍了HTML5 & CSS3的一些新控件、新属性，让你在学习经典的HTML & CSS内容时也可以与前沿技术无缝接合。

作为译者，翻译Jon Duckett的书让我们深感荣幸，也倍感压力。我们在翻译过程中力求使译文准确表达原文含义并符合汉语的表达习惯，如有不足之处，还望各位读者不吝指正。

在翻译过程中，我们得到了众多家人、朋友、同事的关心、鼓励与配合。感谢清华大学出版社的编辑为我的译文及时提出意见和建议；感谢多位网友为本书的一些术语和长句翻译提供的帮助。感谢你们的支持与帮助！

刘 涛
作于古莲花池

请访问以下网页来下载本书所有代码：
http://www.htmlandcssbook.com/code/
另外，也可以登录http://www.tupwk.com.cn/downpage
页面，输入本书的书名或ISBN，来下载示例代码。

目录

前　言

- ▶ 关于本书
- ▶ 网络访问机制

首先，感谢你选择阅读本书。本书面向以下两类读者：

- 想要从头开始学习如何设计和建立网站的读者
- 已经拥有网站(这些网站可能是利用内容管理系统、博客软件或是电子商务平台建立的)并且想要更好地控制页面外观的读者

你只需要一台安装了Web浏览器的计算机和一个文本编辑器(比如Windows中的记事本，或Mac中的TextEdit)就可以使用本书进行学习。

介绍页出现在每章开头。它们用于介绍你将在相应的章中学习的主要内容。

参考页用于简要说明主要的HTML和CSS代码片段。HTML代码显示为蓝色,CSS代码显示为粉红色。

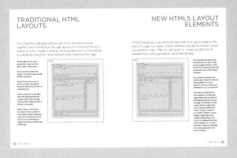

背景页为白色页面,它们为相应的章所涵盖主题的背景信息进行说明。

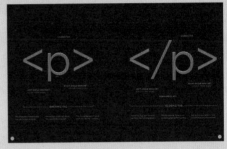

图解页和图形页为黑色背景。它们为正在讨论的主题提供一个简单、直观的参照图。

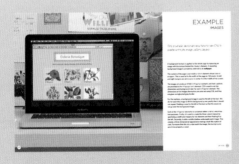

示例页将你在相应的章学习的主题和这些主题的应用演示整合到一起。

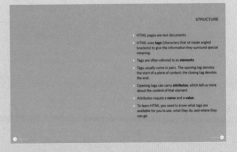

小结页出现在每章的结尾处。它们用于帮你复习相应的章涵盖的主要内容。

这本书难学吗？

许多讲解HTML和CSS的书籍就像是枯燥无味的手册。为了让你的学习更加轻松，本书抛弃了出版商惯用的模板，重新对版式进行了设计。

工作时，当人们看到我的计算机屏幕上布满密密麻麻的代码时，他们经常会说这些代码很复杂，或者说我十分聪明，因为我能理解这些代码。事实上，学习编写网页以及理解创建网页的代码并非难事，不一定非要是"程序员"才行。

了解HTML和CSS会对那些从事网络工作的人们有所帮助：设计人员可以创建出更具魅力、更加易用的网站，网站编辑可以创作更优质的内容，营销人员可以更高效地与他们的客户进行交流，管理人员可以借助更出色的网站最大限度地发挥团队的力量。

本书介绍了绝大部分常用的代码，忽略了一些不常见的代码(即使你是全职的网页编写人员，也极少使用这些代码)。在学完本书之后，如果遇到了那些不常见的代码，你可以快捷地通过Google来搜索它的含义。

本书还介绍了一些实用信息来回答读者经常提出的问题；比如讲述如何在网页中添加图像、音频和视频，如何着手设计和建立一个新的网站，如何提高网站在搜索引擎中的排名(SEO)，以及如何使用Google Analytics了解网站的访问者。

本书的组织结构

为了指导你创建网页，我将本书分成三个部分：

1. HTML

你会在第一章中学习如何使用HTML创建网页。你可以先写下一些你希望显示在网页中的词语，然后为这些词语添加标签或元素，这样浏览器就能理解哪些词语是标题，哪里是一个段落的起始和结束位置，等等。

这一部分的其余章节介绍了你在创建网页时可以自由使用的标签。这些章节是按照以下内容进行划分的：文本、列表、链接、图像、表格、表单、Flash、视频、音频以及其他内容。

我要提醒你的是，前9章中的示例看起来并不令人兴奋，但它们介绍的都是网页的基础知识。后面关于CSS的章节将会向你展示如何让你的网页看起来更富有情趣。

2. CSS

这一部分开始的一章说明了如何使用CSS规则来控制网页的样式和布局。随后介绍了可以在CSS规则中使用的各种CSS属性。这些属性通常分成两类：

表现：如何控制文本颜色和字体；如何设置字体大小、添加背景色(为整个页面或页面的某个部分添加背景色)以及背景图像。

布局：如何控制各元素在屏幕上的位置。你还将学习几种专业人员用来增强页面吸引力的技巧。

3. 实用信息

我们以一些帮助性的信息作为本书的结尾，它们有助于你建立起更好的网站。

有些即将被引入到HTML5中的新标签可以帮助你描述页面的结构。HTML5是HTML的最新版本(在撰写本书时，该版本仍然在开发中)。学习这些元素之前，你需要对如何用CSS控制网页的设计有一个透彻的理解。另外，专门有一章用来讲述在创建一个新的站点时应该遵循怎样的设计过程。

最后介绍了一些在你的网站建成后可以起到帮助作用的主题，比如将内容上传到网站、搜索引擎优化(SEO)以及使用分析工具来跟踪网站的访问者和他们的来访目的。

如何访问网络？

在学习用来构建网站的代码之前，首先需要了解人们访问网络的不同方式并透彻理解一些专业术语。

浏览器

人们访问网站时所用的软件称为Web浏览器。比较流行的浏览器有Firefox、Internet Explorer、Safari、Chrome和Opera。

用户可以通过以下几种方式查看网页：在浏览器中输入一个网址，单击来自其他网站的链接或是使用书签。

软件厂商会定期发布新版本的浏览器，新版本的浏览器都会增加一些新特性并支持语言新增的规范。但一定要记住，许多用户运行的并非这些浏览器的最新版本。因此你不能指望所有访问你网站的用户都能使用浏览器的最新功能。

你将在第19章学会如何确定访问者在访问你的网站时使用了哪种浏览器。

Web服务器

当你用浏览器请求一个网页时，这个请求通过Internet被发送到一台特殊的计算机，这台计算机称为Web服务器，它专门用来托管网站。

Web服务器是一种特殊的始终联网的计算机，专门用于向那些发出网络请求的人们发送网页。

一些大公司运行自己的网络服务器，但更普遍的做法是使用Web托管公司的服务并向其支付一定的托管费用。

设备

人们访问网站所使用的设备的种类越来越多，包括台式计算机、笔记本电脑、平板电脑和手机。因此，有两点必须予以注意：各种设备有着不同的屏幕尺寸，以及某些设备比其他设备的连网速度更快。

屏幕阅读器

屏幕阅读器是一种用来将计算机屏幕上的内容读给用户的程序。具有视觉障碍的人们通常会使用屏幕阅读器。

许多国家的相关法规都要求公共建筑必须为残障人士提供专用通道，同样，要求网站可供残障人士访问的多种法规也已经实行。

你会在本书中看到一些涉及屏幕阅读器的提示，这些提示有助于确保使用此类软件的人们能够访问你创建的网站。

有趣的是，屏幕阅读器所用的相关技术还被应用在人们无法阅读屏幕的其他情况中，比如驾车或慢跑的时候。

如何创建网站？

所有网站都使用HTML和CSS，但内容管理系统、博客软件和电子商务平台经常会加入其他一些技术。

你所看到的

当你浏览一个网站时，浏览器就会从托管此网站的Web服务器上接收HTML和CSS，然后解释这些HTML和CSS代码并渲染成你所看到的页面。

大多数网页还会包含其他内容，如图像、音频、视频或者动画，本书将教你如何准备这些内容以及怎样在网页中添加它们。

有些网站会向你的浏览器发送JavaScript或Flash，你也将学到如何在网页中添加JavaScript和Flash。这两种技术都属于更高级别的内容，如果你愿意，可以在掌握了HTML和CSS之后继续学习更多有关JavaScript和Flash的知识。

如何创建它

小型网站往往只会用到HTML和CSS。

较大的网站——尤其是那些频繁更新并且使用内容管理系统(CMS)、博客软件或是电子商务软件的网站——通常会在Web服务器上使用更复杂的技术，但实际上这些技术的作用都是生成HTML和CSS，然后将其发送给浏览器。因此，如果你的网站使用了这些技术，你完全可以利用新学到的HTML和CSS的知识对网站的外观进行更全面的控制。

更大、更复杂的网站可能会使用数据库来存储数据，并在服务器端使用诸如PHP、ASP.Net、Java或Ruby等编程语言，但即使你不熟悉这些技术同样也可以改善用户的视觉体验。你即将在本书中学到的技术已经足以胜任这项任务。

HTML5和CSS3

自从Web问世以来，已经存在数个版本的HTML和CSS——每个版本都较上一版本有所改进。

在撰写本书的时候，HTML5和CSS3仍然处于开发过程中。尽管它们还没有被最终敲定，但许多浏览器已经能够支持它们的某些特性，并且人们已经开始在他们的网站中使用最新的代码。因此，我决定在本书中对HTML5和CSS3的最新版本进行一定程度的讲解。

由于HTML5和CSS3是在这些语言早期版本的基础上建立的，因此学习HTML5和CSS3意味着你也可以理解它们的早期版本。我已经在书中清楚地标明了哪些代码属于新版本以及哪些代码可能得不到旧浏览器的支持。

网络访问机制

当你要访问一个网站时，托管此网站的Web服务器可能位于世界的任何位置。为了找到这台Web服务器的位置，浏览器首先会连接到一个域名系统(DNS)服务器。

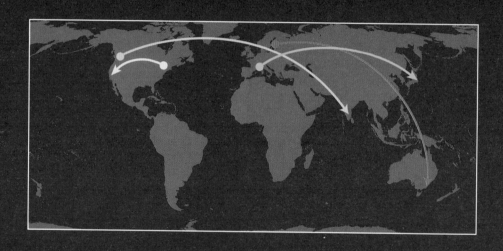

上图演示了你所访问的Web服务器可以位于世界的任何角落。DNS服务器的作用是告诉你的浏览器如何找到将要访问的网站。

● 一个巴塞罗那的用户访问位于东京的sony.jp

● 一个纽约的用户访问位于旧金山的google.com

● 一个斯德哥尔摩的用户访问位于悉尼的qantas.com.au

● 一个温哥华的用户访问位于班加罗尔的airindia.in

可以在右页中看到，当一个英格兰的网络用户想要浏览法国卢浮宫画廊网站(www.louvre.fr)时，情况会是怎样。首先，剑桥的浏览器连接到一个位于伦敦的DNS服务器，然后此DNS服务器告诉浏览器托管此网站的网络服务器位于巴黎。

1

你通过Internet服务提供商
(ISP)连接到网络，并通过
在浏览器中输入域名或是
网址的方式来访问网站，
例如：google.com，bbc.
co.uk，microsoft.com。

2

你的计算机连接到一个称为
域名系统(DNS)的服务器网
络。DNS有点类似于电话簿，
它会将域名对应的IP地址告
诉你的计算机。传统上，IP地
址是一个12位的数字，它被
句点分为四段；不过，现在最
新的IP地址包括32个字符。
每一台联网的计算机都具有
唯一的IP地址，它就像是这
台计算机的手机号码。

剑桥

伦敦

3

DNS服务器返回的IP地址
能让浏览器连接到托管你
所要访问网站的Web服务
器。Web服务器是一台始
终联网的计算机，它专门
用于向用户发送网页。

巴黎

4

最后，Web服务器将请求的
页面发送到你的Web浏览
器中。

第1章

结构

- ▶ 理解结构
- ▶ 学习标记
- ▶ 标签和元素

在生活中，我们每天都会面对各种各样的文档、报纸、医疗保单以及商品目录等。

许多网页就像是这些文档的电子版本。例如：报纸是以印刷品的形式向人们报道新闻，而这些新闻与刊登在网站上的新闻是一样的；你可以在网上申请购买保险；商店也有在线商品目录和相关电子商务设施。

不论哪种文档，文档的结构都是非常重要的，它能帮助读者理解你所要传达的信息并对文档起到导航作用。因此，理解文档的结构对学习编写网页是非常重要的。你将在本章中：

- 了解HTML如何描述网页结构

- 学习如何将标签或者元素添加到文档中

- 编写你的第一个网页

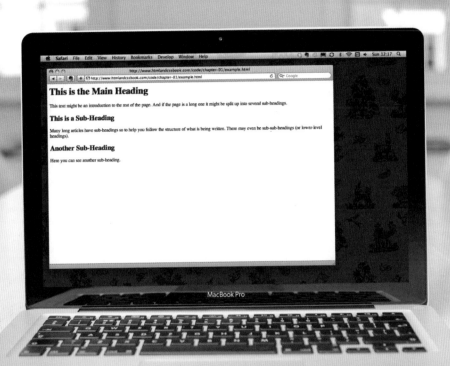

如何安排页面的结构

想想你在报纸上看到的新闻：每则新闻都会有一个标题、一些文字，还可能有些图片。如果是一则长篇幅的新闻，新闻中还可能有一些子标题，将文章分成几部分，或区分出摘引的内容。良好的结构有利于读者理解报纸上刊登的新闻内容。

对于在线阅读的新闻报道，它们的结构与报纸使用的结构非常相似(当然，在线内容可能包含音频或视频)。右图中显示的是一份报纸，而它的旁边就是在其网站上的同一篇文章。

现在考虑一种截然不同的文档——保险单。保险单的不同部分一般都设有标题，而且每个部分都会列出一些问题，这些问题还会附有供你填写详细答案的区域或是一些供你勾选的小方框。同样，这种结构与网上的保险单也是非常相似的。

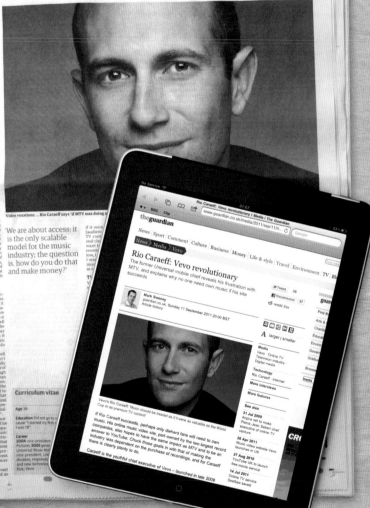

编排Word文档的结构

任何文档中标题和子标题的使用通常反映出信息的层次性。例如：一个文档可能以大标题开始，标题后面跟着文档简介信息或是文档中最重要的信息。

下面的次级子标题将展开叙述这些信息。使用Word处理器创建文档时，我们分析文本内容并编排其结构。每个主题都应该另起一个段落，而且每个部分都应该有一个概括性的标题。

右图是一个简单的Microsoft Word文档。文档中包含的不同样式(例如各级标题的样式)显示在下拉列表中。如果你经常使用Word，可能已经用过这些格式工具栏或者调色板去控制文档样式。

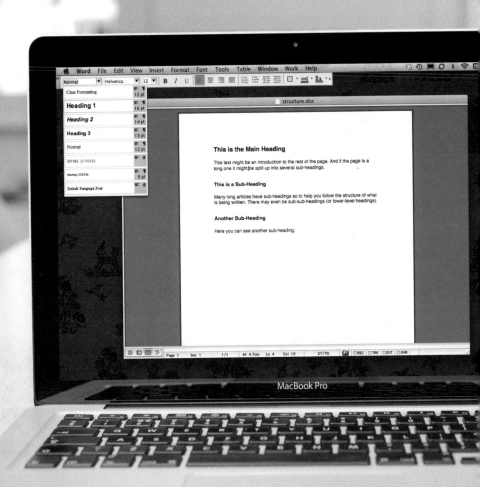

从上一页的介绍中你了解到Word文档中结构的运用对理解文档内容的帮助。当我们编写网页时，使用结构的道理是一样的。

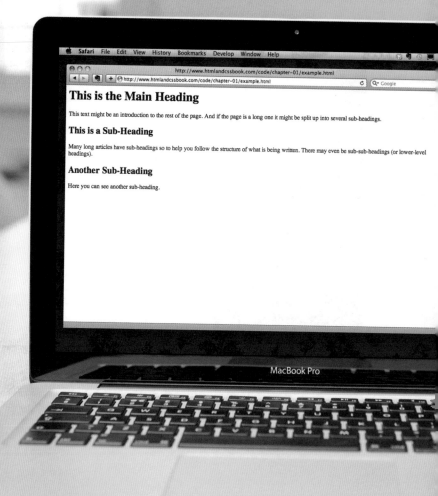

HTML描述页面的结构

你可以在浏览器窗口中看到一个与第7页中Word文档的内容相同的网页。为了控制一个网页的结构，我们需要为显示在网页上的文字添加代码。

下面就是这个页面的HTML代码，暂时不必考虑这些代码的含义，我们将从下一页开始详细讲解这些代码。注意：HTML代码采用蓝色字体，将要显示在屏幕上的文本采用黑色字体。

```html
<html>
  <body>
    <h1>This is the Main Heading</h1>
    <p>This text might be an introduction to the
       rest of the page. And if the page
       is a long one it might be split up into
       several sub-headings.<p>
    <h2>This is a Sub-Heading</h2>
    <p>Many long articles have sub-headings to
       help you follow the structure of what
       is being written.
       There may even be sub-sub-headings (or
       lower-level headings).</p>
    <h2>Another Sub-Heading</h2>
    <p>Here you can see another sub-heading.</p>
  </body>
</html>
```

HTML代码(蓝色字体)由包含在尖括号中的字符构成，这些代码称为HTML元素。元素通常由两个标签组成：一个起始标签和一个结束标签(结束标签要多一个斜杠)。每个HTML元素都会向浏览器传达其起始标签和结束标签之间的内容的结构信息。

HTML使用元素来描述页面结构

让我们仔细分析一下上页中的代码，其中有几个不同的元素，每个元素都有一个起始标签和一个结束标签。

代码

```
<html>
    <body>
        <h1>This is the Main Heading</h1>

        <p>This text might be an introduction to the rest of
           the page. And if the page is a long one it might
           be split up into several sub-headings.</p>

        <h2>This is a Sub-Heading</h2>

        <p>Many long articles have sub-headings so to help
           you follow the structure of what is being written.
           There may even be sub-sub-headings (or lower-level
           headings).</p>

        <h2>Another Sub-Heading</h2>

        <p>Here you can see another sub-heading.</p>

    </body>
</html>
```

标签的作用就像是容器。它们告诉你起始标签和结束标签之间的内容的结构信息。

元素说明

位于起始标签 <html> 和结束标签 </html> 之间的所有内容都是 HTML代码。

起始标签<body>表示在它和结束标签</body>之间的所有内容将会显示在浏览器主窗口中。

<h1>和</h1>之间的文字是主标题

成段的文本出现在这些<p>和</p>标签之间。

<h2>和</h2>之间的文字构成子标题。

这是另一个在起始标签<p>和结束标签</p>之间的段落。

另一个在<h2>和</h2>标签之间的子标题。

另一个在<p>和</p>标签之间的段落。

结束标签</body>表示在浏览器主窗口中显示内容的结束。

结束标签</html>表示HTML代码的结尾位置。

进一步分析标签

字符

<p>

右尖括号
(大于号)

左尖括号
(小于号)

起始标签

尖括号中的字符表明标签的用途。

例如：上面的标签中的p代表段落。

结束标签在<之后含有一个斜杠。

字符

</p>

左尖括号
(小于号)

斜杠

右尖括号
(大于号)

结束标签

"标签"和"元素"这两个术语经常互换使用。

但严格来说，一个元素包括起始标签、结束标签

以及其中的内容。

特性让我们更了解元素

特性提供有关元素中内容的附加信息。它们出现在元素起始标签中，并且由两部分组成：特性名称和特性值，中间由等号隔开。

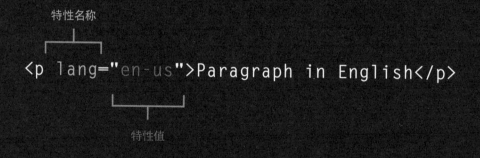

特性名称

```
<p lang="en-us">Paragraph in English</p>
```

特性值

特性名称表明你在提供有关元素内容的哪种附加信息，特性名应该使用小写字母。

特性值是特性的信息或设置，应该放在双引号中。不同的特性可以有不同的特性值。

这里的lang特性用来说明元素中使用的语言。就本页来说，lang的特性值表明它使用的是美式英语。

HTML5允许你为特性名称使用大写字母，并且可以省略特性值两侧的引号，但不推荐这样做。

特性名称

`<p lang="fr">Paragraphe en Français</p>`

特性值

只有少量特性(例如lang)可以在所有的元素中使用，大部分特性只能用在特定的元素中。

大部分特性值是预定义的，或者需要遵循一定的格式。我们会在介绍每个新特性时，了解其可用值。

lang的特性值以一种简写语言名称的方式来指定元素内容所采用的语言类别，并且这种简写方式在所有浏览器中都行得通。

body、head和title

<body>

在我们建立的第一个示例页面中,你就看到了<body>元素。这个元素中的所有内容都会显示在浏览器的主窗口中。

<head>

在<body>元素的前面,经常会看到一个<head>元素,它包含了有关这个页面的一些信息(不是指下一页在浏览器中显示的蓝色高亮信息)。在<head>元素中,经常会看到<title>元素。

<title>

<title>元素中的内容要么显示在浏览器的顶端,即你希望访问的页面URL地址栏的上方,要么显示在页面所在的选项卡上(如果你的浏览器允许同时浏览多个页面的话)。

/chapter-01/body-head-title.html　　　　HTML

```html
<html>
  <head>
    <title>This is the Title of the Page</title>
  </head>
  <body>
    <h1>This is the Body of the Page</h1>
    <p>Anything within the body of a web
    page is displayed in the main browser
    window.</p>
  </body>
</html>
```

结　果

This is the Body of the Page

Anything within the body of a web page is displayed in the main browser window.

在<title>标签中编写的
内容显示在浏览器窗口顶端
的标题栏(或页面选项卡)中，
这里以橙色高亮显示。

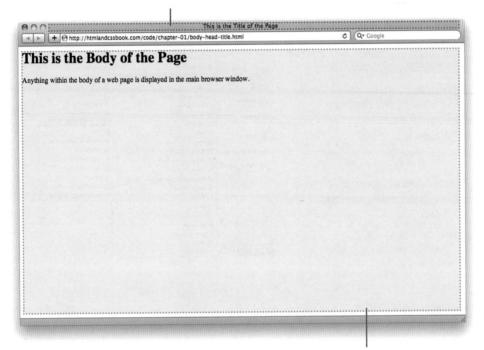

在<body>标签中编写
的所有内容将显示在浏览器
的主窗口中，这里以蓝色高
亮显示。

你可能知道HTML的全称是HyperText Markup Language(超文本标记语言)。超文本指的是HTML允许你通过建立链接，使访问者简捷地从一个页面跳转到另一个页面。标记语言允许你对文本进行注释，而这些注释为文档的内容提供了更多的注解。如果想创建一个页面，我们就要在希望显示的原始文本周围添加代码，然后浏览器借助这些代码将页面正确地显示出来。而我们所添加的标签就是标记。

在PC上创建网页

打开记事本，开始在PC上建立你的第一个网页。你可以这样找到记事本：

Start
All Programs (or Programs)
  Accessories
   Notepad

如果喜欢，你也可以从notepad-plus-plus.org下载并使用一款叫做Notepad++的免费编辑器。

输入右面的代码。

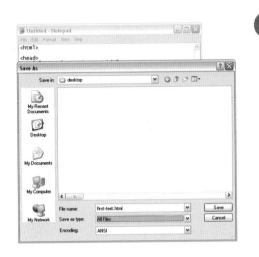

3 单击记事本的File菜单并选择*Save as...*，把这个文件保存到一个便于找到的地方。如果愿意，可以新建一个文件夹，用来保存按照本书进行尝试的示例。

将这个文件保存为`first-test.html`。确保在*Save as type*下拉列表选中*All Files*。

4 启动你的Web浏览器，单击*File*菜单并选择*Open*选项。浏览你刚刚创建的网页文件，选择它并单击*Open*按钮。浏览效果应该和左侧截屏中的情况一样。

如果网页打开后不是这样，在计算机上找到你刚才创建的文件，确认其文件扩展名为`.html`(如果扩展名为`.txt`，就需要再次打开记事本并重新保存文件，不过这次要在文件名两侧加上引号"`first-test.html`")。

在Mac上创建网页

打开TextEdit，开始在Mac上创建你的第一个网页。TextEdit程序应该在你的Applications文件夹中。

如果喜欢，也可以从barebones.com下载并使用一款叫做TextWrangler的免费文本编辑器来创建网页。

输入右面的代码。

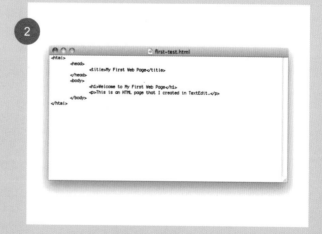

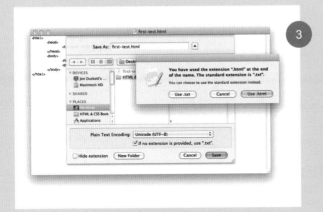

现在单击*File*菜单并选择*Save as...*，把这个文件保存到一个便于找到的地方。

如果愿意，你可以新建一个文件夹，用来保存你按照本书进行尝试的示例。将这个文件保存为first-test.html。你应该会看到一个与左侧截屏类似的窗口。

你应该选择*Use.html*按钮。

接下来，启动你的Web浏览器，打开*File*菜单并选择*Open*。浏览到你刚才创建的文件，选中它并单击*Open*按钮。浏览效果应该和左侧截屏中的情况一样。

如果与左侧的窗口不一样，你可能需要修改TextEdit中的一项设置。在TextEdit菜单中选择*Preferences*。在*Open and Save*的首选项中，选中*Ignore rich text commands in HTML files*复选框，然后重新保存这个文件。

内容管理系统中的代码

如果你正在使用一个内容管理系统、博客平台，或者电子商务应用程序，就需要先登录到网站的专门管理区域才能对其进行控制。这些网站管理区域通常会提供一些工具，通过这些工具你可以对页面的某些部分进行编辑，但并不能编辑整个页面，也就是说你很难见到<html>、<head>或<body>元素。

看一下第23页的内容管理系统，其中有一个让你输入页面标题的文本框，还有一个输入正文的文本框，一种输入发布日期的方式，还有一些表明该页面属于站点哪一部分的选项。

对于一个电子商务系统而言，你可能会面对一系列的文本框并用它们来输入商品名称，并看到商品详情、商品价格以及可购买数量等信息。

这是因为它们使用一个单独的"模板"文件来控制网站中某一个类别的所有页面(例如，电子商务系统可能会使用同一个模板来显示所有的商品)。你所提供的商品信息被放到了模板中。

这种方法的优点在于让那些不了解如何编写网页的人也可以向一个网站添加信息，还可以通过改变模板内容的外在表现，自动更新使用了这个模板的所有页面。想象一下一个拥有1000种商品的网上商城，只改动一个模板显然要比修改每种商品

的页面要简单得多。在类似的系统中,当你需要编辑诸如新文章、博客日志或者网上商城的商品说明等成块的文本信息时,一般都会有相应的文本编辑器。

文本编辑器通常会带有一些类似Word程序上的控件,这些控件预设了一些选项以便你定义文本样式、添加链接或者插入图片。在编辑场景的后台,这些编辑器实际上是在向你的文本中添加HTML代码,就像本章前面出现的代码一样。许多文本编辑器都会有一个查看代码选项,通过这个选项你可以查看和编辑由文本编辑器生成的代码。

一旦学会了如何阅读和编辑这些代码,你就能更好地控制网站的相关区域。

在上面的示例中,你可以看到文本编辑器附有一个允许使用可视化或HTML两种方式查看用户所输入内容的标签。其他系统也可能使用一个按钮(常常显示尖括号)作为查看代码的入口。

有些内容管理系统还会为你提供编辑模板文件的工具。由于不同的内容管理系统之间的文档互不相同,因此,如果你想要尝试编辑模板文件,就需要先查阅你的内容管理系统的文档。在编辑模板文件时,你需要小心从事,因为一旦错删了某个代码片段或在错误的位置添加了代码,都有可能导致整个网站停止工作。

看一下其他网站的构建方式

当网页学习起步以后，一种最普遍的掌握HTML并发现新技巧的方法就是查看构成网页的源代码。

如今，讲解HTML的书和在线教程越来越多，但仍然有必要查看网络服务器发送给你的代码。要尝试查看代码，只需访问www.htmlandcssbook.com/view-source/，找到本章的示例代码并单击View Source链接。

打开这个页面后，可在浏览器中找到*View*菜单并选择标有*Source*或*View source*的选项(选项名称与你使用的浏览器有关)。

你会在一个新窗口中看到用来创建这个页面的源代码。

右图就是你看到的结果。图片上边是所查看的页面，下边是相应的源代码。

刚开始你可能觉得这些代码难以理解，不过不要气馁。等学完了本书下一章的内容，就会对这些代码有所了解。

本书中的所有示例都在这个网站上，你可以用这个简单的技巧去分析这些示例页面是如何工作的。

也可以通过单击这个网站中的**Download**链接下载本书的全部代码。

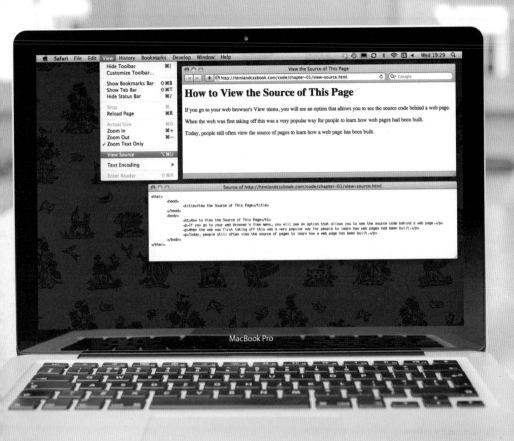

▸ HTML页面是文本文档。

▸ HTML使用标签(尖括号及其中的字符)为包含在其中的内容提供结构信息。

▸ 标签经常与元素互换使用。

▸ 标签通常成对出现。起始标签表示一段内容的开始; 结束标签表示它的结束。

▸ 起始标签可以附带特性, 特性告诉我们更多有关元素内容的信息。

▸ 特性由特性名称和特性值组成。

▸ 学习HTML就要学习哪些标签可用, 它们有什么作用以及可以用在何处。

第 2 章

文本

- ▶ 标题和段落
- ▶ 粗体、斜体、强调
- ▶ 结构化标记和语义化标记

编写网页时，你在页面的内容中添加标签(也称为标记)。这些标签表达了特定的含义并指示浏览器向用户呈现出合理的页面结构。

本章重点讲述如何向显示在网页上的文本添加标记。你将学习以下内容：

- **结构化标记**：可用来描述标题和段落的元素。

- **语义化标记**：表达特定含义的标记。例如在一个句子中的什么位置加入强调内容，也可能表明是一个引用(以及引用的作者)，或者表明是一个缩写词的全称，等等。

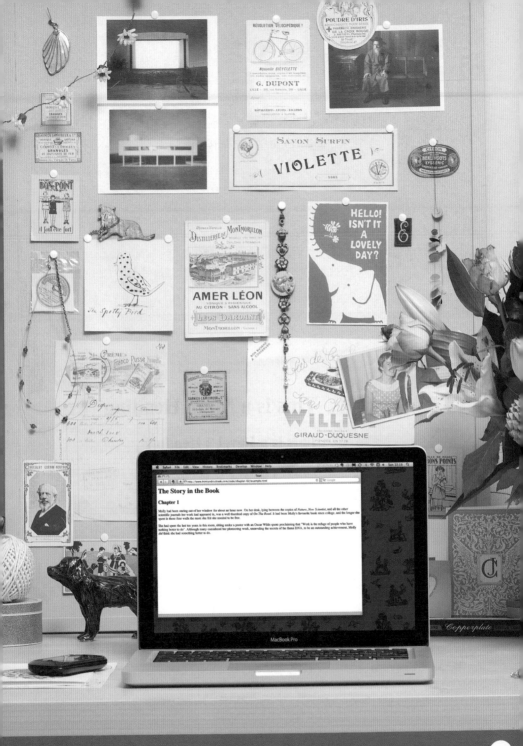

标题

<h1>
<h2>
<h3>
<h4>
<h5>
<h6>

HTML中的标题有六个级别：

<h1>用在主标题上

<h2>用在子标题上

如果在子标题下还有分段，就可以使用元素<h3>，以此类推。

浏览器使用不同的字号显示这些标题中的内容。<h1>元素中内容的字号最大，<h6>元素中内容的字号最小。每种浏览器显示标题的具体大小会略有不同。用户也可以调整浏览器中文本的字号。等到学习CSS时，你将会了解如何控制文本的大小、颜色及其所采用的字体。

chapter-02/headings.html HTML

```
<h1>This is a Main Heading</h1>
<h2>This is a Level 2 Heading</h2>
<h3>This is a Level 3 Heading</h3>
<h4>This is a Level 4 Heading</h4>
<h5>This is a Level 5 Heading</h5>
<h6>This is a Level 6 Heading</h6>
```

结　果

This is a Main Heading

This is a Level 2 Heading

This is a Level 3 Heading

This is a Level 4 Heading

This is a Level 5 Heading

This is a Level 6 Heading

段落

```
<p>A paragraph consists of one or more
   sentences that form a self-contained
   unit of discourse. The start of a
   paragraph is indicated by a new line.</p>
<p>Text is easier to understand when it is
   split up into units of text. For example,
   a book may have chapters. Chapters can
   have subheadings. Under each heading
   there will be one or more paragraphs.</p>
```

结　果

A paragraph consists of one or more sentences that form a self-contained unit of discourse. The start of a paragraph is indicated by a new line.

Text is easier to understand when it is split up into units of text. For example, a book may have chapters. Chapters can have subheadings. Under each heading there will be one or more paragraphs.

`<p>`

在成段的文字两端分别添加起始标签`<p>`和结束标签`</p>`就构成了HTML中所指的段落。

默认情况下，浏览器在显示段落时会另起一行并与后续段落保持一定的距离。

粗体和斜体

`<b>`

通过将文字包含在标签 `<b>` 和 `</b>` 之间，我们可以将这些文字显示为粗体。

尽管使用 `<b>` 元素并不意味着其他特殊含义，但它可以在外观上将其中的文字以粗体方式突显出来(例如段落中的关键字)。

另请参阅第40页的 `<strong>` 元素。

chapter-02/bold.html   HTML

```html
<p>This is how we make a word appear <b>bold.</b>
  </p>
<p>Inside a product description you might
  see some
  <b>key features</b> in bold.</p>
```

结　果

This is how we make a word appear **bold.**

Inside a product description you might see some **key features** in bold.

`<i>`

通过将文字包含在标签 `<i>` 和 `</i>` 之间，我们可以将这些文字显示为斜体。

`<i>` 元素可将一部分文本在格式上以不同于周围内容的方式显示——例如技术词语、轮船名称、外语单词、思想理论或是其他术语经常会以斜体显示。

另请参阅第40页的 `<em>` 元素。

chapter-02/italic.html   HTML

```html
<p>This is how we make a word appear
  <i>italic</i>.
  </p>
<p>It's a potato <i>Solanum teberosum</i>.</p>
<p>Captain Cook sailed to Australia on the
  <i>Endeavour</i>.</p>
```

结　果

This is how we make a word appear *italic*.

It's a potato *Solanum teberosum*.

Captain Cook sailed to Australia on the *Endeavour*.

上标和下标

```
<p>On the 4<sup>th</sup> of September you
   will learn about E=MC<sup>2</sup>.</p>
<p>The amount of CO<sub>2</sub> in the
   atmosphere grew by 2ppm in 2009<sub>1
   </sub>.</p>
```

结　果

On the 4th of September you will learn about $E=MC^2$.

The amount of CO_2 in the atmosphere grew by 2ppm in 2009[1].

＜sup＞

＜sup＞元素用来标记作为上标的字符，例如日期后缀或者像2^2这样表示幂的数学概念。

＜sub＞

＜sub＞元素用来标记作为下标的字符，它通常用在脚注或者像H_2O这样的化学式中。

空白

为了增强代码的可读性，设计人员经常通过补充空格或者换行的方式来编写代码。

当浏览器遇到两个或两个以上的连续空格时，只将其显示为一个空格。同样，当遇到一次换行时，浏览器也会将其看作一个空格。这一特性称为**白色空间折叠**。

你经常会看到网页设计人员利用白色空间折叠来缩进他们的代码，以保证代码具有更好的可读性。

```
<p>The moon is drifting away from Earth.</p>
<p>The moon        is drifting away from Earth.</p>
<p>The moon is drifting away from

    Earth.</p>
```

结　果

The moon is drifting away from Earth.

The moon is drifting away from Earth.

The moon is drifting away from Earth.

换行符和水平线

```
<p>The Earth<br />gets one hundred tons
heavier
    every day<br />due to falling space
dust.</p>
```

结 果

The Earth
gets one hundred tons heavier every day
due to falling space dust.

```
<p>Venus is the only planet that rotates
    clockwise.</p>
<hr />
<p>Jupiter is bigger than all the other
planets
    combined.</p>
```

结 果

Venus is the only planet that rotates clockwise.

Jupiter is bigger than all the other planets combined.

\<br /\>

如你所见，浏览器在显示另一个段落或者标题时会自动换行。但如果你想在段落中的某个位置加入换行符，可以使用换行标签\<br /\>。

\<hr /\>

在不同的主题间进行分割时—— 例如在书中改变话题或者在剧本中切换场景——你可在不同部分间使用\<hr /\>标签来插入一条水平线。

有一小部分元素，其起始标签和结束标签间不含任何文字，这些元素被称为**空元素**，并且它们的书写也有所不同。

一个空元素通常只含有一个标签，在空元素的闭合尖括号前，经常是一个空格和一个斜线。尽管有的网页设计人员会忽略这个空格和斜线，但在编写代码时加上它们是个好习惯。

可视化编辑器及其代码视图

内容管理系统和HTML编辑器(例如Dreamweaver)在显示你正在创建的网页时,通常会使用两种视图:可视化编辑器和代码视图。

可视化编辑器往往像一个文字处理器。尽管每种编辑器都略有不同,但大多数编辑器在提供给你对文本外观的控制功能上会有一些共同特征。

- 创建标题: 选中文本, 然后在标题下拉列表中选择一种标题。

- 创建粗体和斜体: 选中一些文本,然后按下 b 或 i 按钮。

- 创建段落: 利用回车键完成。

- 换行: 同时按下 Shift 键和回车键。

- 插入水平线: 按下标有一条直线的按钮。

如果从一个可以进行文本格式化的程序中(例如Word)复制文本并粘贴到可视化编辑器中,可能会增加多余的标记。为避免这种现象,可先将文本复制到一个纯文本编辑器(例如PC上的记事本或者Mac上的TextEdit),然后再从这个纯文本编辑器复制文本,并粘贴到可视化编辑器中。

代码视图显示由可视化编辑器生成的代码,你可以手工编辑这些代码,或者只是往其中加入自己的代码。代码视图通常由一个标有"HTML"字样或是标有尖括号的按钮激活。为使代码更便于阅读,编辑器可能会向代码中增加空格。

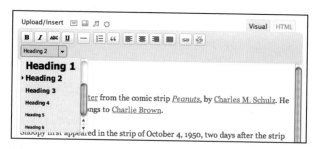

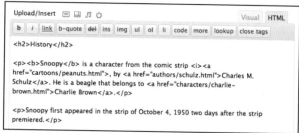

语义化标记

有一些文本元素,它们不影响网页结构,却为所在页面添加了额外信息——这些元素称为语义化标记。

在本章剩余的内容里,你将认识一些新的元素,这些元素在你向网页中添加文本时能派上用场。例如,<em>元素帮助你表明重点应该放在选定的文字上,<blockquote>元素表明其中的文本是一段引用。

浏览器通常会将这些元素中的内容以不同的方式显示。例如<em>元素中的内容以斜体显示,<blockquote>元素中的内容通常会缩进。但是你不应该把这些元素当作一种改变文本外观的方法来用,它们的目的是更加准确地描述网页中的内容。

使用这些元素的原因是为其他程序服务,像屏幕阅读器或搜索引擎这样的程序便可利用这些元素中携带的额外信息。例如,屏幕阅读器的声音会对<em>标签中的文字加强语气,如果使用了<blockquote>元素,搜索引擎会在记录你的网页时突出引用。

加粗和强调

`<strong>`

`<strong>`元素的作用是表示其中的内容十分重要。例如，阅读`<strong>`元素内的文字时可能会加强语气。

默认情况下，`<strong>`元素中的内容在浏览器中显示为粗体。

chapter-02/strong.html `HTML`

```
<p><strong>Beware:</strong> Pickpockets
  operate in this area.</p>
<p>This toy has many small pieces and is
  <strong>not suitable for children under
  five years old.
  </strong></p>
```

Beware: Pickpockets operate in this area.　结　果

This toy has many small pieces and is **not suitable for children under five years old.**

`<em>`

`<em>`元素起强调作用，能够细微改变语句的含义。

默认情况下，`<em>`元素中的内容在浏览器中显示为斜体。

chapter-02/emphasis.html `HTML`

```
<p>I <em>think</em> Ivy was the first.</p>
<p>I think <em>Ivy</em> was the first.</p>
<p>I think Ivy was the <em>first</em>.</p>
```

I *think* Ivy was the first.　结　果

I think *Ivy* was the first.

I think Ivy was the *first*.

引用

HTML   chapter-02/quotations.html

```html
<blockquote cite="http://en.wikipedia.org/
    wiki/Winnie-the-Pooh">
    <p>Did you ever stop to think, and forget
        to start again?</p>
</blockquote>
<p>As A.A. Milne said, <q>Some people talk
    to animals. Not many listen though.
    That's the problem.</q></p>
```

结　果

Did you ever stop to think, and forget
to start again?

As A.A. Milne said, "Some people talk to animals.
Not many listen though. That's the problem."

通常在标记引用时可以使用两种元素：

\<blockquote\>

\<blockquote\>元素用来标记那些会占用一整段的较长的引用。注意这里的\<p\>元素也被包含在\<blockquote\>元素中。

浏览器通常会对\<blockquote\>元素中的内容进行缩进，尽管如此，你不能只是用\<blockquote\>元素来缩进一段文本——而应该用CSS来完成缩进效果。

\<q\>

\<q\>元素用来标记位于段落中的较短引用。按照惯例，浏览器理应在\<q\>元素的两侧添加引号，可是IE浏览器却不支持——因此许多人都回避使用\<q\>元素。

这两个元素都可以用cite特性来表明引用的来源。cite特性的值应当是一个URL，该URL中包括有关引用来源的更详细信息。

缩写词和首字母缩写词

<abbr>

如果你要使用缩写词或是首字母缩写词，那么<abbr>元素便可派上用场。其起始标签中的title特性用来指定相应词汇的完整形式。

在HTML4中，对于首字母缩写词专门有一个<acronym>元素。与上面的<abbr>一样，<acronym>元素也采用title特性来拼写出相应词汇的完整形式。HTML5中，不论缩写词还是首字母缩写词都只使用<abbr>元素。

chapter-02/abbreviations.html `HTML`

```
<p><abbr title="Professor">Prof</abbr>
   Stephen Hawking is a theoretical physicist
   and cosmologist.</p>
<p><acronym title="National Aeronautics
   and Space Administration">NASA</acronym>
   do some crazy space stuff.</p>
```

结　果

Prof Stephen Hawking is a theoretical physicist and cosmologist.

NASA do some crazy space stuff.

National Aeronautics and Space
Administration

引文和定义

```
<p><cite>A Brief History of Time</cite> by
   Stephen Hawking has sold over ten million
   copies worldwide.</p>
```

结 果

A Brief History of Time by Stephen Hawking has sold over ten million copies worldwide.

\<cite\>

当你引用一部作品时(可以是书籍、电影或研究报告等)，\<cite\>元素可以用来表明引用的来源。

在HTML5中，\<cite\>元素不可用在人名上，但在HTML 4中是可以的，所以很多人还是喜欢继续这样用。

浏览器会把\<cite\>元素中的内容显示为斜体。

```
<p>A <dfn>black hole</dfn> is a region of
   space from which nothing, not even light,
   can escape.</p>
```

结 果

A black hole is a region of space from which nothing, not even light, can escape.

\<dfn\>

当你在文档中第一次解释一些新术语时(可能是学术概念或者行业用语)，会给出它的定义。

\<dfn\>元素用来表示一个新术语的定义。

有些浏览器使用斜体来显示\<dfn\>中的内容，而Safari和Chrome浏览器则不会改变其外观。

设计者详细信息

\<address\>

\<address\>元素有一个非常特殊的用途：包含页面设计者的联系详情。

它可以包含一个物理地址，但并非是必需的。例如，它可能包含一个电话号码或电子邮箱地址。

浏览器通常将\<address\>元素中的内容显示为斜体。

你可能还会对一种称为hCard的微格式感兴趣，通过它可以向你的标记添加物理地址信息。

在线支持：
可在本书所附网站中找到有关hCard的详细信息。

chapter-02/address.html `HTML`

```html
<address>
  <p><a href="mailto:homer@example.org">
    homer@example.org</a></p>
  <p>742 Evergreen Terrace, Springfield.</p>
</address>
```

结　果

homer@example.org

742 Evergreen Terrace, Springfield.

内容的修改

```
<p>It was the <del>worst</del> <ins>best</
ins> idea she had ever had.</p>
```

结　果

It was the ~~worst~~ <u>best</u> idea she had ever had.

⟨ins⟩
⟨del⟩

　　<ins>元素用来显示已经插入到文档中的内容,而<del>元素则用来显示已经从文档中删除的文本。

　　<ins>元素中的内容通常带有下划线,而<del>中的内容则带有删除线。

```
<p>Laptop computer:</p>
<p><s>Was $995</s></p>
<p>Now only $375</p>
```

结　果

Laptop computer:

~~Was $995~~

Now only $375

⟨s⟩

　　<s>元素表示不准确或不相关却并不应当予以删除的内容。

　　从外观上看,<s>元素的内容通常带有从中穿过的线条。

　　旧版本的HTML中有一个<u>元素表示带有下划线的内容,但这个元素已经逐渐被淘汰。

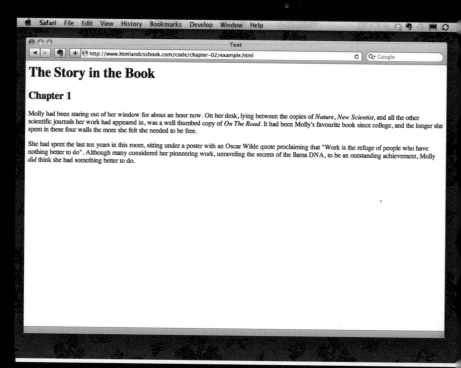

The Story in the Book

Chapter 1

Molly had been staring out of her window for about an hour now. On her desk, lying between the copies of *Nature*, *New Scientist*, and all the other scientific journals her work had appeared in, was a well thumbed copy of *On The Road*. It had been Molly's favourite book since college, and the longer she spent in these four walls the more she felt she needed to be free.

She had spent the last ten years in this room, sitting under a poster with an Oscar Wilde quote proclaiming that "Work is the refuge of people who have nothing better to do". Although many considered her pioneering work, unraveling the secrets of the llama DNA, to be an outstanding achievement, Molly *did* think she had something better to do.

示例
文本

下面是一个用来展示文本标记的十分简单的HTML页面。

结构化标记包括<h1>、<h2>和<p>等元素。
语义信息携带于<cite>和<em>等元素中。

```
<html>
  <head>
    <title>Text</title>
  </head>
  <body>
    <h1>The Story in the Book</h1>
    <h2>Chapter 1</h2>
    <p>Molly had been staring out of her window
      for about an hour now. On her desk,
      lying between the copies of <i>Nature</i>, <i>New Scientist</i>, and all the other
      scientific journals her work had appeared
      in, was a well thumbed copy of <cite>On
      The Road</cite>. It had been Molly's
      favorite book since college, and the
      longer she spent in these four walls the
      more she felt she needed to be free.</p>
    <p>She had spent the last ten years in
      this room, sitting under a poster with
      an Oscar Wilde quote proclaiming that
      <q>Work is the refuge of people who have
      nothing better to do</q>. Although many
      considered her pioneering work, unraveling
      the secrets of the llama <abbr title="Deoxyribonucleic
      acid">DNA</abbr>, to be an outstanding
      achievement, Molly <em>did</em> think
      she had something better to do.</p>
  </body>
</html>
```

▶ HTML元素用来描述页面的结构(例如标题、子标题和段落)。

▶ HTML元素还提供语义信息(例如在什么位置着重强调、所使用的缩略语定义、给定的文本何时是一个引用)。

第 3 章

列表

- ▶ 有序列表
- ▶ 无序列表
- ▶ 定义列表

我们在很多场合都需要使用列表。HTML提供了三种不同的列表：

- 有序列表是指为其中的每个项目编号的列表。例如，有序列表可能是菜谱的一系列步骤，而这些步骤必须按顺序完成，也可能是一则法律合同，合同中的每项条文都需要指定一个序号。
- 无序列表是指以点状项目符号(不同于表明顺序的字符)作为开头的列表。
- 定义列表是由一系列术语及其定义组成的列表。

有序列表

`<ol>`

使用由`<ol>`元素来创建有序列表。

`<li>`

列表中的每个项目都被置于起始标签`<li>`和结束标签`</li>`之间(li代表列表项目)。

浏览器默认对列表进行缩进。

有时你会看到网页利用`<ol>`元素中的`type`特性来定义编号类型(数字、字母、罗马数字等),不过最好利用CSS中的`list-style-type`属性(详见本书第322～324页)来定义编号类型。

```
chapter-03/ordered-lists.html                    HTML

<ol>
  <li>Chop potatoes into quarters</li>
  <li>Simmer in salted water for 15-20
      minutes until tender</li>
  <li>Heat milk, butter and nutmeg</li>
  <li>Drain potatoes and mash</li>
  <li>Mix in the milk mixture</li>
</ol>
```

结　果

1. Chop potatoes into quarters
2. Simmer in salted water for 15-20 minutes until tender
3. Heat milk, butter and nutmeg
4. Drain potatoes and mash
5. Mix in the milk mixture

无序列表

```
<ul>
  <li>1kg King Edward potatoes</li>
  <li>100ml milk</li>
  <li>50g salted butter</li>
  <li>Freshly grated nutmeg</li>
  <li>Salt and pepper to taste</li>
</ul>
```

结　果

- 1kg King Edward potatoes
- 100ml milk
- 50g salted butter
- Freshly grated nutmeg
- Salt and pepper to taste

`<ul>`

使用`<ul>`元素来创建无序列表。

`<li>`

列表中的每个项目都被置于起始标签`<li>`和结束标签`</li>`之间(li代表列表项目)。

浏览器默认对列表进行缩进。

有时你会看到网页利用`<ul>`元素中的type特性来定义项目符号的类型(圆形、正方形、菱形等)，不过最好利用CSS中的list-style-type属性(详见本书第322～324页)来定义项目符号类型。

定义列表

\<dl\>

定义列表由\<dl\>元素创建,并且通常包含一系列术语及其定义。

在\<dl\>元素内部,经常能看到成对的\<dt\>和\<dd\>元素。

\<dt\>

\<dt\>元素用来包含被定义的术语。

\<dd\>

\<dd\>元素用来包含定义。

有时可能会看到两个术语拥有同样的定义,或者是两个不同的定义解释同一个术语。

```
<dl>
  <dt>Sashimi</dt>
  <dd>Sliced raw fish that is served with
      condiments such as shredded daikon
      radish or ginger root, wasabi and soy
      sauce</dd>
  <dt>Scale</dt>
  <dd>A device used to accurately measure
      the weight of ingredients</dd>
  <dd>A technique by which the scales are
      removed from the skin of a fish</dd>
  <dt>Scamorze</dt>
  <dt>Scamorzo</dt>
  <dd>An Italian cheese usually made
      from whole cow's milk (although it was
      traditionally made from buffalo milk)</dd>
</dl>
```

结　果

Sashimi
　　Sliced raw fish that is served with condiments such as
　　shredded daikon radish or ginger root, wasabi and soy
　　sauce
Scale
　　A device used to accurately measure the weight of
　　ingredients
　　A technique by which the scales are removed from the
　　skin of a fish
Scamorze
Scamorzo
　　An Italian cheese usually made from whole cow's milk
　　(although it was traditionally made from buffalo milk)

嵌套列表

```
<ul>
  <li>Mousses</li>
  <li>Pastries
    <ul>
      <li>Croissant</li>
      <li>Mille-feuille</li>
      <li>Palmier</li>
      <li>Profiterole</li>
    </ul>
  </li>
  <li>Tarts</li>
</ul>
```

可在<li>元素中放入另一个列表来创建子列表，或者叫嵌套列表。

浏览器对嵌套列表的缩进比它的父级列表更深。在嵌套的无序列表中，浏览器通常也会改变项目符号的样式。

结　果

- Mousses
- Pastries
  - Croissant
  - Mille-feuille
  - Palmier
  - Profiterole
- Tarts

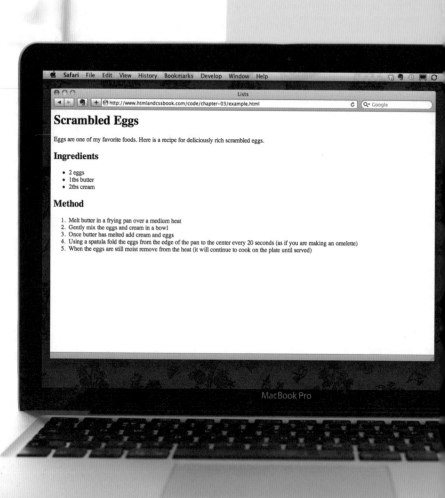

示例

列表

这里你可以看到一个主标题，随后是一段介绍性内容。无序列表用来概括食材，而有序列表用来描述烹饪步骤。

```
<html>
  <head>
    <title>Lists</title>
  </head>
  <body>
    <h1>Scrambled Eggs</h1>
    <p>Eggs are one of my favourite foods.
        Here is a recipe for deliciously rich
        scrambled eggs.</p>
    <h2>Ingredients</h2>
    <ul>
      <li>2 eggs</li>
      <li>1tbs butter</li>
      <li>2tbs cream</li>
    </ul>
    <h2>Method</h2>
    <ol>
      <li>Melt butter in a frying pan over a
          medium heat</li>
      <li>Gently mix the eggs and cream in a
          bowl</li>
      <li>Once butter has melted add cream and
          eggs</li>
      <li>Using a spatula fold the eggs from the
          edge of the pan to the center every 20
          seconds (as if you are making an omelette)</li>
      <li>When the eggs are still moist remove
          from the heat (it will continue to
          cook on the plate until served)</li>
    </ol>
  </body>
</html>
```

▸ HTML中有三种列表：有序列表、无序列表和定义列表。

▸ 有序列表使用数字编号。

▸ 无序列表使用项目符号。

▸ 定义列表用来定义专业术语。

▸ 列表可以嵌套在其他列表中。

第4章

链接

- ▶ 在页面之间建立链接
- ▶ 链接到其他网站
- ▶ 电子邮件链接

链接是网络的主要特色，因为链接允许你从一个网页跳转到另一个网页——实现了人们在网上浏览和冲浪的想法。

一般情况下，你会遇到下面几种链接：

- 从一个网站指向另一个网站的链接
- 从一个网页指向同一网站内部另一个网页的链接
- 从网页的一个位置指向同一网页内另一个位置的链接
- 在新的浏览器窗口中打开的链接
- 启动你的电子邮件程序并为其添加收件人的链接

编写链接

链接是由<a>元素建立的。用户可以单击位于起始标签<a>和结束标签</a>之间的任何内容。使用href特性来指定要链接到的页面。

这是链接的目标
页面地址

这是用户单击
的文本

```
<a href="http://www.imdb.com">IMDB</a>
```

链接的起始标签

链接的
结束标签

位于起始标签<a>和结束标签</a>之间的文本称为链接文本。如果可以，尽量在你的链接文本中告诉用户当他们单击这些文本时将会跳转到何处(而不是仅标明"单击这里")。下图中，你看到的是在第66页上建立的指向IMDB的链接。

许多人是通过寻阅链接中的文本来浏览网站的，清晰明确的链接文本有助于访问者找到他们需要的东西，此外，这还会让他们对你的网站产生更深刻的印象，并且可能促使他们在你的网站上停留更长时间(它还可以帮助使用屏幕阅读软件的用户)。

要编写合理的链接文本，你应该考虑当人们查找你所要链接的页面时可能使用哪些词语(例如，与其写成 "places to stay"，就不如使用类似 "hotels in New York" 这样更明确具体的写法)。

IMDB

指向其他网站的链接

<a>

网页中的链接是通过<a>元素建立的，<a>元素拥有一个重要的特性——href，href 特性的值设定了链接的目标，即网站用户单击链接时所到达的页面地址。

当网站用户单击位于链接起始标签<a>和结束标签</a>之间的内容时，就会打开href特性所设定的页面。

如果链接指向另一个网站，那么href特性的值必须是另一个网站的完整Web地址，也就是所谓的**绝对URL**。

默认情况下，链接文本在浏览器中显示为蓝色并带有下划线。

```
chapter-04/linking-to-other-sites.html        HTML
<p>Movie Reviews:
  <ul>
    <li><a href="http://www.empireonline.com">
        Empire</a></li>
    <li><a href="http://www.metacritic.com">
        Metacritic</a></li>
    <li><a href="http://www.rottentomatoes.com">
        Rotten Tomatoes</a></li>
    <li><a href="http://www.variety.com">
        Variety</a></li>
  </ul>
</p>
```

结　果

Movie Reviews:

- Empire
- Metacritic
- Rotten Tomatoes
- Variety

绝对 URL

URL的全称是Uniform Resource Locator(统一资源定位器)。每个网页都有各自的URL，网页的URL就是访问这个网页时需要在浏览器上输入的网址。

绝对URL以网站的域名开头，域名后面可以指定具体页面的路径。如果没有指定具体页面，网站将会显示主页。

指向同一网站中其他页面的链接

```
<p>
  <ul>
    <li><a href="index.html">Home</a></li>
    <li><a href="about-us.html">About</a></li>
    <li><a href="movies.html">Movies</a></li>
    <li><a href="contact.html">Contact</a></li>
  </ul>
</p>
```

结　果

- **Home**
- **About**
- **Movies**
- **Contact**

当链接指向同一网站中的其他页面时，就没必要在URL中指定域名，这时我们可以采用简短的**相对URL**。

如果网站的所有页面文件都在同一个文件夹中，那么href特性的值就是页面的文件名。

如果网站的页面文件放在不同的文件夹中，那就要用一个稍复杂点的语法来表示链接目标与当前页面的位置关系。你将在第70～73页学习更多相关内容。

如果你查看了每个章节的下载代码，会发现index.html文件中的链接使用了相对URL。

相对 URL

如果只是链接到同一网站中的其他页面，则可使用相对URL。在相对URL中不用指定网站的域名，有点像是绝对URL的简写形式。

我们将在第72～73页对相对URL进行详细讲解，通过一些非常有用的快捷方式可以链接到网站中的其他页面。

由于不必配置域名和服务器就可以利用相对URL在网页之间建立链接，因此，在PC上建立网站时，相对URL显得非常有用。

目录结构

对于规模较大的网站而言，在管理代码时，更合理的方式是将不同类别的页面保存在不同的文件夹中。网站中的文件夹有时也称为目录。

结构

第71页的图表中显示了一个名为ExampleArts的网站的目录结构，这是一个虚拟的娱乐列表网站。

最顶端的文件夹称为根文件夹(在这个示例中，根文件夹名为*examplearts*)。根文件夹中包含了网站中其他所有的文件夹及文件。

ExampleArts网站中的每个版块都放在单独的文件夹中，这种方式对网站文件的管理非常有好处。

如果你正在使用内容管理系统、博客软件或者电子商务系统，网站可能不会为每个页面建立单独的文件。

关系

网站中文件与文件夹之间的关系是用表达家谱关系的术语来描述的。

在右边的图表中，有些关系已经绘制出来了：*examplearts* 文件夹是*movies*、*music*、*theater*文件夹的父目录；同时，*movies*、*music*、*theater*文件夹也是*examplearts*文件夹的子目录。

这些系统通常为每种不同类型的网页使用一个模板文件(例如：新闻文章、博客日志、产品信息等)

主页

用HTML语言编写的网站的主页文件(包括子目录中各个版块的主页文件)通常命名为 *index.html*。

Web服务器通常会这样设置：如果未指定文件名，则自动返回到*index.html*文件。

所以，如果访问examplearts.com，服务器将会返回examplearts. com/index.html，如果访问examplearts.com/music，服务器将返回examplearts.com/music/index.html。

编辑模板文件时，将会修改所有使用这一模板的页面。所以，不要修改HTML以外的任何代码，否则页面可能遭到破坏。

父目录

*examplearts*文件夹是*music*
文件夹的父目录。

```
▼ ▇ examplearts
    ▢ index.html
  ▼ ▇ images
      ▢ logo.gif
  ▼ ▇ movies
    ▼ ▇ cinema
        ▢ index.html
        ▢ listings.html
        ▢ reviews.html
    ▼ ▇ dvd
        ▢ index.html
        ▢ reviews.html
        ▢ index.html
  ▼ ▇ music
      ▢ index.html
      ▢ listings.html
      ▢ reviews.html
  ▼ ▇ theater
      ▢ index.html
      ▢ listings.html
      ▢ reviews.html
```

祖父目录

*examplearts*文件夹是*dvd*
文件夹的祖父目录。

孙子目录

*dvd*文件夹是*examplearts*文件
夹的孙子目录。

子目录

*music*文件夹是*examplearts*
文件夹的子目录。

网站上的每个页面和图
片都有URL(或者叫统一资
源定位器)。URL是在网站域
名的后面加上页面或图片的
路径。

ExampleArts网站的主页
路径是www.examplearts.
com/index.html,而网站的
logo路径是www.examplearts.
com/images/logo.gif。

当你需要链接到其他
网页,或者需要在网页中包
含图片文件时,就会用到
URL。下一页,我们将学习
在网站内部文件之间建立链
接的简写形式。

根文件夹包含:

- *index.html*文件,它是整
  个网站的主页

- movies、music、theatre版
  块的独立文件夹

每个子目录包含:

- 一个文件*index.html*,它
  是这个子目录的主页

- 一个评论页面*reviews.html*

- 一个列表页面*listings.
  html*(除了DVD版块)

movies版块包含:

- 一个*cinema*文件夹

- 一个*DVD*文件夹

相对URL

相对URL可用于为网站内部的页面之间建立链接。它用一种简短的方式告诉浏览器去何处查找文件。

当你需要链接到网站内部的某个页面时,可以使用**相对URL**这种简短的方式来告诉浏览器目标文件相对于当前文件的位置,而不必在链接中指定域名。

对于新建网站或者学习HTML来说,相对URL非常有用,因为在你启用域名并把网站上传到网络服务器之前,就可以使用相对URL在本地计算机上自由地建立各个页面之间的链接。

由于不需要在每个链接中重复输入域名,相对URL写起来也比较快。

如果网站中的所有文件都保存在同一个文件夹,仅用页面的文件名就可作为指向这个页面的链接地址。

如果网站是由多个文件夹(目录)组织成的,就需要告诉浏览器怎样由当前页面到达链接的页面。

所以,如果从两个不同位置的页面链接到同一个页面,你有可能要编写两个不同的相对URL。

相对URL的关系描述采用了与前面介绍的目录结构同样的术语(都是借用了表达家谱关系的术语)。

相对链接类型	示例(依据第71页的图表)
相同的文件夹 要链接到同一文件夹内的文件, 只需使用文件名(其余的都不需要)	从music主页链接到music版块内的review页面: `<a href="reviews.html">`Reviews`</a>`
子文件夹 对于子文件夹, 使用子文件夹名后面加正斜杠再加文件名的形式	从网站主页链接到music版块内的listings页面: `<a href="music/listings.html">`Listings`</a>`
孙子文件夹 子文件夹名, 加正斜杠, 加孙子文件夹名, 加正斜杠, 再加文件名	从网站主页链接到DVD版块内的reviews页面: `<a href="movies/dvd/reviews.html">` Reviews`</a>`
父文件夹 使用../来表示当前文件夹的上一级文件夹, 然后加上文件名	从music版块内的reviews页面链接到网站主页: `<a href="../index.html">`Home`</a>`
祖父文件夹 重复../表示你要到达上面两级文件夹(而不是上一级), 然后加上文件名	从DVD版块中的reviews页面链接到网站主页: `<a href="../../index.html">`Home`</a>`

当你的网站开通后(也就是把网站上传到网络服务器以后), 你可能会发现网站的一些其他功能, 这些功能在网站开通前是不会工作的。

例如, 对于一个没有附带文件名的子文件夹名称, Web服务器通常会显示这个子文件夹的主页。

一个正斜杠表示整个网站的主页, 一个正斜杠附带一个文件名表示网站根目录下对应的文件。

EMAIL 链接

mailto:

你还可以用<a>元素建立email链接。email链接的href特性值以mailto:开始,然后添加一个收件人的email地址。单击email链接会启动网站用户计算机上的email程序,并自动添加链接中指定的email地址为收件人。

从右图中可以看到email链接和其他链接看起来并无不同,但单击它时,网站用户的email程序就会新建一封邮件,并将链接中指定的email地址添加为收件人。

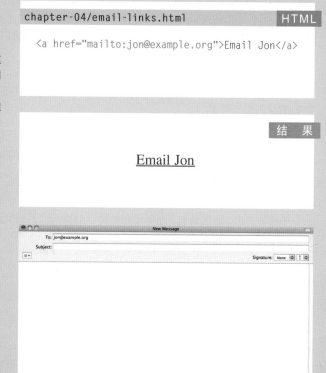

chapter-04/email-links.html   HTML

```
<a href="mailto:jon@example.org">Email Jon</a>
```

结　果

Email Jon

在新窗口中打开链接

chapter-04/opening-links-in-a-new-window.html

```
<a href="http://www.imdb.com" target="_blank">
Internet Movie Database</a> (opens in new window)
```

结　果

Internet Movie Database **(opens in new window)**

target

如果希望在新窗口中打开链接，就要用到`<a>`标签的`target`特性，并把这个特性的值设置为`_blank`。

网页设计者希望在新窗口中打开链接的最常见原因之一，就是这个链接指向了另一个网站。此类情况下，网页设计者希望网站用户在浏览过另一个网站后能够回到显示自己网站的窗口。

一般情况下，要尽量避免在新窗口中打开链接，如果真有必要，最好在网站用户单击之前提示他们链接将在新窗口中打开。

链接到当前页面的某个特定位置

在一个长页面的顶部，你可能会添加一个内容列表，用来链接到页面下方相应的部分。你也可能会在页面的底部创建一个可以返回到页面顶部的链接，这样一来网站用户就不必一直滚动才能到达顶部。

在链接到页面的特定位置之前，你需要确定链接所要到达的目标位置。确定目标位置时，你需要使用id特性(一个可以应用在所有HTML元素中的特性)。在这个示例中，你可以看到其中<h1>和<h2>元素都使用了id特性，id特性在页面中指定了这些部分。

id特性的值必须以字母或者下划线开头(而不能以数字或者其他字符开头)，并且在同一个页面中，不允许出现两个相同的id特性值。

要链接到一个使用了id特性的元素，你还要用到<a>元素，不同的是它的href特性值以#开头，后面跟着你所要链接元素的id特性值。在这个示例中，<a href="#top">链接到页面顶部的id特性值为top的<h1>元素。

```
<h1 id="top">Film-Making Terms</h1>
<a href="#arc_shot">Arc Shot</a><br />
<a href="#interlude">Interlude</a><br />
<a href="#prologue">Prologue</a><br /><br />
<h2 id="arc_shot">Arc Shot</h2>
<p>A shot in which the subject is photographed
    by an encircling or moving camera</p>
<h2 id="interlude">Interlude</h2>
<p>A brief, intervening film scene or
    sequence, not specifically tied to the
    plot, that appears within a film</p>
<h2 id="prologue">Prologue</h2>
<p>A speech, preface, introduction, or brief
    scene preceding the the main action or
    plot of a film; contrast to epilogue</p>
<p><a href="#top">Top</a></p>
```

链接到其他页面的某个特定位置

Film-Making Terms

Arc Shot
Interlude
Prologue

Arc Shot

A shot in which the subject is photographed by an encircling or moving camera

Interlude

A brief, intervening film scene or sequence, not specifically tied to the plot, that appears within a film

Prologue

A speech, preface, introduction, or brief scene preceding the the main action or plot of a film; contrast to epilogue

Top

如果想链接到其他页面的某个特定位置(不论这个页面是在网站内部还是在其他网站),你可以采用类似的技术来完成链接。

由于id特性可以表明元素在页面中的位置,因此只要你所链接的目标页面中含有id特性,就可以直接在目标页面地址后面使用相同的语法。

这样一来,href特性就依次包含页面的地址(绝对URL或者相对URL)、#符号以及目标元素的id特性值。

例如,要链接到本书所附网站主页的底部,你可以编写如下代码:

```
<a href="http://www.
htmlandcssbook.com/
#bottom">
```

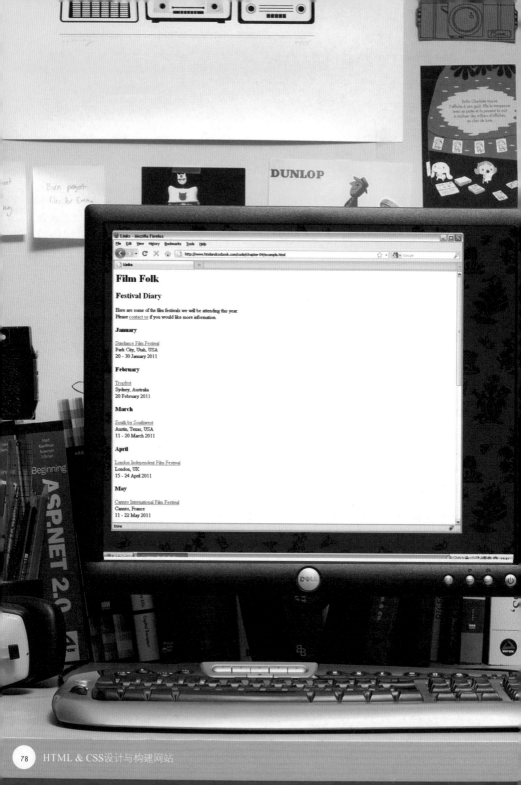

Film Folk

Festival Diary

Here are some of the film festivals we will be attending this year.
Please contact us if you would like more information.

January

Sundance Film Festival
Park City, Utah, USA
20 - 30 January 2011

February

Tropfest
Sydney, Australia
20 February 2011

March

South by Southwest
Austin, Texas, USA
11 - 20 March 2011

April

London Independent Film Festival
London, UK
15 - 24 April 2011

May

Cannes International Film Festival
Cannes, France
11 - 22 May 2011

示例

链接

下面的示例是一个关于电影的网页。

页面顶部的\<h1>元素中使用了id特性，因此在页面中可以添加一个能将访问者从底部带回顶部的链接。访问者可以通过页面中的电子邮件链接联系网页的设计者。页面中还有一些包含完全限定的URL的指向各个电影节的链接。在该链接列表的下方有一个包含相对URL的链接，链接目标是一个存放在同一目录下的about页面。

```html
<html>
  <head>
    <title>Links</title>
  </head>
  <body>
    <h1 id="top">Film Folk</h1>
    <h2>Festival Diary</h2>
    <p>Here are some of the film festivals we
       will be attending this year.<br />Please
       <a href="mailto:filmfolk@example.org">
       contact us</a> if you would like more
       information.</p>
    <h3>January</h3>
    <p><a href="http://www.sundance.org">
       Sundance Film Festival</a><br />
       Park City, Utah, USA<br />
       20 - 30 January 2011</p>
    <h3>February</h3>
    <p><a href="http://www.tropfest.com">
       Tropfest</a><br />
       Sydney, Australia<br />
       20 February 2011</p>
    <!-- additional content -->
    <p><a href="about.html">About Film Folk</a></p>
    <p><a href="#top">Top of page</a></p>
  </body>
</html>
```

▸ 链接是由<a>元素创建的。

▸ <a>元素通过href特性来指明你所要链接的页面。

▸ 如果是链接到网站内部的某个页面，相对于完全限定的URL，最好使用相对链接。

▸ 可以创建一个启动电子邮件程序并自动在"收件人"字段中添加电子邮件地址的链接。

▸ 可以通过id特性将某个可链接的页面上的元素作为链接目标。

第5章

5

图像

- ▶ 如何向页面中添加图像
- ▶ 选择正确的图像格式
- ▶ 优化Web图像

你可能会出于多种原因而想在网页中添加图像：可能想加入徽标、照片、插图、图示或者图表。

在为网站选择和准备图像时，有一些事项是需要考虑的，抽出些时间做好这些事情可以让你的网站看起来更富有魅力，也更加专业。你将在本章中学习以下内容：

- 利用HTML在你的网页中包含图像
- 选用合适的图像格式
- 以正确的大小显示图像
- 优化网络图像让页面加载得更快

你也可以采用CSS中的`background-image`属性在页面中添加图像，本书的第402~409页将介绍相关内容。

为网站选择图像

一图胜千言，而且好的图像有助于制作脱颖而出的迷人网站，从而与那些外观平平的网站区别开来。

图像可以用来设置一个网站的基调，这比阅读文字说明要快。如果你没有可以用在网站中的照片，有一些出售图像的**图库公司**，你可以付费使用其中的图像(下面列出了一些图库网站)。注意，所有图像都受版权保护，你可能会因为在其他网站轻松地获得照片而惹上麻烦。

如果你的一个页面上展示了多幅图像(例如产品图片或者一个团队的成员)，将它们放在一个简洁的、固定的背景中有助于让它们看起来更像是一组照片。

图像应该…

- ✔ 具有相关性
- ✔ 传递信息
- ✔ 正确地传递情感
- ✔ 可以被马上认出
- ✔ 适合调色板

图库

www.istockphoto.com
www.gettyimages.com
www.veer.com
www.sxc.hu
www.fotolia.com

在线支持

我们提供了一套在线图集来帮助你为自己的网站选择合适的图像。你可以在本书所附网站的tools部分找到这套图集。

在网站上存储图像

如果你刚开始建立网站，那么为网站内所有的图像创建一个文件夹是个良好的习惯。

随着网站的扩大，将图像放在一个单独的文件夹中有利于你理解网站是如何组织的。下图中的示例展示了一个网站中的所有文件，其中所有图像都存储在一个名为*images*的文件夹中。

在一个大型网站中，你可能会倾向于在*images*文件夹中添加子文件夹。例如，徽标和按钮的图像可能存储在一个名为*interface*的文件夹中，产品照片可能存储在一个名为*products*的文件夹中，而与新闻相关的图像则可能存储在一个名为*news*的文件夹中。

如果你正在使用内容管理系统或是博客平台，那么其管理站点中已经创建了便于上传图像的工具，并且程序很可能已经为图像和其他上传的文件建立了单独的文件夹。

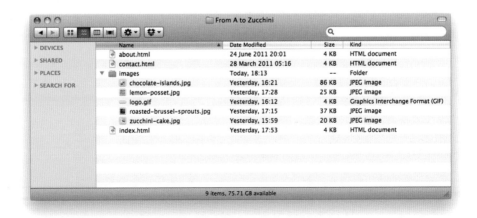

添加图像

<img>

需要使用<img>元素来向页面中添加图像。这是一个空元素(即没有结束标签)。<img>元素必须包含以下两个特性：

```
<img src="images/quokka.jpg" alt="A family of
   quokka" title="The quokka is an Australian
   marsupial that is similar in size to the
   domestic cat." />
```

src

这个特性告诉浏览器在何处可以找到所需的图像文件。特性值通常是一个指向网站内某个图像的相对URL。在右面的代码中你可以看到图像在一个名为 *images* 的子文件夹中——本书的第72～73页详细讲解了相对URL。

结　果

alt

这个特性对图像进行文本说明，在你无法查看图像时这段说明会对图像进行描述。

title

也可以在<img>元素中使用title特性来提供有关图像的附加信息。大部分浏览器在光标悬停在图像上时会以提示的方式显示title特性的内容。

用在alt特性中的文本常称为alt文本。alt文本针对图像内容给出精确的说明，因此，它可以用于屏幕阅读软件(存在视觉障碍的人使用的一类软件)和搜索引擎。

如果图像只是用来使页面更加美观(并且它没什么含意，比如一条图像分隔线)，那么alt特性仍然可以使用，但应使用空引号。

图像的宽度和高度

```
<img src="images/quokka.jpg" alt="A family of
    quokka" width="600" height="450" />
```

结　果

你经常会看到<img>元素使用另外两个特性来指定它的大小。

height

这个特性以像素为单位来指定图像的高度。

width

这个特性以像素为单位来指定图像的宽度。

图像往往比构成页面中的其余HTML代码耗费更多的加载时间。所以，一种好的解决办法是事先指定图像的大小，这样浏览器就可以为正在加载的图像留出合适的空间余量，同时继续显示页面上的其余文本。

相对于采用HTML，越来越多的人采用CSS来指定图像的大小——有关内容详见本书第398～399页。

在代码插入图像的位置

在代码中插入图像的位置将对如何显示图像产生影响。以下示例分别是在代码中插入图像的三种位置，由此也会产生不同的效果。

1: 在段落之前
段落会在图像之后另起一行开始显示。

2: 在段落的起始处
段落文本的第一行将与图像的底部对齐

3: 在段落之中
图像将位于它所在段落文字之中。

chapter-05/where-to-place-images.html `HTML`

```html
<img src="images/bird.gif" alt="Bird" width="100"
    height="100" />
<p>There are around 10,000 living species
    of birds that inhabit different ecosystems
    from the Arctic to the Antarctic. Many
    species undertake long distance annual
    migrations, and many more perform shorter
    irregular journeys.</p>
<hr />
<p><img src="images/bird.gif" alt="Bird" width="100"
    height="100" />There are around 10,000
    living species of birds that inhabit
    different ecosystems from the Arctic to
    the Antarctic. Many species undertake
    long distance annual migrations, and many
    more perform shorter irregular journeys.</p>
<hr />
<p>There are around 10,000 living species
    of birds that inhabit different ecosystems
    from the Arctic to the Antarctic.<img
    src="images/bird.gif" alt="Bird" width="100"
    height="100" />Many species undertake
    long distance annual migrations, and many
    more perform shorter irregular journeys.</p>
```

There are around 10,000 living species of birds that inhabit different ecosystems from the Arctic to the Antarctic. Many species undertake long distance annual migrations, and many more perform shorter irregular journeys.

There are around 10,000 living species of birds that inhabit different ecosystems from the Arctic to the Antarctic. Many species undertake long distance annual migrations, and many more perform shorter irregular journeys.

There are around 10,000 living species of birds that inhabit different ecosystems from the Arctic to the Antarctic. Many species undertake long distance annual migrations, and many more perform shorter irregular journeys.

在代码中插入图像的位置是非常重要的, 因为浏览器有两种显示HTML元素的方式:

块级元素总是另起一行显示。例如, <h1>和<p>都是块级元素。

如果<img>元素后面是一个块级元素(例如一个段落), 那么这个块级元素将在图像后的下一行开始, 就像本页中的第一个示例所显示的那样。

内联元素位于块级元素中, 并且不会另一起行显示。例如, <b>、<em>和<img>都是内联元素。

如果<img>元素位于一个块级元素中, 文本以及其他内联元素将环绕在图像的周围, 就像本页的第二个和第三个示例所显示的那样。

第174～175页将更深入地讨论块级元素和内联元素。

旧代码：图像的水平对齐

align

align特性通常用来表明页面的其他部分怎样环绕在图像周围。HTML5不再支持这一特性，新建的网站应该使用CSS来控制图像的对齐方式(你将在第400~401页看到相关内容)。

之所以在这里讨论align特性，是因为如果你查看旧代码，就很可能遇到它，而且一些可视化编辑器仍然会在你设定图像的对齐方式时向代码中插入align特性。

align特性可以采用以下水平值：

left

该特性值将图像左对齐(使文本环绕在图像的右边)。

right

该特性值将图像右对齐(使文本环绕在图像的左边)。

chapter-05/aligning-images-horizontally.html `HTML`

```
<p><img src="images/bird.gif" alt="Bird" width="100"
  height="100" align="left" />There are
  around 10,000 living species of birds
  that inhabit different ecosystems from
  the Arctic to the Antarctic. Many species
  undertake long distance annual migrations,
  and many more perform shorter irregular
  journeys.</p>
<hr />
<p><img src="images/bird.gif" alt="Bird" width="100"
  height="100" align="right" />There are
  around 10,000 living species of birds
  that inhabit different ecosystems from
  the Arctic to the Antarctic. Many species
  undertake long distance annual migrations,
  and many more perform shorter irregular
  journeys.</p>
```

There are around 10,000 living species of birds that inhabit different ecosystems from the Arctic to the Antarctic. Many species undertake long distance annual migrations, and many more perform shorter irregular journeys.

There are around 10,000 living species of birds that inhabit different ecosystems from the Arctic to the Antarctic. Many species undertake long distance annual migrations, and many more perform shorter irregular journeys.

比起只有一行文本与图像邻近(就像前面示例中那样),这种对齐方式看起来更加整齐。

将align特性的值设为left时,图像会被置于左侧,同时文本环绕在它周围。

将align特性的值设为right时,图像会被置于右侧,同时文本环绕在它周围。

如果文本一直输出到图像边缘,会使文本的阅读变得困难。在本书的第302~303页,你将学习如何利用CSS中的padding和margin属性在图像和文本之间增加间隙。

旧代码：图像的垂直对齐

正如你在上页所学到的，HTML5中不再使用align特性，这里之所以要对其进行讲解，是因为你可能在一些旧的网站中看到它，并且它仍存在于某些可视化编辑器所创建的代码中。

你将在第274～275页学习如何使用CSS来取得同样的效果。

align特性有三个值可用来控制图像如何在垂直方向上与环绕在它周围的文本对齐：

top

该值将周围文本的第一行与图像的顶端对齐。

middle

该值将周围文本的第一行与图像的中间对齐。

bottom

该值将周围文本的第一行与图像的底端对齐。

chapter-05/aligning-images-vertically.html `HTML`

```html
<p><img src="images/bird.gif" alt="Bird" width="100"
    height="100" align="top" />There are
    around 10,000 living species of birds
    that inhabit different ecosystems from
    the Arctic to the Antarctic. Many species
    undertake long distance annual migrations,
    and many more perform shorter irregular
    journeys.</p>
<hr />
<p><img src="images/bird.gif" alt="Bird" width="100"
    height="100" align="middle" />There are
    around 10,000 living species of birds
    that inhabit different ecosystems from
    the Arctic to the Antarctic. Many species
    undertake long distance annual migrations,
    and many more perform shorter irregular
    journeys.</p>
<hr />
<p><img src="images/bird.gif" alt="Bird" width="100"
    height="100" align="bottom" />There are
    around 10,000 living species of birds
    that inhabit different ecosystems from
    the Arctic to the Antarctic. Many species
    undertake long distance annual migrations,
    and many more perform shorter irregular
    journeys.</p>
```

There are around 10,000 living species of birds that

inhabit different ecosystems from the Arctic to the Antarctic. Many species undertake long distance annual migrations, and many more perform shorter irregular journeys.

There are around 10,000 living species of birds that

inhabit different ecosystems from the Arctic to the Antarctic. Many species undertake long distance annual migrations, and many more perform shorter irregular journeys.

There are around 10,000 living species of birds that inhabit different ecosystems from the Arctic to the Antarctic. Many species undertake long distance annual migrations, and many more perform shorter irregular journeys.

top值将文本的第一行置于靠近图像顶端的位置，后面的文本行则在图像的下方显示。

middle值将文本的第一行置于靠近图像的中间位置，后面的文本行则在图像的下方显示。

bottom值将文本的第一行置于靠近图像底端的位置，后面的文本行则在图像的下方显示。

如果文本一直输出到图像边缘，会使文本的阅读变得困难。本书的第302～303页将介绍如何利用CSS中的padding和margin属性在图像和文本之间增加间隙。

如果你想让所有文本都包围在图像旁边(而不是只有一行文本)，应该使用本书在第359～361页所讨论的CSS中的float属性。

尽管已经不再推荐使用align特性，但在一些旧代码中，你仍可能看到align特性与left或right值一起来实现同样的效果(如上页所述)。

创建图像的三条规则

当为自己的网站创建图像时，你要牢记下面总结的三条规则。接下来的9页将对每条规则进行更详细的讲解。

1

2

3

使用正确的格式保存图像

网站使用的图像格式主要为jpeg、gif或者png。如果选择的图像格式有误，你的图像看起来可能不会产生应有的效果，而且可能导致网页的加载速度变慢。

以正确的大小保存图像

当你保存图像时，图像的宽度和高度应该与其在网站上显示时的大小一致(以像素值来衡量)。如果图像的高度或宽度小于你在网页中为其指定的大小，那么它就会被扭曲和拉伸。如果图像的高度或宽度大于你在网页中为其指定的大小，那么它显示在页面上时就需要耗费更长的时间。

以像素来衡量图像

计算机屏幕是由称为像素的小方块组成的。屏幕上每英寸内的像素数量在用户提高或者降低分辨率时会发生相应的变化。因此，当你把用于网络的图像保存为合适的大小时，应该使用像素值来衡量它的宽度和高度(而不是用厘米或者英寸来衡量)。

编辑与保存图像的工具

你可以使用多种工具来编辑和保存图像以确保图像拥有合适的大小、格式和分辨率。

在网络专业人员中最为流行的工具是Adobe Photoshop(事实上,专业的网页设计人员经常使用这个工具来设计整个网站)。Photoshop的完整版本非常昂贵,但有一种能够满足大多数初学者需要的较便宜的版本称为Photoshop Elements。

其他软件

Adobe Fireworks
Pixelmator
PaintShop Pro
Paint.net

在线编辑器

www.photoshop.com
www.pixlr.com
www.splashup.com
www.ipiccy.com

在线支持

如何调借助这些应用程序调整图像大小,然后以正确的格式进行保存? 有关这些操作,可以在线观看演示视频。

图像格式：JPEG

当图片中包含多种不同的颜色时，你应该将其保存为JPEG文件。一张以雪景或是阴天为主的照片中包含大面积的白色或者灰色区域，但这种图片通常是由差别很小的多种不同颜色构成的。

图像格式: GIF

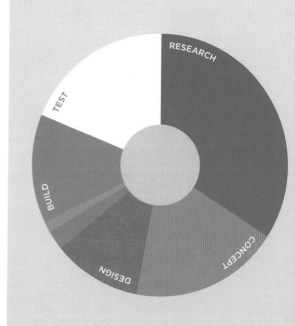

当图像中包含少量的颜色或者大面积的同色区域时，应该将其保存为GIF或PNG格式。

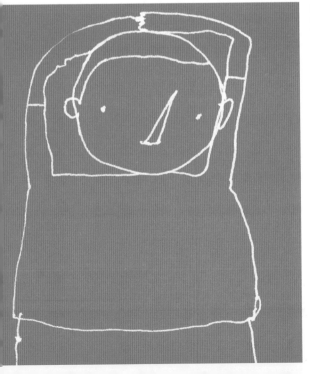

当一张图片的某个区域填充了完全相同的颜色，它就被称为平面彩色。徽标、插图和图表经常使用平面彩色(注意，雪、天空或者草地的照片不属于平面彩色，它们是由同一种颜色的多个存在微妙区别的不同变体构成的，因此它们不适合保存为GIF或是PNG格式)。

图像大小

在保存网站中所使用的图像时,它的宽度和高度应该与你希望它在页面中显示的大小保持一致。

例如,你设计的页面中包含一个宽300像素、高150像素的图像,那么所采用图像的大小就应该是300×150像素。为此你可能要用图像编辑工具来调整大小和修剪图像。引用图像时,了解如何改变图像的大小是非常重要的;设想你设计的一个网页中包含一个300像素宽、150像素高的图像:

在线支持

访问本书所附网站的Tools部分,可以观看利用Photoshop和GIMP进行图像大小调整的指导视频。

减少图像的大小
可以通过减小图像大小来创建一个小图像。

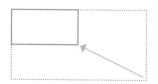

假如:图像宽600像素、高300像素,你可以按照50%的幅度缩小图像。

结果:这样创建的图像可以被更快地加载到页面中。

增加图像的大小
在不影响图像质量的情况下,要显著增加照片的大小是行不通的。

假如:图像宽100像素、高50像素,将其增大300%的同时会导致图像质量的下降。

结果:图像看起来模糊或成块状显示。

改变形状
仅有一部分图像可在不丢失重要信息的情况下进行裁剪(见下页)。

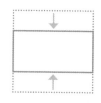

假如:图像宽300像素、高300像素,你可以移除图像的一部分以得到合适的大小,但这样做就可能丢失重要信息。

结果:只有部分图像可在不丢失信息的情况下进行裁剪。

裁剪图像

进行图像剪裁时，不丢失有价值的信息是非常重要的。应当尽可能引用形状合适的图像。

纵向

横向

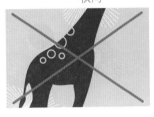

这里你可以看到一个长颈鹿的插图，而长颈鹿适合**纵向**显示。

如果我们将这幅插图**裁剪**成横向的，就会丢掉长颈鹿的头和脚。

如果我们在插图的左侧和右侧增加**额外的空间**，背景就会变得不一致。

横向

纵向

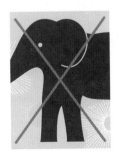

这里你可以看到一个大象的插图，而大象适合**横向**显示。

如果我们将这幅插图裁**剪成纵向**的，就会丢掉大象的鼻和两条后肢。

如果我们在插图的顶部和底部增加**额外的空间**，背景就会变得不一致。

图像的衡量和分辨率

当你设定用于屏幕显示的图像大小时，应该使用像素来设定图像的大小(而不要用厘米或者英寸)。

显示在计算机屏幕上的图像由称为像素的小方块构成。屏幕的分辨率就是每英寸的屏幕上所容纳的像素数；在大多数计算机上，这个数值是可以提高或降低的。

如果一个屏幕的分辨率设置为640像素×480像素，然后将分辨率提高为1024像素×768像素，那么在此屏幕上显示的图像和文本将变小，这是因为屏幕在同样大小的空间内显示了更多的像素。

当创建需要打印的图像时，最好以300点/英寸(DPI)或者更高的分辨率对其进行保存(确保图像的清晰)。

然而，网络上的图像分辨率则是另一种情况。我们只需按照图像各维的像素值考虑它的大小。

你可能听说用于网络的图像需要设置为72像素/英寸(PPI)，但用户可以调整自己屏幕的分辨率(这会影响到每英寸屏幕内的像素数量)。因此，屏幕完全根据图像的宽度像素值和高度像素值来确定图像的大小。

在屏幕上，一幅72ppi的300像素×300像素的图像与一幅500ppi的300像素×300像素的图像看起来一模一样。图像的分辨率只有当图像需要打印时才能派上用场。

矢量图像

矢量图像不同于位图并且与分辨率无关。矢量图像通常是由Adobe Illustrator这样的程序创建的。

当图像为线条图时(比如徽标、插图或者图表),设计人员经常采用矢量格式创建图像。矢量格式的图像与位图的差别很大。

矢量图像的创建是通过在网格上设置关键点并绘制这些点之间的线条来完成的。然后,就可以在已经创建的线条上填充颜色。

以矢量格式创建线条图的优势在于可在不影响图像质量的前提下放大图像大小。

目前在网站上显示矢量图像的方法先将原始矢量图像保存为它的位图版本,然后使用这个位图。

可伸缩矢量图形(SVG)是一个较新的格式,可用于将矢量图像直接显示在网络上(不必创建它们的位图版本),但这种格式的使用尚未普及。

GIF 动画

GIF动画能显示几帧序列图像，因此可用来创建简单的动画。

你可在下面看到组成一个GIF动画的几个独立帧，这个GIF动画显示的是一个橙色圆点沿着一个圆圈旋转——类似于在网页加载时你可能看到的动画。

一些如Adobe Photoshop的图像编辑软件允许你创建GIF动画。网络上有一些关于如何创建GIF动画的教程。还有一些网站，允许你上传独立帧的图形，然后自动为你创建GIF动画。

关键要记住：

每一帧多余的图像都会增加文件的大小并因此导致增加了加载图像的时间(而且Web用户不喜欢为加载图像等待很长时间)。

由于GIF文件并不是理想的照片显示格式，因此GIF动画实际上只适用于简单的插图。

在上世纪90年代，有很多业余的网页设计人员曾经过度地使用了GIF动画，这些苦涩的回忆使得当今的一些设计人员对GIF动画提不起兴趣。

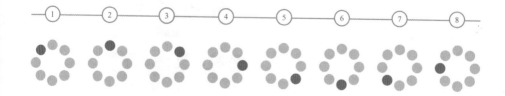

透明度

要创建一个局部透明(或者说"透视")的Web图像,会涉及以下两种格式之一:

透明GIF

如果图像的透明部分有直边,并且这部分是100%透明(也就是说,不是半透明),你可以GIF格式保存图像(选中透明度选项)。

PNG

如果图像的透明部分包含斜线或者圆边,或者你想使用半透明的透明度或投影,则需要将图像保存为PNG格式。

透明PNG格式不完全支持旧浏览器,尤其是Internet Explorer 6(IE6)。不过你可以借助一些JavaScript来解决这个问题。有关JavaScript的详细说明,可在本书所附网站的Tools部分找到。

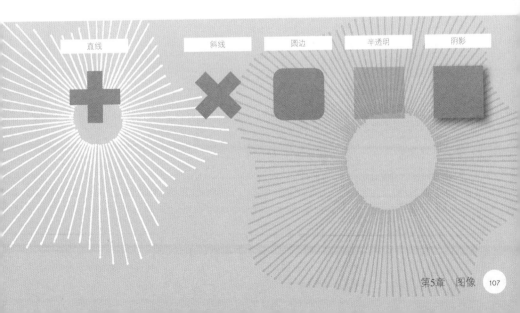

检查网络上的图像

检查图像大小

如果你正在更新一个网站，那么在创建一个新的图像来取代现有图像之前，需要检查现有图像的大小。为此，可以在图像上单击右键并在弹出的菜单中进行选择，如下图所示。Mac用户需要按住控制键然后单击——不是右键。

下载图像

如果你想从一个网站下载图像，你可以通过访问相同的弹出菜单来下载。不过要注意，网上所有图片均受版权保护，并明确要求重用许可权限。

在左边你可以看到如何检查图像的大小以及如何使用Safari下载它们。下面是一个简要概述，说明如何在各种浏览器中利用弹出菜单完成查看图像信息和下载图像的操作。

CHROME

大小: *Open Image in New Tab*

大小在新标签页中显示

下载: *Save Image As*

FIREFOX

大小: *View Image Info*

大小在弹出窗口中显示

下载: *Save Image As*

INTERNET EXPLORER

大小: *Properties*

大小在弹出窗口中显示

下载: *Save Image*

SAFARI

大小: *Open Image in New Tab*

大小在标题栏中显示

下载: *Save Image As*

HTML5：图形和图形说明

HTML chapter-05/figure-and-figure-caption.html

```html
<figure>
  <img src="images/otters.jpg" alt="Photograph of
    two sea otters floating in water">
  <br />
  <figcaption>Sea otters hold hands when
    they sleep so they don't drift away
    from each other.</figcaption>
</figure>
```

结　果

Sea otters hold hands when they sleep so they don't drift away from each other.

\<figure\>

图像往往带有说明。HTML5引入一个新的\<figure\>元素用来包含图像以及对图像的说明，并且这两项是相关联的。

只要图像的说明是相同的，你就可以在\<figure\>元素中添加多个图像。

\<figcaption\>

在HTML5中引入\<figcaption\>元素是为了让网页设计人员给图像添加说明。

在这些元素出现之前，一直无法将\<img\>元素与其说明关联起来。

那些不理解HTML5元素的旧浏览器会直接忽略新元素，而只显示其中的内容。

在这个示例中，徽标是一个**GIF**图像，因为它使用了平面彩色，而示例中的照片则是**JPEG**图像。这幅主体照片被放在**HTML5**的`<figure>`元素内并且拥有属于它的图像说明。

每幅图像上的`alt`特性用来为那些使用屏幕阅读器的读者提供图像描述，`title`特性则提供一些附加信息(这些信息显示在提示框内)。

本示例没有使用正在逐渐被淘汰的`height`、`width`或`align`特性。推荐你使用**CSS**属性来替代它们。

HTML & CSS设计与构建网站

示例

图像

```html
<html>
  <head>
    <title>Images</title>
  </head>
  <body>
    <h1>
      <img src="images/logo.gif"
           alt="From A to Zucchini" />
    </h1>
    <figure>
      <img src="images/chocolate-islands.jpg"
           alt="Chocolate Islands"
           title="Chocolate Islands Individual Cakes" />
      <p>
        <figcaption>
          This recipe for individual chocolate
          cakes is so simple and so delectable!
        </figcaption>
      </p>
    </figure>
    <h4>More Recipes:</h4>
    <p>
      <img src="images/lemon-posset.jpg"
           alt="Lemon Posset"
           title="Lemon Posset Dessert" />
      <img src="images/roasted-brussel-sprouts.jpg"
           alt="Roasted Brussel Sprouts"
           title="Roasted Brussel Sprouts Side Dish" />
      <img src="images/zucchini-cake.jpg"
           alt="Zucchini Cake"
           title="Zucchini Cake No Frosting" />
    </p>
  </body>
</html>
```

▶ <img>元素用于向网页中添加图像。

▶ 必须为<img>元素指定src特性和alt特性，src特性用来表示图像的源地址，alt特性用来描述图像的内容。

▶ 应该根据图像在网页上显示的大小来保存图像，并将其保存为合适的格式。

▶ 照片最好保存为JPEG格式；使用单色的插图或徽标更适合保存为GIF格式。

第6章

表格

- ▶ 如何创建表格
- ▶ 什么样的信息适合在表格中呈现
- ▶ 如何表示复杂的数据表

有些类型的信息需要用网格或是表格来呈现。例如: 体育比赛成绩、股市行情和列车时刻表等。

当使用表格来表示信息时, 你首先需要构造一个由行和列组成的网格(有点像电子表格)。你将在本章中学习以下内容:

- 用于创建表格的四个要素
- 使用表格表示复杂的数据
- 给表格添加说明

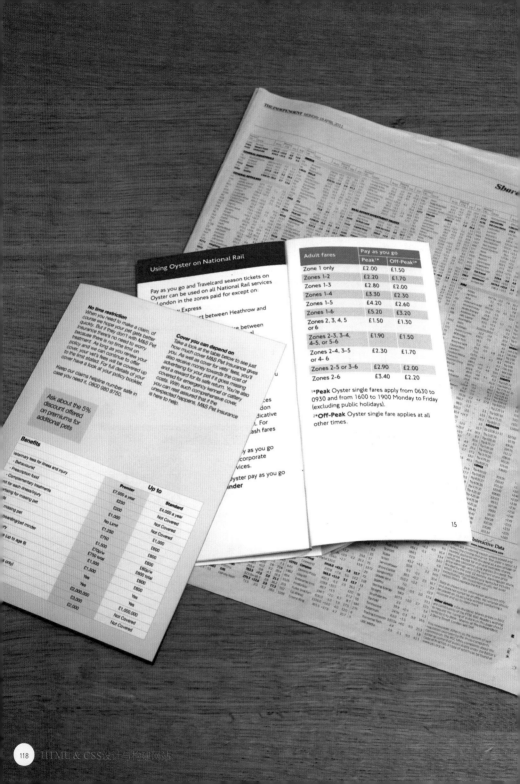

表格概述

表格以网格形式表示数据。使用表格的例子有财务报告、电视节目表和体育比赛成绩等。

网格通过在两个轴线上引用信息来让我们理解复杂的数据。

网格中的每个块称为表格的一个单元格。在HTML中，表格按照行的顺序逐行进行编写。

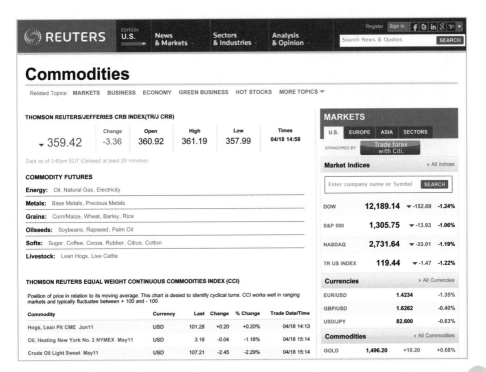

基本的表格结构

\<table\>

\<table\>元素用来创建表格。表格的内容逐行编写。

\<tr\>

你需要用起始标签\<tr\>来表示每行的开始(tr代表table row)。

\<tr\>之后是一个或多个\<td\>元素(每个\<td\>元素代表其所在行的一个单元格)。

在一行的末尾你需要加上结束标签\</tr\>。

\<td\>

表格中的每个单元格用\<td\>元素表示(td代表table data)。

你需要在每个单元格的末尾加上结束标签\</td\>。

有些浏览器会自动为表格和单元格添加边框。你将会在第298～301页以及第326～329页学习如何利用CSS控制表格的边框。

chapter-06/basic-table-structure.html   HTML

```
<table>
  <tr>
    <td>15</td>
    <td>15</td>
    <td>30</td>
  </tr>
  <tr>
    <td>45</td>
    <td>60</td>
    <td>45</td>
  </tr>
  <tr>
    <td>60</td>
    <td>90</td>
    <td>90</td>
  </tr>
</table>
```

结　果

15 15 30
45 60 45
60 90 90

表格的标题

```html
<table>
  <tr>
    <th></th>
    <th scope="col">Saturday</th>
    <th scope="col">Sunday</th>
  </tr>
  <tr>
    <th scope="row">Tickets sold:</th>
    <td>120</td>
    <td>135</td>
  </tr>
  <tr>
    <th scope="row">Total sales:</th>
    <td>$600</td>
    <td>$675</td>
  </tr>
</table>
```

结　果

	Saturday	**Sunday**
Tickets sold:	120	135
Total sales:	$600	$675

\<th\>

　　\<th\>元素和\<td\>元素的用法一样，但它的作用是表示列或行的标题(th代表table heading)。

　　即使一个单元格中没有任何内容，你仍需使用\<td\>或\<th\>元素来表示一个空单元格的存在，否则该表将无法正确呈现。在这个示例中，第一行的第一个单元格显示为一个空单元格。

　　在表格的标题上使用\<th\>元素可以帮助那些使用屏幕阅读器的用户，提升搜索引擎为你页面编写索引能力，还可以在你开始使用CSS以后让你更好地控制表格的外观。

　　可在\<th\>元素上使用scope特性来表明此元素是列标题还是行标题。scope特性可以取以下值：row指明这是一个行标题，col指明这是一个列标题。

　　浏览器通常以粗体显示\<th\>元素的内容，并在单元格内居中显示这些内容。

跨列

有时你可能需要让表格中的某个单元格跨越多个列。

我们可在`<th>`或`<td>`元素中用`colspan`特性来表明单元格所要跨越的列数。

在右侧的示例中，你可以看到一个列数为5的课程表。第一列包含的是所在行的标题(星期几)，其余4列各代表一小时的时段。

看一下包含单词"Geography"的单元格，你会发现此单元格的`colspan`特性值为2，这表明单元格跨越两列。在第3行中，"Gym"所在的单元格跨越了3列。

在第2行和第3行中你会看到单元格的数量比列数要少，这是因为当单元格扩展并跨越多列时，那些原本在扩展单元格位置上的`<td>`或`<th>`单元格便不再写入代码中。

为了说明单元格是如何跨越多列的，该示例中加入了一些CSS样式。有关这些样式，你将在第239页、第326～329页进行学习。

chapter-06/spanning-columns.html `HTML`

```html
<table>
  <tr>
    <th></th>
    <th>9am</th>
    <th>10am</th>
    <th>11am</th>
    <th>12am</th>
  </tr>
  <tr>
    <th>Monday</th>
    <td colspan="2">Geography</td>
    <td>Math</td>
    <td>Art</td>
  </tr>
  <tr>
    <th>Tuesday</th>
    <td colspan="3">Gym</td>
    <td>Home Ec</td>
  </tr>
</table>
```

结　果

	9am	10am	11am	12am
Monday	Geography		Math	Art
Tuesday	Gym			Home Ec

跨行

HTML chapter-06/spanning-rows.html

```
<table>
  <tr>
    <th></th>
    <th>ABC</th>
    <th>BBC</th>
    <th>CNN</th>
  </tr>
  <tr>
    <th>6pm - 7pm</th>
    <td rowspan="2">Movie</td>
    <td>Comedy</td>
    <td>News</td>
  </tr>
  <tr>
    <th>7pm - 8pm</th>
    <td>Sport</td>
    <td>Current Affairs</td>
  </tr>
</table>
```

结　果

	ABC	BBC	CNN
6pm - 7pm	Movie	Comedy	News
7pm - 8pm		Sport	Current Affairs

有时你还可能需要表中的某个单元格跨越多行。

可在<th>或<td>元素中用rowspan特性来表明单元格所要跨越的行数。

在左侧的示例中，你可以看到ABC在6点到8点之间播出电影，然而BBC和CNN频道在同样的时间段都播出两套节目(每套节目持续一个小时)。

看一下最后一个<tr>元素，尽管在下面的结果图中显示为4列，但它仅包含3个元素。这是因为上一个<tr>元素中的Movie单元格使用了rowspan特性，使得这个单元格向下延伸并占据了在其下面的单元格。

为了说明单元格是如何跨越多行的，这个示例中加入了一些CSS样式。有关这些样式的内容，你将在第239页、第326～329页进行学习。

长表格

有3种元素有助于区分表格的主体内容、第1行和最后一行(它们可以包含不同的内容)。

这些元素会对那些使用屏幕阅读器的人们有所帮助,并且允许你按照不同于表格中其余部分的方式来定义这些元素的样式(当你学习CSS时就会明白这一点)。

\<thead\>

表格的标题应放在\<thead\>元素中。

\<tbody\>

表格的主体部分应放在\<tbody\>元素中。

\<tfoot\>

表格的脚注应放在\<tfoot\>元素中。

默认情况下,很少有浏览器在外观上将这几种元素中的内容与其他元素的内容区别对待,但设计人员经常使用CSS样式来改变它们的外观。

```html
<table>
  <thead>
    <tr>
      <th>Date</th>
      <th>Income</th>
      <th>Expenditure</th>
    </tr>
  </thead>
  <tbody>
    <tr>
      <th>1st January</th>
      <td>250</td>
      <td>36</td>
    </tr>
    <tr>
      <th>2nd January</th>
      <td>285</td>
      <td>48</td>
    </tr>
    <!-- additional rows as above -->
    <tr>
      <th>31st January</th>
      <td>129</td>
      <td>64</td>
    </tr>
  </tbody>
  <tfoot>
    <tr>
      <td></td>
      <td>7824</td>
      <td>1241</td>
    </tr>
  </tfoot>
</table>
```

Date	Income	Expenditure
1st January	250	36
2nd January	285	48
3rd January	260	42
4th January	290	38
5th January	310	115
6th January	168	14
7th January	226	20
8th January	253	37
9th January	294	33
10th January	216	46
11th January	244	29
12th January	297	32
13th January	328	86
14th January	215	38
15th January	254	30
16th January	256	27
17th January	311	68
18th January	212	39
19th January	234	36
20th January	221	43
21st January	259	38
22nd January	246	31
23rd January	248	17
24th January	229	45
25th January	263	34
26th January	258	41
27th January	283	22
28th January	256	30
29th January	278	47
30th January	251	15
31st January	129	64
	7824	1241

内容管理系统中的一些HTML编辑器提供了绘制表格的辅助工具。如果表格的第1行只包含<th>元素，那么你可能会发现编辑器自动为表格添加了<thead>元素。

将<thead>和<tfoot>元素独立出来的其中一个原因是：如果你的表格高过屏幕(或者打印时长度超过页面)，那么浏览器可以在表格主体内容滚动时保持标题和脚注可见。这便于用户看清数据所在的列，然而主流浏览器在默认情况下并未启用这项功能。

这个示例中加入一些CSS样式，这样一来你就可以看到<thead>与<tfoot>元素中的内容与其余行在外观上受到的区别对待。你将在第298～301页、第326～329页学习如何在表格上应用这些CSS样式。

旧代码: 宽度和间隔

对于一些已经过时的特性,你不应当在新建的网站中使用它们。尽管如此,你还是可能会在查看旧代码时遇到它们,因此我在这里提到它们。所有这些特性已经被CSS的使用所代替。

width特性用于起始标签<table>,它用来指明表格的宽度,还用于某些起始标签<th>和<td>,用来指定个别单元格的宽度。width特性的值是以像素表示的表格或单元格的宽度。

由于一个表格中的列要排成整齐的直线,所以你常常只会在第1行中看到width特性(后面的行将自动使用与此相同的设置)。

起始标签<table>还使用cellpadding特性为表格中的每个单元格增加内边距,可使用cellspacing特性在表格的每个单元格之间设置间隔。这些属性的值以像素为单位。

这个示例中加入了CSS样式,这样一来你就可以更清楚地看到单元格的宽度。如果你想控制表格和单元格的宽度或间隔,就应该使用在第292页和第326~329页讲到的CSS。

chapter-06/width-and-spacing.html　　HTML

```html
<table width="400" cellpadding="10" cellspacing="5">
  <tr>
    <th width="150"></th>
    <th>Withdrawn</th>
    <th>Credit</th>
    <th width="150">Balance</th>
  </tr>
  <tr>
    <th>January</th>
    <td>250.00</td>
    <td>660.50</td>
    <td>410.50</td>
  </tr>
  <tr>
    <th>February</th>
    <td>135.55</td>
    <td>895.20</td>
    <td>1170.15</td>
  </tr>
</table>
```

结　果

	Withdrawn	Credit	Balance
January	250.00	660.50	410.50
February	135.55	895.20	1170.15

旧代码: 边框和背景

```
HTML        chapter-06/border-and-background.html

<table border="2" bgcolor="#efefef">
  <tr>
    <th width="150"></th>
    <th>Withdrawn</th>
    <th>Credit</th>
    <th width="150" bgcolor="#cccccc">Balance</th>
  </tr>
  <tr>
    <th>January</th>
    <td>250.00</td>
    <td>660.50</td>
    <td bgcolor="#cccccc">410.50</td>
  </tr>
  <tr>
    <th>February</th>
    <td>135.55</td>
    <td>895.20</td>
    <td bgcolor="#cccccc">1170.15</td>
  </tr>
</table>
```

border特性用于\<table\>和\<td\>元素,它以像素为单位来指定边框宽度。

bgcolor特性用来为整个表格或是单独的单元格指定背景颜色。此特性的值通常是一个十六进制代码(将在第238～241页讨论相关内容)。

左侧的示例中使用了HTML的border和bgcolor特性,而没有采用CSS属性。

在建立一个新网站时,你应该使用CSS来控制表格的外观,而不要利用这些特性。在这里提及它们只是因为你可能会在查看旧网站的代码时遇到它们。

结 果

	Withdrawn	Credit	Balance
January	250.00	660.50	410.50
February	135.55	895.20	1170.15

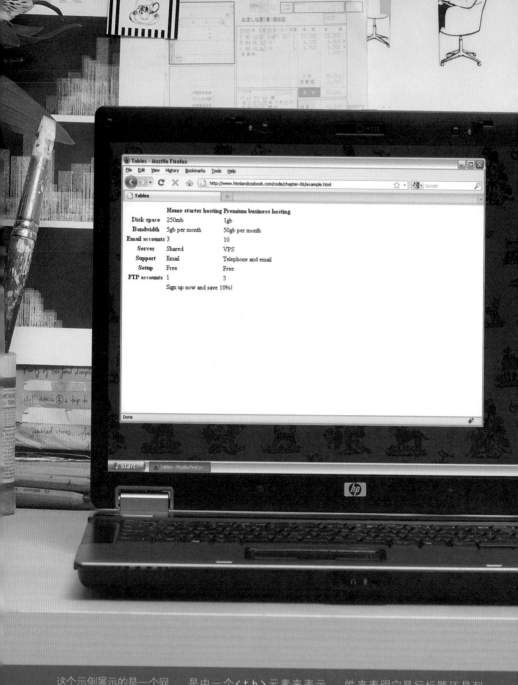

	Home starter hosting	Premium business hosting
Disk space	250mb	1gb
Bandwidth	5gb per month	50gb per month
Email accounts	3	10
Server	Shared	VPS
Support	Email	Telephone and email
Setup	Free	Free
FTP accounts	1	5
	Sign up now and save 10%!	

这个示例展示的是一个网络主机套餐的对比表。在表格的第一行和第一列都是标题。

左上角的空单元格仍然是由一个＜th＞元素来表示的。表格中的每个单元格都必须由一个＜th＞或＜td＞元素来占用。＜th＞元素使用scope特性来表明它是行标题还是列标题。表格中的最后一行使用colspan特性来扩展并跨越了两列。

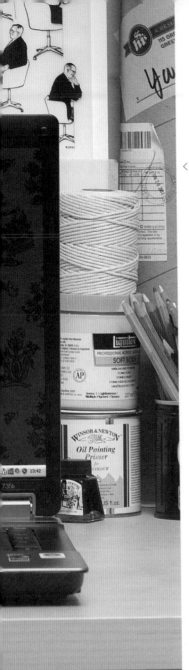

示例

表格

```html
<html>
  <head>
    <title>Tables</title>
  </head>
  <body>
    <table>
      <thead>
        <tr>
          <th></th>
          <th scope="col">Home starter hosting</th>
          <th scope="col">Premium business hosting</th>
          </tr>
      </thead>
      <tbody>
        <tr>
          <th scope="row">Disk space</th>
          <td>250mb</td>
          <td>1gb</td>
        </tr>
        <tr>
          <th scope="row">Bandwidth</th>
          <td>5gb per month</td>
          <td>50gb per month</td>
        </tr>
       <!-- more rows like the two above here -->
      </tbody>
      <tfoot>
        <tr>
          <td></td>
          <td colspan="2">Sign up now and save 10%!</td>
        </tr>
      </tfoot>
    </table>
  </body>
</html>
```

▶ <table>元素用来向网页中添加表格。

▶ 表格是逐行绘制的。行是由<tr>元素创建的。

▶ 每行中都有一定数量的由<td>元素(表示标题时使用<th>元素)表示的单元格。

▶ 可利用rowspan和colspan特性来使表格中的单元格跨越多行或者多列。

▶ 对于长表格,可将表格分成<thead>、<tbody>、<tfoot>三个部分。

第7章

表单

- ▶ 如何收集来自访问者的信息
- ▶ 各种表单控件
- ▶ HTML5中新引入的表单控件

从传统意义上讲，"表单"这个词指的是一个打印的文档，这个文档中含有一些空白区域供你填写信息。

HTML借用了表单这个概念来定义一类元素，这些元素可以让你为网站收集来自访问者的信息。

无论是要向网站加入一个简单的搜索框，还是要创建更复杂的保险申请单，HTML表单都会为你提供一组元素来收集来自用户的数据。你将在本章中学习以下内容：

- 如何在网站上创建表单
- 收集数据的名种工具
- HTML5中新引入的表单控件

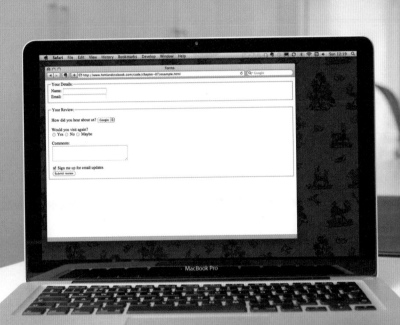

表单概述

在网络中最知名的表单大概要属于Google主页中间的搜索框了。

除了可以让用户进行搜索，表单还可以让用户在线完成其他功能。在注册成为网站用户时、网上购物时以及订阅新闻邮件或邮件列表时，都会看到表单。

表单控件

可使用多种类型的表单控件为网站收集来自访问者的信息。

添加文本：

单行文本框(Text input)

用于单行文本，例如电子邮件地址和姓名。

Ivy

密码框(Password input)

类似于单行文本框，但它会掩盖输入其中的字符。

●●●●●●●

文本域(Text area)

用于较长的文本，例如消息和评论。

Enter your comments...

进行选择：

单选按钮(Radio buttons)

当用户必须选择多个选项中的一个时使用。

● Rock ○ Pop ○ Jazz

复选框(Checkboxes)

当用户可以选择一个或多个选项时使用。

☑ iTunes ☐ Last.fm ☐ Spotify

下拉列表(Drop-down boxes)

当用户必须从一个选项列表中挑选其中之一时使用。

iPod ⬍

提交表单：

提交按钮(Submit buttons)

从你的表单向另一个网页提交数据。

Subscribe

图像按钮(Image buttons)

类似于提交按钮，不过它们允许你使用图片。

SUBSCRIBE

上传文件：

上传文件

允许用户把文件(例如图片)上传到网站。

Browse...
Upload

表单如何工作

用户填写表单，然后单击一个按钮将所填信息提交到服务器。

1

VOTE FOR YOUR FAVORITE
JAZZ MUSICIAN OF ALL TIME

Username: Ivy

I vote for:
- ○ Ella Fitzgerald
- ● Herbie Hancock
- ○ John Coltrane
- ○ Miles Davis
- ○ Thelonius Monk

SUBMIT

每个表单控件的名称与用户输入或选择的值一同发送到服务器。

2

3

服务器利用某种编辑语言(例如PHP、C#、VB.net或Java)对这些信息进行处理，还可能将这些信息储存在一个数据库中。

4

Thank you, Ivy!

You voted for Herbie Hancock.

服务器基于收到的信息创建一个新页面并将其返回到浏览器。

一个表单可能有多个表单控件，每种控件收集不同的信息。服务器需要知道用户输入的每一条数据输入了哪个表单元素。

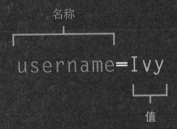

名称

username=Ivy

值

为了区分各类输入数据，从浏览器发送到服务器的信息采用"名称/值"这样成对的格式。在这个示例中，表单要求访问者输入用户名和他们最喜爱的爵士音乐家。被发送到服务器的成对的"名称/值"即为：

username=Ivy   vote=Herbie

如果一个表单控件让用户输入文本，那么这个表单控件的值就是用户所输入的内容。

如果一个表单控件让你从一组固定的选项中进行选择(例如单选按钮、复选框或是下拉列表)，这个网页的设计者会通过添加代码为每个选项预设一个值。

最好不要在页面中修改表单控件的名称，除非你确定服务器端的代码能够理解这个新名称。

表单结构

\<form\>

表单控件位于\<form\>元素中。每个\<form\>元素都应该设置action特性,通常还要设置method特性和id特性。

action

每个\<form\>元素都需要一个action特性,其特性值是服务器上一个页面的URL,这个页面用来在用户提交表单时接收表单中的信息。

method

表单的提交可以采用以下两种方法之一:get或post。

使用get方法时,表单中的值被附加在由action特性所指定的URL末尾。get方法适用于以下情形:

- 短表单(例如搜索框)
- 只从Web服务器上检索数据的情形(不发送那些要在数据库中添加或删除的数据)

chapter-07/form-structure.html `HTML`

```html
<form action="http://www.example.com/subscribe.php"
  method="get">
  <p>This is where the form controls will appear.
    </p>
</form>
```

结　果

This is where the form controls will appear.

使用post方法时,表单中的值被放在HTTP头信息中进行发送。从经验上来说,如果你的表单存在以下情况,就应该使用post方法:

- 允许用户上传文件
- 非常长
- 包含敏感信息(例如密码等)
- 向数据库中添加信息,或是从数据库中删除信息。

如果没有使用method特性,表单中的数据将采用get方法发送。

id

我们将在第172页学习id特性,但它的值是用来在页面上的众多元素中对表单进行唯一性的标识(也常用在脚本中——例如检查你是否在那些需要信息的区域中填写了信息)。

单行文本框

```html
<form action="http://www.example.com/login.php">
  <p>Username:
    <input type="text" name="username" size="15"
      maxlength="30" />
  </p>
</form>
```

结　果

Username: ☐

`<input>`

`<input>`元素用来创建多种不同的表单控件，其`type`特性的值决定了它将要创建哪种控件。

type="text"

当`type`特性的值为`text`时，`<input>`元素会创建一个单行文本框。

name

当用户向表单中输入信息时，服务器需要知道每条数据被输入到了哪个表单控件。例如，在一个登录表单中，服务器需要知道哪条数据是作为用户名输入的，哪条数据提供的是密码。因此，每个表单控件都需要一个`name`特性，这个特性的值对表单控件进行标识并与输入的信息一同传送到服务器。

size

`size`特性不能在新表单中使用，它只在旧的表单中用来指定文本框的宽度(根据可见的字符数量来衡量)。

例如，`size`特性值为3的`<input>`元素所创建的文本框在宽度上只能显示三个字符(尽管用户可以输入更多字符)。

在编写的所有新表单中都应该使用CSS来控制表单元素的宽度。这里提及`size`特性只是因为你可能会在查看旧代码时遇见它。

maxlength

可使用`maxlength`特性来限制用户在文本区域输入字符的数量，它的值为用户可以输入字符的最大数量。例如，如果你要求输入一个年份，`maxlength`特性的值就可以设置为4。

密码框

`<input>`

type="password"

当type特性的值为password时，`<input>`元素会创建一个用起来和单行文本框非常类似的文本框，唯一的不同之处在于其中的字符被掩盖了。字符以这种方式被隐藏起来为的是让那些在用户背后旁观的人看不到像密码这样的敏感数据。

name

name特性表明密码框的名称，它将与用户输入的密码一同发送到服务器。

size, maxlength

密码框也可以像单行文本框一样设置size特性和maxlength特性。

chapter-07/password-input.html   HTML

```
<form action="http://www.example.com/login.php">
  <p>Username:
    <input type="text" name="username" size="15"
      maxlength="30" />
  </p>
  <p>Password:
    <input type="password" name="password" size="15"
      maxlength="30" />
  </p>
</form>
```

结　果

Username: Ivy

Password: •••••••

尽管密码在屏幕上被隐藏了，但这并不代表密码控件中的数据会被安全地发送到服务器。你千万不要使用这种方式来发送敏感数据，比如信用卡号。

为了保证绝对的安全，就要设置服务器通过安全套接层(SSL)与用户的浏览器进行连接。有关SSL的内容超出了本书的讨论范围，但在本书所附的网站上列出了学习相关内容的链接。

文本域(多行文本框)

```
<form action="http://www.example.com/comments.php">
  <p>What did you think of this gig?</p>
  <textarea name="comments" cols="20" rows="4">Enter
    your comments...</textarea>
</form>
```

结　果

What did you think of this gig?

Enter your comments...

\<textarea\>

\<textarea\>元素用来创建多行文本框。与其他input元素不同,**\<textarea\>**元素并非空元素,因此它包含起始标签和结束标签。

页面加载时,在起始标签**\<textarea\>**和结束标签**\</textarea\>**之间出现的所有文本将显示在相应的文本框中。

如果用户没有删除位于两个标签之间的文本,那么这个预设的消息将会与用户输入的内容一并发送到服务器(有些网站在用户单击文本域时利用JavaScript自动将这些信息清除)。

如果你正在创建一个新表单,应该使用CSS来控制**\<textarea\>**元素的宽度和高度。但如果你正在查看旧代码,就可能看到用于**\<textarea\>**元素的cols特性和rows特性。

cols特性指定文本域有多宽(以字符的数量来衡量)。rows特性指定文本域在纵向上占据的行数。

单选按钮

`<input>`

type="radio"

单选按钮只让用户从一系列选项中选择其中一个。

name

name特性与用户所选择项的值一同发送到服务器。当一个问题以单选按钮的形式给用户提供了一系列答案时，用来回答这个问题的所有单选按钮的name特性值都应该相同。

value

value特性为选项指定了被选中时要发送到服务器的值。同一组中的每个按钮的值应该各不相同(这样服务器才知道用户选择了哪个选项)。

checked

checked特性可用来指定当页面加载时哪个值(如果有的话)会被选中。这个特性的值为checked，同一组中的单选按钮只能有一个使用此特性。

chapter-07/radio-button.html `HTML`

```
<form action="http://www.example.com/profile.php">
  <p>Please select your favorite genre:
  <br />
  <input type="radio" name="genre" value="rock"
      checked="checked" /> Rock
  <input type="radio" name="genre" value="pop" />
      Pop
  <input type="radio" name="genre" value="jazz" />
      Jazz
  </p>
</form>
```

结　果

Please select your favorite genre:
⦿ Rock ○ Pop ○ Jazz

注意：一旦选中了某个单选按钮，便不能取消选中，用户只能选择另一个选项。如果只为用户提供了一个选项并且允许他们取消选中(例如，他们是否表示同意某些条款和协议)，那么你应该改用一个复选框来完成此功能。

复选框

```
<form action="http://www.example.com/profile.php">
    <p>Please select your favorite music service(s):
    <br />
    <input type="checkbox" name="service"
        value="itunes" checked="checked" /> iTunes
    <input type="checkbox" name="service"
        value="lastfm" /> Last.fm
    <input type="checkbox" name="service"
        value="spotify" /> Spotify
    </p>
</form>
```

结　果

Please select your favorite music service(s):
☑ iTunes　☐ Last.fm　☐ Spotify

\<input\>

type="checkbox"

复选框允许用户在回答一个问题时选择(和取消选择)一个或多个选项。

name

name特性与用户选择项的值一并发送到服务器。当一个问题以复选框的形式给用户提供了一系列答案选项时,用来回答这个问题的所有复选框的name特性值都应该相同。

value

value特性指定复选框在被选中时需要发送到服务器的值。

checked

checked特性表明这个复选框在页面加载时将被选中。如果使用checked特性,它的值应该是checked。

下拉列表框

\<select\>

下拉列表框(也称为选择框)让用户在一个下拉列表中选择其中的一个选项。

\<select\>元素用来创建下拉列表框，它包含两个或者两个以上的\<option\>元素。

name

name特性指定这个表单控件的名称，此名称与用户选择的选项值一并发送到服务器。

\<option\>

\<option\>元素用于指定用户可以选择的选项。在起始标签\<option\>和结束标签\</option\>之间的文字将显示在下拉列表中。

value

\<option\>元素使用value特性来指定选项的值，如果该选项被选中，那么这个值将与控件的名称一并发送到服务器。

```
<form action="http://www.example.com/profile.php">
  <p>What device do you listen to music on?</p>
  <select name="devices">
    <option value="ipod">iPod</option>
    <option value="radio">Radio</option>
    <option value="computer">Computer</option>
  </select>
</form>
```

结　果

What device do you listen to music on?

selected

selected特性可以用来指定当页面加载时被选中的选项。selected特性的值应该是selected。

如果未使用selected特性，那么在页面加载时，下拉列表框中显示的将是第一个选项。如果用户没有选择任何选项，那么列表中的第一个项目将作为这个控件的值被传送到服务器。

下拉列表框的功能类似单选按钮的功能(因为都只能选择一个选项)。在决定使用这两个控件中的哪一个时，需要考虑以下两个重要因素：

(1) 如果用户需要一眼看到所有的选项，那么单选按钮显然更合适。

(2) 如果是一个非常长的选项列表(比如国家列表)，则最好选用下拉列表框。

多选框

<select>

| HTML | chapter-07/multiple-select-box.html |

```html
<form action="http://www.example.com/profile.php">
  <p>Do you play any of the following
    instruments? (You can select more than
    one option by holding down control on
    a PC or command key on a Mac while
    selecting different options.)</p>
  <select name="instruments" size="3"
    multiple="multiple">
    <optionvalue="guitar"selected="selected">
    Guitar</option>
    <option value="drums">Drums</option>
    <option value="keyboard"
      selected="selected">Keyboard</option>
    <option value="bass">Bass</option>
  </select>
</form>
```

结 果

Do you play any of the following instruments? (You can select more than one option by holding down control on a PC or command key on a Mac while selecting different options.)

```
Guitar
Drums
Keyboard
Bass
```

size

可通过增加size特性的值来将一个下拉列表框变成一个能显示多个选项的列表框。size特性的值应该是你希望一次显示的选项数量。在本示例中你可以看到四个选项中有三个显示出来。

但浏览器对这种方式的支持并不完美，所以如果使用这一特性，需要进行充分的测试(对于Firefox和Mac上的Safari而言，尤其如此)。

multiple

可以通过添加multiple特性(将该特性的值设置为multiple)来允许用户从这一列表中选择多个选项。

最好能告诉用户他们是否可以一次选择多个选项。除此之外，还应向用户指出：在PC上进行多项选择时应该同时按下*control*键，而在Mac上进行选择时则应该按下*command*键。

文件上传域

\<input\>

如果你希望让用户上传文件(例如图像、视频、mp3或者PDF)，就需要使用文件域。

type="file"

这个类型的**input**会创建一个后面附有*Browse*按钮的类似文本框的控件(Mac的Safari明显是一个例外情况，其上会显示一个标有choose File的按钮，后接文本no file selected或已由用户选中的文件的名称)。当用户单击*Browse*按钮时，会打开一个新窗口来让用户从他们的计算机上选择一个文件上传到网站。

如果允许用户上传文件，必须将\<form\>元素上的method特性值设置为post(HTTP get方式是不能发送文件的)。

当用户单击*browse*按钮时，会弹出一个用来让他们浏览准备上传的文件的窗口，这个窗口的风格是与用户的操作系统一致的。你无法控制这个窗口的外观。

`chapter-07/file-input-box.html`   `HTML`

```
<form action="http://www.example.com/upload.php"
  method="post">
  <p>Upload your song in MP3 format:</p>
  <input type="file" name="user-song" /><br />
  <input type="submit" value="Upload" />
</form>
```

结　果

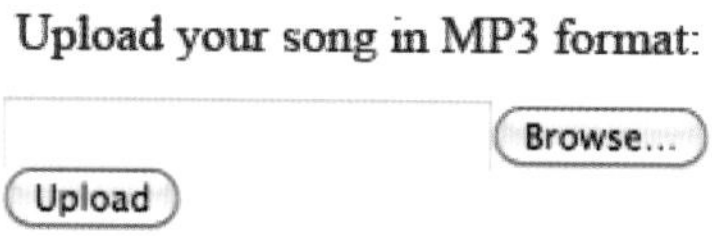

Upload your song in MP3 format:

⬚⬚⬚⬚⬚⬚ (Browse...)
(Upload)

提交按钮

```html
<form action="http://www.example.com/subscribe.php">
  <p>Subscribe to our email list:</p>
  <input type="text" name="email" />
  <input type="submit" name="subscribe"
    value="Subscribe" />
</form>
```

结　果

Subscribe to our email list:

[   ] (Subscribe)

\<input\>

type="submit"

提交按钮用来将表单发送到服务器。

name

可以使用name特性但不是必需的。

value

value特性用于控制在按钮上显示的文本。你最好指定想在按钮上显示的文字，因为在某些浏览器中，提交按钮的默认值是"Submit query"，这未必适用于所有表单。

浏览器不同，显示提交按钮的方式也不尽相同，并且都倾向于与浏览器视觉风格相适应的显示方式。如果你想控制提交按钮的外观，可使用CSS(将在第332页进行学习)，也可以使用图像作为按钮。

图像按钮

<input>

type="image"

如果想使用图像作为提交按钮，你就需要将<input>元素的type特性的值设置为image。src、width、height和alt特性的用法和它们在<img>元素(我们在第88~89页学习过)中的用法是一样的。

```
<form action="http://www.example.org/subscribe.php">
  <p>Subscribe to our email list:</p>
  <input type="text" name="email" />
  <input type="image" src="images/subscribe.jpg"
    width="100" height="20" />
</form>
```

结　　果

Subscribe to our email list:

[   ] SUBSCRIBE

按钮和隐藏控件

```
<form action="http://www.example.com/add.php">
  <button><img src="images/add.gif" alt="add"
    width="10" height="10" /> Add</button>
  <input type="hidden" name="bookmark"
    value="lyrics" />
</form>
```

结　果

<button>

引入<button>元素的目的是让用户更好地控制按钮的显示方式,并且允许其他元素出现在<button>元素内。

这意味着你可以在起始标签<button>和结束标签</button>之间结合使用文本和图像。

<input>

type="hidden"

这个示例中也展示了一个隐藏表单控件。这类控件不会显示在页面上(尽管你可使用浏览器中的 *View Source* 选项来查看它们)。这类控件允许网页设计人员向表单中添加用户不能看到的值。例如,网页设计人员可以使用一个隐藏字段来指出用户在提交表单时位于哪个页面。

标签表单控件

\<label\>

在使用表单控件时，可以直接通过表单控件旁边的文本说明它的作用并以此保持代码的简洁。但是，每个表单控件最好使用相应的\<label\>元素来代替简单的文本，因为这样一来，视力受损的人也可以访问表单。

可以通过两种方式使用\<label\>元素：

(1) 将文本说明和表单输入框全部包围起来(如右侧示例中的第一行所示)。

(2) 与表单控件分开，使用for特性来指明\<label\>元素所关联的表单控件(如单选按钮所示)。

```
<label>Age: <input type="text" name="age" /></label>
<br/ >
Gender:
<input id="female" type="radio" name="gender"
   value="f">
<label for="female">Female</label>
<input id="male" type="radio" name="gender"
   value="m">
<label for="male">Male</label>
```

结　果

Age: ▭
Gender: ○ Female ○ Male

for

for特性用来声明标签控件标注的是哪个表单控件。注意单选按钮是怎样使用id特性的。id特性的值对某个元素进行唯一性标识，将其与页面中的所有其他元素区别开来(在第172页将讲到id特性)。

for特性的值与它所标注的表单控件的id特性相匹配。这项使用了for特性和id特性的技术可用在所有表单控件上。当一个\<label\>元素与复选框或者单选按钮一起使用时，用户既可以通过单击表单控件，也可以通过单击与其相关联的标签控件来进行选择。由此而扩展的可单击区域让表单的使用更加方便。标签控件的位置是非常重要的。如果用户不知道在何处输入信息或者不知道输入何种信息，那么他们似乎不太可能正确地使用表单。

根据经验来说，在表单控件的以下位置最适合加入标签控件。

上面或左边：
- 单行文本框
- 文本域
- 选择框
- 文件上传域

右边：
- 每个复选框
- 每个单选按钮

组合表单元素

```
HTML    chapter-07/grouping-form-elements.html

<fieldset>
  <legend>Contact details</legend>
  <label>Email:<br />
  <input type="text" name="email" /></label><br />
  <label>Mobile:<br />
  <input type="text" name="mobile" /></label><br />
  <label>Telephone:<br />
  <input type="text" name="telephone" /></label>
</fieldset>
```

结　果

Contact details
Email:

Mobile:

Telephone:

\<fieldset\>

可将相关的表单控件置于\<fieldset\>元素中分成一组。这对长表单来说特别有用。

大多数浏览器在显示fieldset时会附带一条边缘线，以此来显示这些控件是如何关联的。只能通过CSS来调整和修改这些边缘线的外观。

\<legend\>

\<legend\>元素可以直接跟在起始标签\<fieldset\>的后面并且包含一个标题，这个标题用来帮助用户理解控件组的用途。

HTML5：表单验证

你很可能见过网络中的表单在用户错误地填写表单控件后会弹出错误提示消息，这个过程称为**表单验证**。

通常情况下，表单验证是通过JavaScript(这一内容超出了本书的讨论范围)实现的。但HTML5引入了验证机制并将这一工作交由浏览器完成。

验证过程可以确保在表单提交后服务器能够理解用户在表单中所填写的信息。在表单发送到服务器之前对表单的内容进行验证有助于：

- 减少服务器的工作量
- 让用户认识到表单是否存在问题时要比由服务器完成验证更快。

chapter-07/html5-form-validation.html `HTML`

```
<form action="http://www.example.com/login/"
    method="post">
  <label for="username">Username:</label>
  <input type="text" name="username"
    required="required"  /></title><br   />
  <label for="password">Password:</label>
  <input type="password" name="password"
    required="required"                    />
  <input type="submit" value="Submit" />
</form>
```

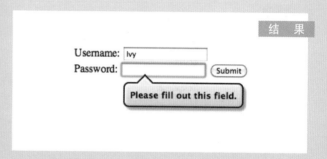

结 果

填写表单时，只有Chrome和Opera浏览器支持HTML5的验证机制，人们很期待其他浏览器(那些不支持HTML5的浏览器)也能给予支持。网页设计人员仍然更倾向于使用JavaScript来完成表单的验证。

HTML5表单验证的一个例子是required特性，该特性用于那些要求用户填写的表单元素上。required这个HTML5特性不需要特性值，但在HTML4中的所有特性都必须有特性值。因此，有些人给这个特性添加了一个required值。

HTML5：日期控件

```
<form action="http://www.example.com/bookings/"
    method="post">
  <label for="username">Departure date:</label>
  <input type="date" name="depart" />
  <input type="submit" value="Submit" />
</form>
```

结　果

Departure date: `2011-06-27` 🔼 (Submit)

\<input\>

许多表单都需要收集日期、电子邮件地址和URL等信息。传统上，使用单行文本框来完成这些工作。

HTML5引入了新的表单控件并将某些信息的收集方式标准化，而那些不识别此类控件的旧浏览器会将它们作为单行文本框来处理。

type="date"

如果要求用户提供日期，你可以使用\<input\>元素并将其type特性的值设为date。这会在支持HTML5新输入类型的浏览器上创建一个日期输入控件。

本页中的示例显示的是日期输入控件在Opera浏览器中的外观。日期输入控件的外观在不同的浏览器中会有所不同。

HTML5: 电子邮件和URL输入控件

\<input\>

HTML5还引入了让用户输电子邮件地址和URL的输入控件。那些不支持这类输入控件的浏览器会把它们当成普通文本框来处理。

type="email"

如果需要用户提供电子邮件地址,你可以使用电子邮件输入控件。那些支持HTML5验证机制的浏览器将检查用户提供的信息是不是一个格式正确的电子邮件地址。有些智能手机在你输入电子邮件地址时还会对其键盘布局进行优化,使得键盘可以显示最有可能用到的按键(比如@符号)。

type="url"

在你需要用户提供网页地址时,可以使用URL输入控件。那些支持HTML5验证机制的浏览器将检查用户所提供的信息是否符合URL的格式。有些智能手机在你输入URL时还会对其键盘布局进行优化,使得键盘可以显示最有可能用到的按键。

chapter-07/html5-email-input.html `HTML`

```
<form action="http://www.example.org/subscribe.php">
  <p>Please enter your email address:</p>
  <input type="email" name="email" />
  <input type="submit" value="Submit" />
</form>
```

结　果

Please enter your email address:

ivy | [Submit]

Please enter an email address.

chapter-07/html5-url-input.html `HTML`

```
<form action="http://www.example.org/profile.php">
  <p>Please enter your website address:</p>
  <input type="url" name="website" />
  <input type="submit" value="Submit" />
</form>
```

结　果

Please enter your website address:

ivy | [Submit]

Please enter a URL.

HTML5: 搜索输入控件

```
<form action="http://www.example.org/search.php">
  <p>Search:</p>
  <input type="search" name="search" />
  <input type="submit" value="Search" />
</form>
```

结　果

Search:

```
<form action="http://www.example.org/search.php">
  <p>Search:</p>
  <input type="search" name="search"
    placeholder="Enter keyword" />
  <input type="submit" value="Search" />
</form>
```

结　果

Search:

`<input>`

如果你想为搜索查询创建一个单行文本框，可使用HTML5为此提供的一个专用输入控件。

`type="search"`

如果你想为搜索查询创建一个单行文本框，可以使用HTML5提供的搜索输入控件。

要创建HTML5搜索框，应将<input>元素的type特性值设置为search。旧浏览器会把它当作一个单行文本框。

新版浏览器增加了一些提高易用性的特性。例如，Mac上的Safari在你开始输入信息时会在搜索框的右侧显示一个用于清除搜索框内容的叉号。Safari还会自动将搜索框的输入区域圆角化。

`placeholder`

在任何文本输入控件上，你还可以使用一个名为placeholder的特性，在用户单击文本输入区域之前，文本框内显示的文本就是placeholder的特性的值。旧浏览器会直接忽略该特性。

示例

表单

这个示例显示的是一个意见反馈和电子报订阅的表单。它使用了多种表单控件。

<form>元素使用action特性来指定数据将要发送到哪个页面。所有表单控件都位于<form>元素内部。不同类型的表单控件适合收集不同类型的数据。<fieldset>元素用于相关问题的分组。<label>元素表明每个表单控件的作用。

示例

表单

```html
<html>
  <head>
    <title>Forms</title>
  </head>
  <body>
    <form action="http://www.example.com/review.php" method="get">
      <fieldset>
        <legend>
          Your Details:
        </legend>
        <label>
          Name:
          <input type="text" name="name" size="30" maxlength="100">
        </label>
        <br />
        <label>
          Email:
          <input type="email" name="email" size="30" maxlength="100">
        </label>
        <br />
      </fieldset>
      <br />
      <fieldset>
        <legend>
          Your Review:
        </legend>
        <p>
          <label for="hear-about">
            How did you hear about us?
          </label>
          <select name="referrer" id="hear-about">
            <option value="google">Google</option>
            <option value="friend">Friend</option>
            <option value="advert">Advert</option>
            <option value="other">Other</option>
          </select>
        </p>
        <p>
```

HTML & CSS设计与构建网站

```
    Would you visit again?
    <br />
    <label>
      <input type="radio" name="rating" value="yes" />
      Yes
    </label>
    <label>
      <input type="radio" name="rating" value="no" />
      No
    </label>
    <label>
      <input type="radio" name="rating" value="maybe" />
      Maybe
    </label>
  </p>
  <p>
    <label for="comments">
      Comments:
    </label>
    <br />
    <textarea rows="4" cols="40" id="comments">
    </textarea>
  </p>
  <label>
    <input type="checkbox" name="subscribe" checked="checked" />
    Sign me up for email updates
  </label>
  <br />
  <input type="submit" value="Submit review" />
  </fieldset>
  </form>
  </body>
</html>
```

▶ 当希望从访问者那里收集信息时,需要使用表单,表单内容位于<form>元素中。

▶ 表单中的内容以"名称/值"的形式进行发送。

▶ 每个表单控件都有一个名称,用户输入的文本或所选择选项的值一同发送到服务器。

▶ HTML5引入了新的表单元素,这些元素可以让访问者更轻松地填写表单。

第 8 章

其他标记

- ▶ 指定不同的HTML版本
- ▶ 元素的标识和分组
- ▶ 注释、meta信息和内联框架

前面的章节已经介绍了那些适合
集中说明或分类讲解的大部分标签。

本章将针对那些不容易集中讲解的内容讨论一些
有用的话题。你将学习以下内容：

- HTML的不同版本以及如何指定你要使用哪个版本。

- 如何向代码添加注释。

- 全局特性，即可用于任何元素上的特性，包括class特
性和id特性。

- 在其他元素不适用的情况下，用来将页面不同部分组
合在一起的元素。

- 如何使用内联框架在网页中嵌入网页。

- 如何利用<meta>元素添加网页的相关信息。

- 添加尖括号和版权符号等字符。

HTML的演变过程

自从网络建立以来，HTML已经出现了数个不同的版本。

每个新版本都是为了完善上一个版本而设计的(会添加新元素和新特性，并淘汰旧代码)。

用来查看网页的各种浏览器同样也有多个版本，每个新版本的浏览器都会支持新的代码。然而并非所有的网络用户都在他们的计算机上安装了最新版本的浏览器，这意味着不是每个人都能查看所有最新的功能和标记。

对于各种浏览器，你尤其应该了解它们不支持哪些功能(正如在第7章介绍过的HTML5一些元素——在后面介绍CSS的章节中也会看到类似的情形)。

HTML 4
发布于 1997 年

除了几个在HTML5中加入的新元素(前面已经强调过)，你在本书中看到的元素都是HTML4的有效元素。

虽然HTML4中有一些用于控制页面外观的表示性元素，但不推荐网页设计人员继续使用它们。例如建议不要再使用使内容在页面上居中显示的<center>元素、控制文本外观的<font>元素以及为文本添加删除线的<strike>元素等——所有这些效果都可以用CSS来实现。

XHTML 1.0
发布于 2000 年

1998年，一种称为XML的语言公诸于世，它的目的是为了让人们编写新的标记语言。由于HTML是当时使用最广泛的标记语言，于是决定将HTML4按照XML的标准重新制定，并更名为XHTML。这意味着设计人员在编写标记时必须遵守一些更加严格的新规范。例如：

- 每个元素都要有一个结束标签(像<img />这样的空元素除外)。
- 特性名称必须使用小写字母。
- 所有的特性都必须对应一个特性值，所有的特性值都要置于双引号中。
- 不能再使用过时的元素。
- 如果一个元素在另一个元素中开始，那么它应该在同一元素内结束。

HTML5

正在制定中

本书中的所有示例均遵守这些严格的XML规则。

这些变化的好处之一是XHTML可以与那些为创建和处理XML文档而编写的程序无缝结合。

XHTML还可以与其他数据格式一起使用,例如SVG(可伸缩矢量图形——一种由XML编写的图形语言)、MathML(用于标记数学公式)以及CML(用于标记化学公式)。

为了帮助网页设计人员转换到这种新语法,创建了XHTML 1.0的两种主要版本:

- **严格版XHTML 1.0**,设计人员必须严格遵守规则。
- **过渡版XHTML 1.0**,设计人员仍然可以使用表示性元素(例如<center>和<font>)。

创建XHTML的过渡版本是因为它允许设计人员沿用原来习惯的编程方式(使用较为宽松的语法)以及使用一些在未来HTML的版本中即将淘汰的元素和特性。

XHTML 1.0还有第三种版本,称为**XHTML 1.0框架**,该版本允许网页设计人员将浏览器窗口分割为几个"框架",每个框架嵌入一个不同的HTML页面。如今,框架已经很少被使用并且正逐渐被淘汰。

在HTML5中,网页设计人员不需要关闭所有的标签,一些新的元素和特性将被引入到HTML5。尽管在撰写本书时,HTML5的规范还不够完善,但是主要的浏览器厂商已经开始支持其中的很多新功能,网页设计人员也很快开始采用这些新的标记。

虽然HTML5尚未完成,但只要努力确保那些使用旧浏览器的用户能够查看你的页面(即使他们看不到某些附加功能),你尽可以放心地使用HTML5的新功能。

DOCTYPE(文档类型)

由于HTML存在多个版本,因此每个网页的开头都应该用一个DOCTYPE声明来告诉浏览器此页使用了HTML的哪个版本(当然,即使没有包含DOCTYPE声明,浏览器通常也会显示页面)。所以,我们将会在本书其余的内容中为每个示例包含一个DOCTYPE声明。

我们将在第305页学习CSS以及它的盒子模型,到时你就会认识到使用DOCTYPE还可以帮助浏览器正确地渲染页面。

由于XHTML是采用XML编写的,因此有时你会看到使用了严格版XHTML DOCTYPE的页面以一个可选的XML声明开头。只要使用了XML声明,就必须将它放在最开始之处。在它前面不能有任何字符,即使是一个空格也不行。

HTML5 `HTML`

```
<!DOCTYPE html>
```

HTML 4

```
<!DOCTYPE html PUBLIC
  "-//W3C//DTD HTML 4.01 Transitional//EN"
  "http://www.w3.org/TR/html4/loose.dtd">
```

Transitional XHTML 1.0

```
<!DOCTYPE html PUBLIC
  "-//W3C//DTD XHTML 1.0 Transitional//EN"
  "http://www.w3.org/TR/xhtml1/DTD/
  xhtml1-transitional.dtd">
```

Strict XHTML 1.0

```
<!DOCTYPE html PUBLIC
  "-//W3C//DTD XHTML 1.0 Strict//EN"
  "http://www.w3.org/TR/xhtml1/DTD/
  xhtml1-strict.dtd">
```

XML声明

```
<?xml version="1.0" ?>
```

HTML中的注释

```html
<!-- start of introduction -->
<h1>Current Exhibitions</h1>
<h2>Olafur Eliasson</h2>
<!-- end of introduction -->
<!-- start of main text -->
<p>Olafur Eliasson was born in Copenhagen,
   Denmark in 1967 to Icelandic parents.</p>
<p>He is known for sculptures and large-
   scale installation art employing elemental
   materials such as light, water, and air
   temperature to enhance the viewer's
   experience.</p>
<!-- end of main text -->
<!--
   <a href="mailto:info@example.org">Contact</a>
-->
```

结　果

Current Exhibitions

Olafur Eliasson

Olafur Eliasson was born in Copenhagen, Denmark in 1967 tc Icelandic parents.

He is known for sculptures and large-scale installation art employing elemental materials such as light, water, and air temperature to enhance the viewer's experience.

<!-- --></>

如果你希望在代码中添加一段不会显示在用户浏览器上的注释，可以在以下字符之间添加相应的文本：

`<!-- comment goes here -->`

为你的代码添加注释是个良好的习惯，因为无论在编写网页时对页面中的代码有多么熟悉，但当你以后再查看这些代码时(或者是其他人需要查看这些代码时)，注释可以让代码更容易让人理解。

尽管用户不能在浏览器的主窗口看到注释，但用户在查看页面的源代码时可以看到注释。

在长页面中，注释经常被用来指定某一部分的开始位置和结束位置，而且注释还向查看代码的人说明情况，帮助他们理解代码。

注释还可以用在代码块周围以防止其显示在浏览器中。在左侧的示例中，电子邮件链接就被注释掉了。

id特性

每个HTML元素都可以附带id特性。id特性用来从页面上的其他元素中对一个元素进行唯一标识，它的值应该以字母或下划线开头(而不能是数字或其他字符)。在一个页面中没有哪两个元素的id特性值是相同的(否则这个特性值就不再具有唯一性)，这一点非常重要。

本书的下一部分将介绍CSS，到时你就会看到，赋予某个元素唯一的id能将其与页面上同一种元素的其他实例区别开，并允许你单独为其定义样式。例如，你可能希望为页面上的某个段落(这个段落可能包含一个引用)指定不同于其他段落的样式。在右面的示例中，第二个段落的id特性值为pullquote，这个段落通过CSS设置为大写字母。

如果你继续学习JavaScript(一种让你增加页面交互性的语言)，那么可以使用id特性让JavaScript对特定的元素进行处理。

由于可用于**任何元素**上，id特性被称为全局特性。

chapter-08/id-attribute.html | HTML

```html
<p>Water and air. So very commonplace are
    these substances, they hardly attract
    attention - and yet they vouchsafe our
    very existence.</p>
<p id="pullquote">Every time I view the sea
    I feel a calming sense of security, as
    if visiting my ancestral home; I embark
    on a voyage of seeing.
    </p>
<p>Mystery of mysteries, water and air are
    right there before us in the sea.</p>
```

结　果

Water and air. So very commonplace are these substances, they hardly attract attention - and yet they vouchsafe our very existence.

EVERY TIME I VIEW THE SEA I FEEL A CALMING SENSE OF SECURITY, AS IF VISITING MY ANCESTRAL HOME; I EMBARK ON A VOYAGE OF SEEING.

Mystery of mysteries, water and air are right there before us in the sea.

class特性

```html
<p class="important">For a one-year period
    from November 2010, the Marugame
    Genichiro-Inokuma Museum of Contemporary
    Art (MIMOCA) will host a cycle of four
    Hiroshi Sugimoto exhibitions.</p>
<p>Each will showcase works by the artist
    thematically contextualized under the
    headings "Science," "Architecture," "History"
    and "Religion" so as to present a comprehensive
    panorama of the artist's oeuvre.</p>
<p class="important admittance">Hours: 10:00 - 18:00
    (No admittance after 17:30)</p>
```

结　果

**FOR A ONE-YEAR PERIOD FROM NOVEMBER 2010,
THE MARUGAME GENICHIRO-INOKUMA MUSEUM
OF CONTEMPORARY ART (MIMOCA) WILL HOST A
CYCLE OF FOUR HIROSHI SUGIMOTO EXHIBITIONS.**

Each will showcase works by the artist thematically
contextualized under the headings "Science," "Architecture,"
"History" and "Religion" so as to present a comprehensive
panorama of the artist's oeuvre.

HOURS: 10:00 - 18:00 (NO ADMITTANCE AFTER 17:30)

每个HTML元素都可以附带一个class特性。有时候,你希望有一种方法可以指定多个元素并将这些元素和页面上的其他元素区分出来,而不是单独指定文档中的某个元素。例如,你想把几个包含重要信息的段落元素从其他段落中区分出来;或者你可能想把指向站内页面的链接与指向外部站点的链接区别开。

为此,你可以使用class特性。class特性的值应该指明它所属的类。在左边的示例中,关键段落含有一个值为important的class特性。

任何元素上的class特性都可以共用相同的值。因此,在该示例中,important也可以用在标题和链接上。

默认情况下,这些特性的使用并不会影响元素的外观。只有存在针对这一元素的CSS规则(该规则指明元素应该以不同的方式显示)时,元素的外观才会发生变化。

在这个示例中,应用在class特性值为important的元素上的CSS将元素中的文本定义为大写格式,应用在class特性值为admittance的元素上的CSS将元素中的文本定义为红色。

如果你想要指定一个元素属于几个不同的类,你可以用空格将类名隔开,正如在本页示例中的第三段所看到的一样。

块级元素

有些元素在浏览器窗口中显示时总是另起一行。这些元素被称为**块级**元素。

块级元素的实例包括 \<h1>、\<p>、\<ul>以及\<li>等。

chapter-08/block-elements.html · HTML

```
<h1>Hiroshi Sugimoto</h1>
<p>The dates for the ORIGIN OF ART exhibition
   are as follows:</p>
<ul>
   <li>Science: 21 Nov - 20 Feb 2010/11</li>
   <li>Architecture: 6 Mar - 15 May 2011</li>
   <li>History: 29 May - 21 Aug 2011</li>
   <li>Religion: 28 Aug - 6 Nov 2011</li>
</ul>
```

结　果

Hiroshi Sugimoto

The dates for the ORIGIN OF ART exhibition are as follows:

- Science: 21 Nov - 20 Feb 2010/11
- Architecture: 6 Mar - 15 May 2011
- History: 29 May - 21 Aug 2011
- Religion: 28 Aug - 6 Nov 2011

内联元素

```
Timed to a single revolution of the planet
around the sun at a 23.4 degrees tilt that
plays out the rhythm of the seasons, this
<em>Origins of Art</em> cycle is organized
around four themes: <b>science, architecture,
history</b> and <b>religion</b>.
```

有些元素在显示时总是与它的邻近元素出现在同一行内。这些元素被称为**内联**元素。

内联元素的实例包括<a>、<b>、<em>以及<img>等。

结　果

Timed to a single revolution of the planet around the sun at a 23.4 degrees tilt that plays out the rhythm of the seasons, this *Origins of Art* cycle is organized around four themes: **science, architecture, history** and **religion**.

将文本和元素集中在一个块级元素中

`<div>`

`<div>`元素允许你将一组元素集中到一个块级元素内。

例如，你可能会创建一个`<div>`元素来包含网站头部的所有元素(标志和导航)，还可能会创建一个`<div>`元素来包含访问者的评论。

在浏览器中，`<div>`元素的内容会另起一行显示，但除了这一点，它不会使页面的呈现有什么不同。

如果在`<div>`元素上使用id特性或者class特性，就意味着你可以通过创建CSS规则来指定`<div>`元素会在屏幕上占据多少空间，还可以改变其内部所有元素的外观。

如果你使用`<div>`元素来控制页面的各个部分，就会让你的代码更便于阅读和理解。

chapter-08/grouping-block-elements.html　`HTML`

```html
<div id="header">
  <img src="images/logo.gif" alt="Anish Kapoor" />
  <ul>
    <li><a href="index.html">Home</a></li>
    <li><a href="biography.html">Biography</a></li>
    <li><a href="works.html">Works</a></li>
    <li><a href="contact.html">Contact</a></li>
  </ul>
</div><!-- end of header -->
```

`结　果`

ANISH KAPOOR

- **Home**
- **Biography**
- **Works**
- **Contact**

由于`<div>`元素的内部具有其他一些元素，所以最好在结束标签`</div>`后面添加一个注释。

这样做可以让你清楚地看到这个结束标签对应的是哪个起始标签，正如你在本页示例的末尾所看到的。

将文本和元素集中在一个内联元素中

```html
<p>Anish Kapoor won the Turner Prize
   in 1991 and exhibited at the <span
   class="gallery">Tate Modern</span>
   gallery in London in 2003.</p>
```

结　果

Anish Kapoor won the Turner Prize in 1991 and exhibited at the
TATE MODERN gallery in London in 2003.

⟨span⟩

⟨span⟩元素就像是⟨div⟩元素的内联版本。它用来：

(1) 在没有其他合适元素的情况下包含一段文本并将其与周围的文本区别开

(2) 包含若干个内联元素

人们使用⟨span⟩元素最常见的原因就是可以利用CSS来控制⟨span⟩元素中的内容的外观。

你经常会看到class特性或id特性用于⟨span⟩元素：

● 解释这个⟨span⟩元素的作用

● 这样就可以在这些具有特定class或id特性值的元素上应用CSS样式

内联框架

<iframe>

内联框架就像在你的网页里分割的小窗口——你可以在这个小窗口中看到另一个网页。iframe这一术语是inline frame(内联框架)的缩写。

在网页中嵌入Google地图是内联框架的一种常用方式(你可能在各种网站中都见到过)。内联框架中的内容可以是任何html页面(无论这个页面是位于本地服务器上还是远在网络中的其他地方)。

内嵌框架是由<iframe>元素创建的。你有必要知道如何使用它的几个特性:

src

特性指定要在框架中显示的页面的URL。

height

特性指定内嵌框架高度的像素值。

width

width特性指定内嵌框架宽度的像素值。

chapter-08/iframes.html `HTML`

```html
<iframe
  width="450"
  height="350"
  src="http://maps.google.co.uk/maps?
  q=moma+new+york
  &amp;output=embed">
</iframe>
```

结　果

```
<iframe
  src="http://maps.google.co.uk/maps?
  q=moma+new+york
  &amp;output=embed"
  width="450"
  height="350"
  frameborder="0"
  scrolling="no">
</iframe>
```

结 果

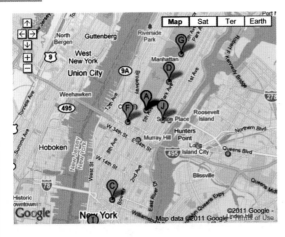

scrolling

HTML5不再支持scrolling特性。在HTML4和XHTML中，它用来表明是否在内嵌框架上显示滚动条。如果在框架中内嵌的网页比你留给它的空间(由height和width特性指定)要大，scrolling特性的设置就会很重要。滚动条可以让用户左右移动框架，从而使用户看到更多内容。scrolling特性可以取以下三个值中的一个：yes(显示滚动条)、no(隐藏滚动条)和auto(根据需要显示滚动条)。

frameborder

HTML5不再支持frameborder特性。在HTML4和XHTML中，它用来表明是否显示框架的边框。当其特性值为0时，不显示边框。当其特性值为1时，则显示边框。

seamless

在HTML5中，一个称为seamless的新特性可以应用在不希望出现滚动条的地方。seamless特性(和其他HTML5的新特性一样)不需要特性值，但你经常会看到设计人员用seamless给它赋值。旧浏览器不支持seamless特性。

页面信息

\<meta\>

\<meta\>元素位于\<head\>元素中并包含着所在页面的相关信息。

它对用户不可见, 却有很多用途, 比如把页面的相关信息告诉搜索引擎, 指出页面的设计者以及这个页面是否存在时间敏感性(如果页面具有时间敏感性, 可以设置它的过期时间)。

\<meta\>元素是空元素, 所以它没有结束标签。它通过特性来携带信息。

最常用的特性是name特性和content特性, 它们还经常同时出现。这些特性用来指定页面的某些特性。name特性的值就是你要设定的属性, 而content特性的值就是你想给这个属性指定的值。

在第181页的示例中, 第一个\<meta\>元素的name特性表明此元素要为该页面指定一段描述信息。content特性是指定这段描述信息的位置。

name特性的值可以任意指定, 该特性的一些常用的值有:

description

用于包含一段有关页面的描述信息。该描述信息通常被搜索引擎用来了解页面的内容并且最多只能容纳155个字符。有时它也会显示在搜索引擎的检索结果中。

keywords

用于包含一组以逗号分隔的关键词列表, 用户可能通过这些关键词来找到这个页面。事实上, 这一特性对于搜索引擎建立你的网站的索引已经没有明显的作用了。

robots

用于指定搜索引擎是否可以将这个页面加入到它们的搜索结果中。如果不希望页面加入搜索结果, 可以使用值noindex。如果希望搜索引擎将该页面加入搜索结果, 但不要收录页面上链接的其他页面, 可使用值nofollow。

```
<!DOCTYPE html>
<html>
  <head>
    <title>Information About Your Pages</title>
    <meta name="description"
      content="An Essay on Installation Art" />
    <meta name="keywords"
      content="installation, art, opinion" />
    <meta name="robots"
      content="nofollow" />
    <meta http-equiv="author"
      content="Jon Duckett" />
    <meta http-equiv="pragma"
      content="no-cache" />
    <meta http-equiv="expires"
      content="Fri, 04 Apr 2014 23:59:59 GMT" />
  </head>
  <body>
  </body>
</html>
```

<meta>元素还会成对使用http-equiv特性和content特性。在本页的示例中,你可以看到http-equiv特性的三个实例。每个实例都有各自的用途:

author

用于定义网页的设计者。

pragma

用于防止浏览器对页面的缓存(缓存是指将页面保存在本地,以后访问该页面时就可以节省页面的加载时间)。

expires

由于浏览器经常缓存页面的内容,expires选项可以用来指定页面的过期时间(以及缓存的有效期)。注意,必须按照示例中给出的格式来设置日期。

转义字符

有一些字符用于编写HTML代码并作为HTML的保留字符(例如，左尖括号和右尖括号)。

因此，如果想要在页面中显示这些字符，你就需要使用"转义"字符(也称为转义代码或实体引用)。例如，要输出一个左尖括号，你可以使用<或<。要输出一个&符号，你可以使用&或&。

还有一些特殊代码，它们可以用来显示版权符号、商标符号、货币符号、数学符号以一些标点符号。例如，要在网页中加入一个版权符号，你可以使用©或©。

使用转义字符时，一定要在浏览器中检查你的网页，确定符号可以正确显示。这是因为有些字体不能支持某些字符，所以，你可能需要在CSS代码中为这些字符指定一种不同的字体。

在线支持
你可以在本书所附网站的**Tools**部分找到一个更完整的转义字符列表。

< 小于号
<
<

¢ 美分符号
¢
¢

' 左单引号
‘
‘

> 大于号
>
&

£ 英镑符号
£
£

' 右单引号
’
’

& And符号
&
&

¥ 日元符号
¥
¥

" 左双引号
“
“

" 双引号
"
"

€ 欧元符号
€
€

" 右双引号
”
”

© 版权符号
©
©

× 乘号
×
×

® 注册商标
®
®

÷ 除号
÷
÷

TM 商标
™
™

示例的开头使用DOCTYPE表明这是一个HTML 4页面。在`<head>`元素中，你可以看到一个用于描述页面内容的`<meta>`标签。有几个元素使用id特性和class特性来表明它们的作用。通过转义字符在页面中加入了一个版权符号。页面的各个部分使用`<div>`元素进行组织和集中，在页面中加入的注释用于表明各个`</div>`标签关闭的是哪个元素。

示例
其他标记

```
<!DOCTYPE html PUBLIC
  "-//W3C//DTD HTML 4.01 Transitional//EN"
  "http://www.w3.org/TR/html4/loose.dtd">
<html>
  <head>
    <meta name="description" content="Telephone, email
      and directions for The Art Bookshop, London, UK" />
    <title>Contact The Art Bookshop, London UK</title>
  </head>
  <body>
    <div id="header">
      <h1>The Art Book Shop</h1>
      <ul>
        <li><a href="index.html">home</a></li>
        <li><a href="index.html">new publications</a>
          </li>
        <li class="current-page">
          <a href="index.html">contact</a></li>
      </ul>
    </div><!-- end header -->
    <div id="content">
      <p>Charing Cross Road, London, WC2, UK</p>
      <p><span class="contact">Telephone</span>
        0207 946 0946</p>
      <p><span class="contact">Email</span>
        <a href="mailto:books@example.com">
        books@example.com</a></p>
      <iframe width="425" height="275" frameborder="0"
        scrolling="no" marginheight="0" marginwidth="0"
        src="http://maps.google.co.uk/maps?f=q&amp;
        source=s_q&amp;hl=en&amp;geocode=&amp;
        q=charing+cross+road+london&amp;output=embed">
        </iframe>
    </div><!-- end content -->
    <p>&copy; The Art Bookshop</p>
  </body>
</html>
```

▸ DOCTYPES告诉浏览器你正在使用哪个版本的HTML。

▸ 可以在页面中添加注释，注释应该位于<!--和-->标记之间。

▸ id特性和class特性可以让你找到特定的元素。

▸ <div>元素可以将块级元素聚合起来，<span>元素可将内联元素聚合起来。

▸ <iframes>用来在网页上分割窗口，其他页面可以通过这些窗口显示。

▸ <meta>标签可用来提供有关网页的各种信息。

▸ 转义字符用来向页面中加入特殊字符，例如<、>和©。

第**9**章

Flash、视频和
音频

▶ 如何向网站中添加Flash影片
▶ 如何向网站中添加视频和音频
▶ HTML5中的<video>元素和<audio>元素

Flash是一项非常流行的，用于向网站中添加动画、视频和音频的技术。本章开头将介绍如何在你的网页中使用这项技术。

随后将集中介绍如何向网站中添加视频和音频，可以使用HTML5中新引入的<video>元素和<audio>元素，也可以使用托管服务(比如YouTube或SoundCloud)。你将在本章中学习以下内容：

● 如何在网页中使用Flash

● 如何使用HTML5中的<video>元素和<audio>元素

● 何时使用本地的音频和视频，何时使用YouTube这样的托管服务

Flash的工作原理

自从20世纪90年代末，Flash就成为一个非常流行的动画创建工具，后来它又成为网站中一种非常重要的音频和视频播放器。

无论在Flash中创建一部动画还是一个多媒体播放器，你在网站中插入的文件都统称为Flash影片。

如果想要自己创建Flash影片，你首先需要从Adobe公司购买Flash开发环境。

然而，有一些公司可以提供Flash动画和幻灯片以及视频和音频播放器，可以使用这些工具而无须购买Flash开发环境。

在Flash开发环境中创建了一个Flash文件并进行保存时，这个文件的扩展名为.fla。要在网页中使用这个文件，必须首先将其保存为SWF格式的文件(这种文件的扩展名为.swf)。

当把影片输出为SWF格式时，Flash会创建一段代码，可以使用这段代码将Flash影片嵌入到网页中。传统上，这段代码中包含HTML的<object>标签和<embed>标签。不过现在更常用的方式是采用JavaScript。

要查看Flash，浏览器还需要安装一个称为Flash播放器的插件(插件是指运行在浏览器中的附加软件)。统计数据普遍显示，有98%的台式计算机上已经安装了Flash插件(手机和平板电脑上安装这一插件的百分比比这低很多)。

本书中不再详细阐述如何创建Flash影片(有许多书籍致力于该主题的讲解)，但本章将介绍如何向网站添加Flash影片。

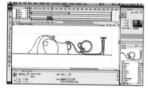

Flash开发环境用来创建Flash影片。

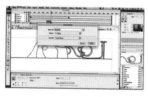

将.fla文件输出为.swf格式以便于嵌入到网页中。

利用JavaScript在网页中插入.swf文件。

Flash的使用

自从2005年以来，许多因素表明用Flash编写的网站越来越少，甚至在页面中使用的Flash元素也越来越少。

首次发布时，Flash是为创建动画而开发的。然而，这项技术迅速发展，人们开始用它来创建多媒体播放器，甚至是整个网站。

近年来，尽管Flash依然十分流行，但是人们在使用它时变得更加挑剔(而且现在很少有人考虑用Flash建立整个网站)。

即便如此，Flash在网络中还将继续存在，因为它在某些方面的确做得很好，比如用来创建动画时它表现得十分出色。

有几个原因可以说明为什么现在使用Flash的网站越来越少，包括：

在2005～2006年，一系列的JavaScript库陆续发布(包括Prototype、script.aculo.us和JQuery)，这些JavaScript库可以让人们更轻松地创建动画效果。

随着2007年发布iPhone以及随后在2010年发布iPad，苹果公司决定不再支持Flash。

已经有相关法律出台，用以确保网站可以被那些存在视觉或者身体障碍的人访问。Flash也因此饱受批评，因为Flash内容并不总是符合无障碍的要求。

2008年，各浏览器开始支持HTML5的<video>标签和<audio>标签。在撰写本书时，Flash作为一种在网络上播放视频和音频的方式依然非常流行，但越来越多的人开始投入HTML5的怀抱。

在本章的后面，你将学习如何使用HTML5中的这些元素。

时光画卷：Flash、视频和音频

网络技术的发展可谓日新月异。在
这里可以看到网络中动画、视频和音频
的创建方式的变迁过程。

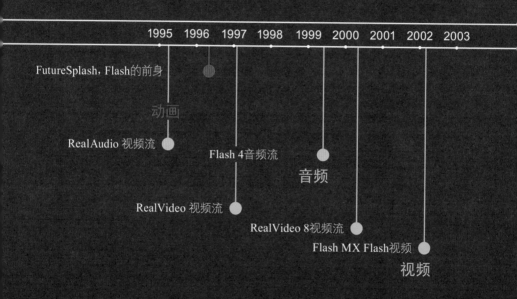

1995　1996　1997　1998　1999　2000　2001　2002　2003

FutureSplash，Flash的前身

动画

RealAudio 视频流

Flash 4音频流

音频

RealVideo 视频流

RealVideo 8视频流

Flash MX Flash视频

视频

在这一页中，你可以看
到第一个提供网络动画、音
频和视频的重要播放器。

在下一页中，你将看
到后来的一些替换技术和
重要事件。

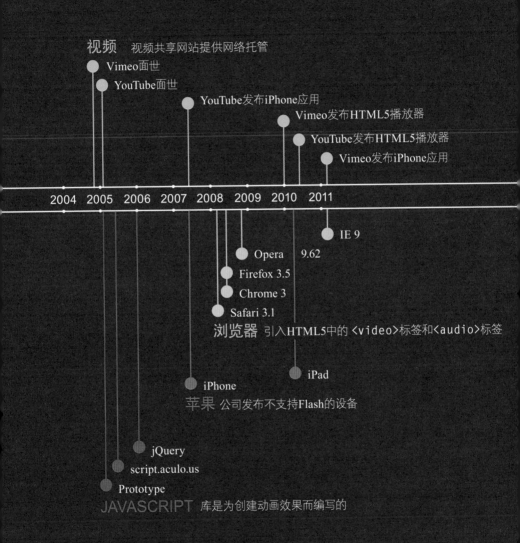

视频 视频共享网站提供网络托管

Vimeo面世

YouTube面世

YouTube发布iPhone应用

Vimeo发布HTML5播放器

YouTube发布HTML5播放器

Vimeo发布iPhone应用

2004　2005　2006　2007　2008　2009　2010　2011

IE 9

Opera　9.62

Firefox 3.5

Chrome 3

Safari 3.1

浏览器 引入HTML5中的 `<video>`标签和`<audio>`标签

iPad

iPhone

苹果 公司发布不支持Flash的设备

jQuery

script.aculo.us

Prototype

JAVASCRIPT 库是为创建动画效果而编写的

向网页中添加Flash影片

目前，向网页中添加Flash影片的一种最流行方式是利用JavaScript。有几种脚本可以让你完成这项工作，而不需要你深入地理解JavaScript语言。

我们在本页所见到的这种脚本称为**SWFObject**。可从**Google**上免费获取这种脚本，你还可以在下一页中看到它的应用方式。

使用这项技术的一个优势在于：它允许那些不能播放Flash的浏览器向用户显示替代内容。

这项技术利用`<div>`元素为Flash影片创建一块区域。同时，此`<div>`元素含有一个`id`特性，该特性的值是SWFObject脚本中的一个参数。在本页的示例中，`id`特性的值为`bird`。

在这个`<div>`元素中，你可以为那些无法播放Flash的浏览器放置替代内容。

```
chapter-09/adding-a-flash-movie.html                HTML
<!DOCTYPE html>
<html>
  <head>
    <title>Adding a Flash Movie</title>
    <script type="text/javascript"
      src="http://ajax.googleapis.com/ajax/libs/
      swfobject/2.2/swfobject.js"></script>
    <script type="text/javascript">
      swfobject.embedSWF("flash/bird.swf",
      "bird", "400", "300", "8.0.0");</script>
  </head>
  <body>
    <div id="bird"><p>An animation of a
      bird taking a shower</p></div>
  </body>
</html>
```

SWFObject脚本会检查用户的浏览器是否可以播放Flash影片。如果可以，此脚本就会将`<div>`元素中的内容替换为相应的.swf文件。

对于那些不能观看Flash影片的用户，可以显示一个影片中的截图。或者，你也可以考虑使用这个Flash影片的文本说明。

如果将文本说明用作替代内容，还会有另外两个好处：

(1) 那些患有视觉或身体障碍而不能查看或操作Flash文件的用户可以阅读这些文本。

(2) 搜索引擎可以为这些文本编写索引(与为SWF文件编写索引相比，效率要低一些)，从而增加用户找到这些内容的机会。

结　果

本示例中调用了位于Google服务器上的SWFObject脚本。我们在网页中的前两个<script>元素中调用了该脚本。

<script>元素中的type特性表明元素中的脚本采用JavaScript编写。src特性将脚本的位置告知浏览器。

第二个<script>元素用来告诉浏览器有关Flash影片的信息以及将哪个元素中的内容替换为Flash影片。该<script>元素实际上是向SWFObject脚本传递括号内的五条信息：

(1) .swf文件的**位置**：
flash/bird.swf

(2) Flash影片将要**替换**的元素，用<div>元素的id特性值来指定：
bird

(3) Flash影片的**宽度**：
400 px

(4) Flash影片的**高度**：
300 px

(5) 可播放此影片的Flash播放器的最低**版本**：
Flash Player 8

认识视频格式和播放器

向网站中添加视频之前，首先需要理解两个关键问题：文件格式和视频播放器/插件。

格式

影片的格式有很多种(比如BluRay、DVD和VHS等)。可以在线播放的视频也有多种格式(包括AVI、Flash Video、H264、MPEG、Ogg Theora、QuickTime、WebM和Windows Media)。

就像DVD播放器不能播放VHS磁带一样，浏览器在对各种视频格式的支持上也有所不同。

为了使用户可以在线观看视频，你可能需要对视频格式进行转换。将一段视频转换为另一种格式的过程称为"视频编码"。

网上有多种应用程序可以用来对视频进行编码(比如www.mirovideoconverter.com)。

播放器/插件

浏览器最初只是为显示文本和图像而设计的。因此，在2010年之前开发的浏览器通常需要安装另一个称为播放器或插件的程序才能播放视频内容。

这些播放器和插件只支持特定的视频格式。

最近，各浏览器开始支持HTML5中的<video>标签(它使得播放器和插件处于被淘汰的边缘)。

但可惜的是，你不能期望网站的所有访问者都安装了支持这个HTML5新元素的新版浏览器；此外，能够识别<video>元素的浏览器还需要将视频编码为不同的格式。

方法

向网站中添加视频的最简单方法就是使用YouTube或Vimeo这样的托管服务。

但这些服务在某些情况下并不适用(将在下一页进行介绍)，这时就得在你自己的网站上提供视频服务。

为确保大多数人都可以观看网站中的视频，可以在支持HTML5的浏览器中使用<video>元素，而在其他浏览器中使用Flash视频。在撰写本书时，这种方法被认为是最佳的解决方案。同时，这也意味着你至少需要为每段视频准备两种格式：WebM和MP4。

使用视频托管服务

向网站中添加视频的最简单方法是将视频上传到YouTube或Vimeo这样的站点上，借助这些站点提供的功能将视频嵌入到你的页面中。

优势

托管视频网站(比如YouTube)的播放器在主流的浏览器中都可以正常工作。

由于这些网站允许以多种不同的格式上传视频内容，所以不用担心视频的编码问题。只要上传成功，它们就会把你的视频转换成各种浏览器所支持的格式。

如果占用大量带宽，或者需要上传很大的视频文件，网络主机公司通常会收取额外的费用。因此在自己的网站上提供视频服务会增加额外的建站费用。但是如果把视频放在YouTube或Vimeo这样的网站，你就不需要为占用的带宽支付费用。

劣势

你的视频在提供托管服务的网站上是可用的，如果只想让这些内容能在你的网站中出现(不能在其他网站中观看)，那就需要在你自己的服务器上提供视频服务并在页面中插入自己的播放器。

有些服务会对视频中的内容加以限制。例如，大多数服务都禁止上传包含广告内容的视频(以免将视频内容商业化)。

有些托管服务会在视频开始前播放它们的广告，甚至在视频播放期间将广告平铺在屏幕上。有些托管服务还会限制视频的质量。

另一种方法

如果希望在自己的网站上提供视频服务——而不是借助托管服务——就会涉及一系列为播放视频而进行的网站设置的工作。

关于自主提供视频服务，我们将介绍两种不同的方式：使用Flash视频和HTML5中的<video>元素。

为了保证尽可能多的访问者可以看到网站中的视频，你需要结合使用上述两种技术。

添加Flash视频的准备工作

在网站中添加一个Flash视频需要经历三个步骤：

1

将视频转换为FLV格式

要播放Flash视频，首先需要将视频转换为FLV格式。从Flash 6开始，Flash开发环境已经附带了一个Flash视频编码器，它可以将视频转换为FLV格式。

有些Flash视频播放器还支持一种称为H264的视频格式(有些视频编辑程序以这种格式输出视频)。

在Google上搜索 "FLV or H264 converters" 就能找到相应的编码软件。

本书配套网站中给出了一段FLV示例文件，你可以在网站提供的下载代码中使用这个FLV文件(它被放在一个单独的文件夹中，因为这段视频文件较大)。

2

找一个可以播放此视频的FLV播放器

你需要一个用Flash编写的播放器来播放FLV文件。使用播放器的目的是要控制FLV影片并为其添加一些控件，比如，播放/暂停。下面列出两个提供FLV播放器的网站：

www.osflv.com
www.longtailvideo.com

不需要Flash开发环境就可以在网站中使用上述两种播放器。

随后的示例将使用OS FLV播放器，它是一个免费的开源Flash视频播放器。该播放器已经被包含在下载代码中。它只支持FLV格式(不支持H264)。

3

在页面中插入播放器和视频

正如本章前面讲到的，你可以利用JavaScript技术(比如SWFObject)在页面中插入播放器。

另外，还需要告知播放器到何处查找你准备播放的视频。有的播放器拥有一些高级特性，比如，可为多个视频创建播放列表，或者在视频播放之前显示一个静止的图像。

随后的示例还会用到在第196~197页所介绍的SWFObject技术。

向页面中添加Flash视频

```html
<!DOCTYPE html>
<html>
  <head>
    <title>Adding a Flash Video</title>
    <script type="text/javascript"
      src="http://ajax.googleapis.com/ajax/libs/
      swfobject/2.2/swfobject.js"></script>
    <script type="text/javascript">
      var flashvars = {};
      var params = {movie:"../video/puppy.flv"};
      swfobject.embedSWF("flash/splayer.swf",
      "snow", "400", "320", "8.0.0",
      flashvars, params);</script>
  </head>
  <body>
    <div id="snow"><p>A video of a puppy
      playing in the snow</p></div>
  </body>
</html>
```

结　果

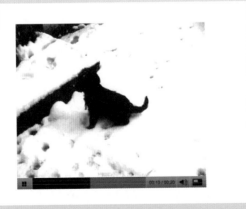

本页的示例中使用OS FLV播放器来播放一个名为puppy.flv的视频,该视频已经被转换为FLV格式。

你已经了解到如何利用SWFObject将基本的动画嵌入到一个页面中,但有时为了能正常工作,Flash影片还需要一些信息。在本示例中,视频播放器需要知道所播放视频的路径,因此SWFObject利用JavaScript变量将该信息传递给Flash影片。此过程是通过以var开头的两行代码来实现的。

这个播放器不需要flashvars变量中的任何信息,因此flashvars是一个空变量。

指向影片的路径被存放在名为params的变量中。

```
var params = {movie:
"../videos/puppy.flv"};
```

变量之后的代码行告诉脚本用视频播放器来替代指定的HTML元素。这与前面介绍SWFObject的示例中的代码十分相似。

不同的视频播放器需要的信息格式通常略有不同,比如视频路径的信息。但这些播放器通常附带示例和文档,以便帮助你理解如何使用它们。

HTML5: 添加视频的准备工作

尽管HTML5中的\<video\>元素是一个崭新的事物，但它已经被广泛投入使用。这里列出一些需要予以注意的关键问题。

支持

目前只有新版本的浏览器才能支持HTML5中新引入的\<video\>元素，因此如果希望所有人都可以看到视频，仅使用这一项技术是不够的(你需要结合使用HTML5和Flash视频)。

数字版权

在撰写本书时，\<video\>元素尚未支持所有类型的数字版权管理(DRM——也称为复制保护)。但专业盗版商常能找到回避DRM的办法。

格式

并非所有浏览器都支持相同的视频格式，因此你需要提供多种格式的视频。

为了兼容尽可能多的浏览器，你应该至少提供以下两种格式的视频：

H264: IE、Safari
WebM: Android、Chrome、Firefox、Opera

Chrome、Firefox和Opera已经表示它们将支持一种称为WebM的格式。有些Flash播放器还支持H264和WebM两种格式——这有利于减少格式转换次数。

控件

浏览器为播放器提供默认的控件，但不同浏览器中的控件各不相同。可以利用**JavaScript**来调整这些控件的外观(这些内容超出了本书的讨论范围)。

在浏览器中

一个关于播放器(比如Flash播放器)的问题是：当某些元素(比如菜单)延伸到视频上，或是当前窗口进行缩放时，播放器可能会出现异常。HTML5选项解决了这些问题。

在第211页你会看到如何将HTML5视频技术与Flash视频结合起来，在更大范围内实现兼容。

我在下载的代码中以H264和WebM两种格式给出了同一段示例视频，供你尝试使用。

如果在Firefox和Opera中分别查看本章中的示例，会在光标悬停在视频上时看到不同的控件。

HTML5: 向网页中添加视频

```html
<!DOCTYPE html>
<html>
  <head>
    <title>Adding HTML5 Video</title>
  </head>
  <body>
    <video src="video/puppy.mp4"
      poster="images/puppy.jpg"
      width="400" height="300"
      preload
      controls
      loop>
      <p>A video of a puppy playing in the snow</p>
    </video>
  </body>
</html>
```

\<video\>

\<video\>元素有很多特性用于控制视频的播放:

src

该特性指定视频的路径。本示例中视频的格式为**H264**,因此它只能在**IE**和**Safari**中播放。

poster

在视频加载时或在视频播放之前,该特性用于指定在播放器中显示一个图像。

width, height

这两个特性用像素值指定播放器的大小。

controls

如果使用了该特性,就表示浏览器需要提供默认的播放控件。

autoplay

如果使用了该特性,就表示视频文件应该自动播放。

loop

如果使用了该特性,就表示在视频结束之后重新播放。

在HTML5中,你不必为所有特性都指定值,比如\<video\>元素的controls、autoplay和loop特性。这些特性就像是on/off开关,如果出现,就表示打开该选项,如果省略,就表示关闭该选项。

如果浏览器不支持\<video\>元素或者正在使用的视频格式,它会显示位于\<video\>标签和\</video\>标签之间的内容。

preload

该特性告诉浏览器在页面加载时需要做什么。它可以选用以下三个值:

none

该值表示在用户按下播放按钮之前,浏览器不必加载视频。

auto

该值表示浏览器应该在页面加载时载入视频。

metadata

该值表示浏览器只需收集少量视频信息,比如大小、首帧图像、播放列表和持续时间。

HTML5: 多个视频源

\<source\>

要指定播放文件的路径,你可以在\<video\>元素中使用\<source\>元素。\<source\>元素可以代替起始标签\<video\>中的src特性。

可以使用多个\<source\>元素来指定不同格式的视频。

由于iPad上存在的一个bug,应该将MP4视频作为首选格式,否则视频可能无法播放。

src

该特性用于指定视频的路径。

type

需要使用该特性来告诉浏览器视频的格式,不然它会先加载一些视频,看看是否可以播放该文件(这会耗费时间并占用带宽)。

codecs

用来对视频进行编码的编解码器也在type特性中给出。指定编解码器时,要注意type特性中单引号和双引号的使用情况。

chapter-09/multiple-video-sources.html `HTML`

```html
<!DOCTYPE html>
<html>
  <head>
    <title>Multiple Video Sources</title>
  </head>
  <body>
    <video poster="images/puppy.jpg" width="400"
      height="320" preload controls loop>
      <source src="video/puppy.mp4" type='video/
        mp4;codecs="avc1.42E01E, mp4a.40.2"' />
      <source src="video/puppy.webm" type='video/
        webm;codecs="vp8, vorbis"' />
      <p>A video of a puppy playing in the snow</p>
    </video>
  </body>
</html>
```

`结 果`

如果浏览器不支持\<video\>元素或者正在使用的视频格式,它会显示位于\<video\>标签和\</video\>标签之间的内容。

在线支持

在本书配套网站的Tools部分,我们提供了指向一些工具的链接,这些工具可以帮助你将视频和音频重新编码为适用的格式。

HTML5: 结合使用Flash和 HTML5视频

通过提供HTML5和Flash两种视频格式，将可以确保网站的大多数用户能够观看视频。

可将HTML5作为视频播放的第一选择，然后将Flash视频作为备用，提供给那些不支持HTML5视频的浏览器用户。或者，你也可以选择其他的方式。

因为有些内置在Flash中的视频播放器支持H264编码，所以如果使用了一种支持此格式的播放器，则只需提供H264和WebM两种格式的视频(不需要FLV格式)。本章末尾的示例将对此进行演示。

如果已经对HTML5视频有了深入的了解，你还可以：

● 创建个性化的播放控件

● 为具有不同屏幕大小的浏览器提供不同版本的视频(这样你就可以为手持设备提供低分辨率的内容)

● 在视频延伸到某个位置时，通知页面的不同部分进行调整

向网页中添加音频

就目前来说，网页上最流行的音频格式是MP3。与视频一样，向网页中添加音频通常也需要经历三个步骤：

1

使用托管服务

有些网站允许上传音频，它们还会提供一个可以嵌入到网页的播放器。比如SoundCloud.com和MySpace.com。

有人问，当访问者从网站中的一个网页跳转到另一个网页时，如何才能让音乐继续播放？

2

使用Flash

有些Flash影片允许播放MP3文件，这其中既有播放单曲的简单按钮，也有允许创建播放列表和自动点唱机的复杂播放器。

这确实很难实现，需要依靠诸如AJAX的技术来加载页面内容或者用Flash进行整站开发。

3

使用HTML5

HTML5引入了一个新元素<audio>。支持该元素的浏览器会提供默认的控件——与刚刚介绍过的针对视频文件的控件基本一样。

也正因为如此，有些网站将音频播放器在新窗口中打开，这样听众在页面间跳转时音乐就不会中断。

添加Flash MP3播放器

chapter-09/adding-a-flash-mp3-player.html

```html
<!DOCTYPE html>
<html>
  <head>
    <title>Adding a Flash MP3 Player</title>
    <script type="text/javascript"
      src="http://ajax.googleapis.com/ajax/libs/
      swfobject/2.2/swfobject.js"></script>
    <script type="text/javascript">
      var flashvars = {};
      var params = {mp3: "audio/test-audio.mp3"};
      swfobject.embedSWF(
        "flash/player_mp3_1.0.0.swf",
        "music-player", "200", "20", "8.0.0",
        flashvars, params);</script>
  </head>
  <body>
    <div id="music-player">
      <p>You cannot hear this track because
         this browser does not support our
         Flash music player.</p>
    </div>
  </body>
</html>
```

结 果

很多MP3播放器已经有了Flash版本，比如：

flash-mp3-player.net
musicplayer.sourceforge.net
www.wimpyplayer.com

其中的每个播放器都有其独特的功能，因此在为网站选择播放器之前最好先了解一下它们的功能。本页中的示例使用了来自flash-mp3-player.net的免费播放器，我们采用第196～197页介绍过的SWFObject技术将该播放器嵌入到页面中，并通过一个名为mp3的参数将MP3文件的路径传递给播放器。

我们在第二个<script>标签的后面创建了两个JavaScript变量，第一个名为flashvars，第二个名为params。尽管我们不使用变量flashvars，但SWFObject脚本却要求它位于变量params的前面，所以把它放在那个位置。

```
var flashvars = {};
var params = {
  mp3: "music/test-audio
       .mp3"};
```

然后将这些变量添加到播放器代码的最后一行(第二个结束标签</script>之前)。

HTML5: 向网页中添加 HTML5音频

‹audio›

为了在页面中添加音频文件，HTML5引入了‹audio›元素。与HTML5视频一样，浏览器需要多种音频格式。

‹audio›元素包含许多可以用来控制音频播放的特性：

src

该特性用于指定音频文件的路径。

controls

该特性表明播放器是否显示播放控件。如果没有使用该特性，播放控件就会默认隐藏。你也可以利用JavaScript来指定个性化的控件。

autoplay

该特性的出现表示音频应该自动开始播放(不过更合理的做法是让用户手动播放音频)。

chapter-09/adding-html5-audio.html `HTML`

```html
<!DOCTYPE html>
<html>
  <head>
    <title>Adding HTML5 Audio</title>
  </head>
  <body>
    <audio src="audio/test-audio.ogg"
      controls autoplay>
      <p>This browser does not support our
      audio format.</p>
    </audio>
  </body>
</html>
```

结　果

preload

该特性在播放器没有设置autoplay时告诉浏览器应该做什么。它可以选用的值与第203页上针对‹video›元素的可选值是一样的。

loop

该特性表示在音频播放结束后进行重新播放。

本页中的示例只能在支持Ogg Vorbis音频格式的浏览器(Firefox、Chrome和Opera)中工作。要使其在Safari 5和IE 9中也能正常工作，则需要MP3格式的音频(或者使用将在下一页中介绍的‹source›元素来提供多种不同的音频格式)。

HTML5: 多个音频源

```html
<!DOCTYPE html>
<html>
  <head>
    <title>Multiple Audio Sources</title>
  </head>
  <body>
    <audio controls autoplay>
      <source src="audio/test-audio.ogg" />
      <source src="audio/test-audio.mp3" />
      <p>This browser does not support our
      audio format.</p>
    </audio>
  </body>
</html>
```

结 果

`<source>`

在起始标签`<audio>`和结束标签`</audio>`之间使用`<source>`元素可以指定多个音频文件(`<source>`元素可以替代起始标签`<audio>`中的src特性)。

这很重要，因为不同的浏览器支持的音频文件格式也不一样。

MP3: Safari 5+, Chrome 6+, IE9

Ogg Vorbis: Firefox 3.6, Chrome 6, Opera 1.5

所以，为了兼容所有支持`<audio>`元素的新式浏览器，你需要准备两种格式的音频文件。你还可以准备一个Flash用来兼容旧版本的浏览器。

HTML5中的`<audio>`标签不像`<video>`标签那样被广泛采用，而且浏览器在首次运行它时还存在一些音质问题。

src

`<source>`元素使用src特性来表示音频文件位于何处。

type

在撰写本书的过程中，type特性还没有像在`<video>`元素中那样被广泛用在`<source>`元素中。

示例

Flash、视频和音频

本示例利用HTML5来展示一段视频。

为了兼容尽可能多的浏览器，这段视频分别以H264和WebM
两种格式编码。同时，针对那些不支持HTML5视频的浏览器，页面
中还添加了一个Flash播放器。该Flash播放器是用SWFObject嵌入
到网页中的。如果浏览器不支持HTML5视频或Flash，那么显示给
用户的将是一条纯文本消息。

```
<!DOCTYPE html>
<html>
  <head>
    <title>Flash, Video and Audio</title>
    <script type="text/javascript"
      src="http://ajax.googleapis.com/ajax/libs/
      swfobject/2.2/swfobject.js"></script>
    <script type="text/javascript">
      var flashvars = {};
      var params = {movie: "../video/puppy.flv"};
      swfobject.embedSWF("flash/osplayer.swf", "snow",
      "400", "320", "8.0.0", flashvars, params);</script>
  </head>
  <body>
    <video poster="images/puppy.jpg" width="400"
      height="320" controls="controls">
      <source src="video/puppy.mp4" type='video/mp4;
        codecs="avc1.42E01E, mp4a.40.2"' />
      <source src="video/puppy.webm" type='video/webm;
        codecs="vp8, vorbis"' />
      <div id="snow">
        <p>You cannot see this video of a puppy
           playing in the snow because this browser
           does not support our video formats.</p>
      </div>
    </video>
  </body>
</html>
```

小结
Flash、视频和音频

▸ Flash允许你向网络中添加动画、视频和音频。

▸ iPhone和iPad不支持Flash。

▸ HTML5引入了新元素<video>和<audio>,这
  两个元素用于向网页中添加视频和音频,但
  只有最新的浏览器才支持它们。

▸ 支持HTML5元素的浏览器有很多种,它们所
  支持的视频和音频格式并不相同。因此你需
  要提供不同格式的文件,以保证所有人都可
  以观看或收听它们。

第10章

CSS简介

- ▶ CSS的作用
- ▶ CSS的工作原理
- ▶ 规则、属性和值

在这一部分，我们将学习如何让你的网页更富有魅力以及如何使用CSS控制网页的设计。

CSS允许你创建一些规则，来指定元素中的内容将会如何显示。例如，你可以指定页面的背景为奶油色，所有段落都使用Arial字体并以灰色显示，或者所有一级标题为蓝色、斜体、Times字体。

一旦你学会了如何编写CSS规则，那么对CSS的学习主要就是学习各种属性的用法。因此，本章将：

- 介绍CSS的工作原理

- 教你如何编写CSS规则

- 展示CSS规则在HTML页面上的应用

在这部分余下的章节里，我们将会学习各种可供使用的CSS属性。

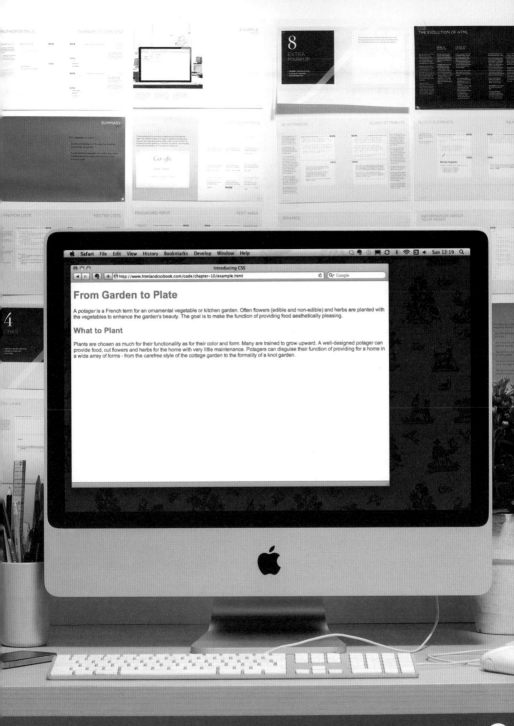

理解CSS: 设想元素周围有一个盒子

理解CSS工作原理的关键在于能够设想每个HTML元素的周围都有一个看不见的盒子。

在本页中, 你可以看到一个基本的HTML页面。

在第219页, 你看到的是同一个HTML页面, 但我已经为每个元素添加了边框, 这样一来你就能看清CSS如何处理每个元素, 这些元素就像被装在各自的盒子中一样。

The Cottage Garden

The *cottage garden* is a distinct style of garden that uses an informal design, dense plantings, and a mixture of ornamental and edible plants.

The Cottage Garden originated in England and its history can be traced back for centuries, although they were re-invented in 1870's England, when stylized versions were formed as a reaction to the more structured and rigorously maintained English estate gardens.

The earliest cottage gardens were more practical than their modern descendants, with an emphasis on vegetables and herbs, along with some fruit trees.

块级元素和内联元素

你可能还记得我们在第174～175页中讲到了块级元素和内联元素的区别以及浏览器如何显示它们。

块级元素看起来就像是换行显示, 它的实例包括<h1>～<h6>、<p>和<div>元素等。

内联元素流动于文本中并且不会换行, 它的实例包括<b>、<i>、<img>、<em>和<span>等。

CSS允许你创建规则，来控制每个盒子(以及盒子中的内容)的呈现方式。

在这个示例中，块级元素以红色边框显示，内联元素则是绿色边框。

<body>元素创建了第一个盒子，然后<h1>、<h2>、<p>、<i>和<a>分别创建了各自的盒子。

你可以利用CSS在任何盒子周围添加边框，指定它的宽度和高度，或者设定背景颜色。你还可以控制盒子内部的文本——例如，它的颜色、大小和所用的字体。

The Cottage Garden

The *cottage garden* is a distinct style of garden that uses an informal design, dense plantings, and a mixture of ornamental and edible plants.

The Cottage Garden originated in England and its history can be traced back for centuries, although they were re-invented in 1870's England, when stylized versions were formed as a reaction to the more structured and rigorously maintained English estate gardens.

The earliest cottage gardens were more practical than their modern descendants, with an emphasis on vegetables and herbs, along with some fruit trees.

样式示例

盒子	文本	具体方式
宽度和高度	字体	在你设置某些元素(比如列表、表格和表单)的样式时，还会有一些具体的方式。
边框(颜色、宽度和样式)	大小	
背景颜色和背景图像	颜色	
在浏览器窗口中的位置	斜体、粗体、大写、小写、小型大写字母	

CSS将样式规则与HTML元素相关联

CSS通过将规则与HTML元素相关联的方式来工作。这些规则用来控制指定元素中的内容如何显示。一条CSS规则包含两个部分：一个选择器和一条声明。

这条规则表明所有\<p\>元素都应该用Arial字体来显示。

选择器表明要应用规则的元素。同一条规则可以应用在多个元素上，前提是你需要将这些元素名用逗号隔开。

声明用于表明应该如何显示选择器指明的元素。声明分为两个部分(属性和值)并以冒号作为分隔符。

CSS属性会影响元素的显示方式

CSS声明位于花括号中，而且每条声明都由两部分组成：属性和值，两者由冒号隔开。可在一条声明内指定多个属性，各属性之间用分号隔开。

```
h1, h2, h3 {
           font-family: Arial;
           color: yellow;}
```

属性　　　　　值

上面这条规则表明所有的<h1>元素、<h2>元素和<h3>元素将以黄色的Arial字体显示。

属性表明你想要改变元素的哪些方面。例如颜色、字体、宽度、高度和边框。

值用来指定想要在所选属性上应用的设置。例如，如果要指定一个颜色属性，那么这个属性的值就是你希望这些元素中的文本所呈现的颜色。

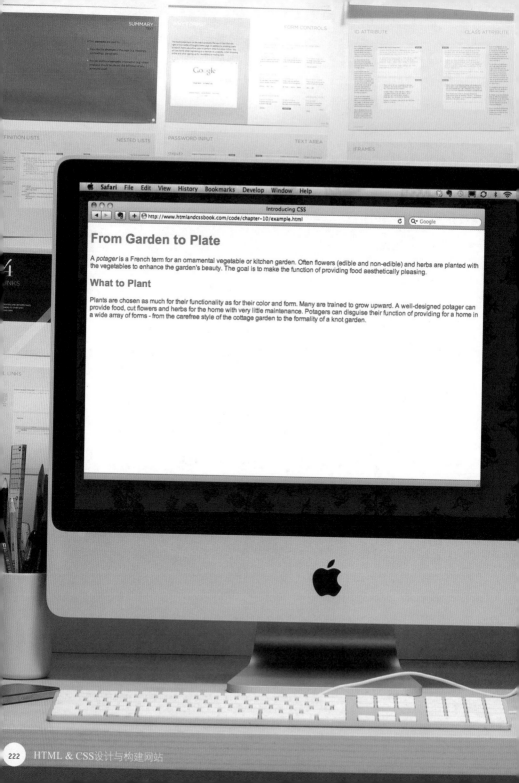

示例
CSS简介

你可以在这里看到一个由CSS定义其样式的简单网页。

该示例使用了两个文件：一个HTML文件(example.html)和一个独立CSS文件(example.css)。HTML文件的第五行使用了<link>元素来指明CSS文件的位置。

第225页中将介绍如何把CSS规则放置于你的HTML页面中，并讨论何时应该这样做。

```
<!DOCTYPE html>
<html>
  <head>
    <title>Introducing CSS</title>
    <link href="css/example.css" type="text/css"
        rel="stylesheet" />
  </head>
  <body>
    <h1>From Garden to Plate</h1>
    <p>A <i>potager</i> is a French term for an
        ornamental vegetable or kitchen garden ... </p>
    <h2>What to Plant</h2>
    <p>Plants are chosen as much for their
        functionality as for their color and form ... </p>
  </body>
</html>

body {
  font-family: Arial, Verdana, sans-serif;}
h1, h2 {
  color: #ee3e80;}
p {
  color: #665544;}
```

使用外部CSS

\<link\>

在HTML文档中，\<link\>
元素可用来告诉浏览器在何
处寻找用于定义页面样式
的CSS文件。它是一个空元
素(也就是说它不需要结束
标签)，而且位于\<head\>元
素中。它应该使用以下三个
特性：

href

该特性表明CSS文件的
路径(通常位于css或styles文
件夹中)。

type

该特性表明页面所链接
文档的类型。它的值应该是
text/css。

rel

该特性表明HTML页面
与被链接文件的关系。当链
接到一个CSS文件时，该特性
的值应该为stylesheet。

一个HTML页面可以使
用多个CSS样式表，这时页
面就需要为所使用的每个
CSS文件添加一个\<link\>元
素。例如，有些设计人员利用
一个CSS文件来控制表现(
比如字体和颜色)，而用另一
个CSS文件来控制布局。

chapter-10/using-external-css.html `HTML`

```html
<!DOCTYPE html>
<html>
  <head>
    <title>Using External CSS</title>
    <link href="css/styles.css" type="text/css"
      rel="stylesheet" />
  </head>
  <body>
    <h1>Potatoes</h1>
    <p>There are dozens of different potato
      varieties. They are usually described
      as early, second early and maincrop.</p>
  </body>
</html>
```

chapter-10/styles.css `CSS`

```css
body {
    font-family: arial;
    background-color: rgb(185,179,175);}
h1 {
    color: rgb(255,255,255);}
```

结　果

Potatoes

There are dozens of different potato varieties. They are usually
described as early, second early and maincrop potatoes.

使用内部CSS

```
<!DOCTYPE html>
<html>
  <head>
    <title>Using Internal CSS</title>
    <style type="text/css">
      body {
          font-family: arial;
          background-color: rgb(185,179,175);}
      h1 {
          color: rgb(255,255,255);}
    </style>
  </head>
  <body>
    <h1>Potatoes</h1>
    <p>There are dozens of different potato
      varieties. They are usually described
      as early, second early and maincrop.</p>
  </body>
</html>
```

结　果

Potatoes

There are dozens of different potato varieties. They are usually described as early, second early and maincrop potatoes.

<style>

你还可以在HTML页面中添加CSS规则，这时需要将它们置于<style>元素内，<style>元素通常位于页面的<head>元素中。

<style>元素应该使用type特性来表明这些样式是在CSS中指定的。该特性的值应该为text/css。

当建立一个包含有多个页面的网站时，你应该使用外部样式表。这样做具有以下好处：

- 允许所有页面使用同样的样式规则(而不必在每个页面内重复它们)。

- 将页面的内容和表现分离。

- 意味着你可以通过修改一个文件(而不必修改每个页面)来改变所有页面的样式。

在HTML 4和XHTML过渡版本中，还可以在页面主体中出现的大多数元素上使用style特性。在该特性值中定义的CSS规则只会应用于这一个元素内。应当尽量避免将style特性用于新建的站点中，我在此提及它是因为你可能会在旧代码中见到它。下面是将一个段落中的文本颜色改成红色的示例：< p style="color:red;">。

CSS选择器

CSS选择器的种类很多，这些选择器允许你将CSS规则的应用于HTML文档中的特定元素。

第227页中的表格简要介绍了最常用的CSS选择器。

本页中的HTML文件用来演示这些CSS选择器应用于哪些元素。

CSS选择器是区分大小写的，因此它们必须准确地匹配元素名称和特性值。

还有一些高级选择器，它们允许在特性和特性值的基础上选择元素，你将在第281页了解这些选择器。

IE 7是最先支持表格中后两种选择器(兄弟选择器)的IE版本，所以这两种选择器不如表格中的其他选择器常用。

chapter-10/css-selectors.html `HTML`

```html
<!DOCTYPE html>
<html>
  <head>
    <title>CSS Selectors</title>
  </head>
  <body>
    <h1 id="top">Kitchen Garden Calendar</h1>
    <p id="introduction">Here you can read
      our handy guide about what to do when.</p>
    <h2>Spring</h2>
    <ul>
      <li><a href="mulch.html">
            Spring mulch vegetable beds</a></li>
      <li><a href="potato.html">
            Plant out early potatoes</a></li>
      <li><a href="tomato.html">
            Sow tomato seeds</a></li>
      <li><a href="beet.html">
            Sow beet seeds</a></li>
      <li><a href="zucchini.html">
            Sow zucchini seeds</a></li>
      <li><a href="rhubarb.html">
            Deadhead rhubarb flowers</a></li>
    </ul>
    <p class="note">
      This page was written by
      <a href="mailto:ivy@example.org">
        ivy@example.org</a> for
      <a href="http://www.example.org">Example</a>
    </p>
    <p>
      <a href="#top">Top of page</a>
    </p>
  </body>
</html>
```

选择器	含义	示例
通用选择器	应用于文档中的所有元素	`* {}` 应用于页面中的所有元素
类型选择器	匹配元素名称与选择器相同的元素	`h1, h2, h3 {}` 应用于`<h1>`元素、`<h2>`元素和`<h3>`元素

类选择器	匹配这样的元素: 元素的class特性的值与此选择器点(或句点)符号后面的部分相同	`.note {}`
		应用于所有class特性值为note的元素
		`p.note {}`
		只应用于class特性值为note的`<p>`元素

ID选择器	匹配这样的元素: 元素的id特性的值与此选择器井号后面的部分相同	`#introduction {}` 应用于id特性值为introduction的元素
子元素选择器	匹配指定元素的直接子元素	`li>a {}` 应用于所有父元素为`<li>`的`<a>`元素(对页面中的其他`<a>`元素不起作用)
后代选择器	匹配指定元素的后代元素(不仅是指定元素的直接子元素)	`p a {}` 应用于所有位于`<p>`元素中的`<a>`元素,不论它们之间有没有嵌套其他元素
相邻兄弟选择器	匹配一个元素的相邻的兄弟元素	`h1+p {}` 应用于`<h1>`元素之后的第一个`<p>`元素(对其他`<p>`元素不起作用)
普通兄弟选择器	匹配一个元素的兄弟元素,不论这个元素是不是与它的兄弟元素相邻	`h1~p {}` 如果有两个`<p>`元素均为`<h1>`元素的兄弟元素,那么这些规则对两个`<p>`元素都起作用

CSS规则如何级联

如果有两个或者更多的规则应用在同一个元素上，那么理解这些规则的优先级关系是非常重要的。

就近原则

如果两个选择器完全相同，那么后出现的选择器优先级较高。这里可以看到，第二个i选择器优先于第一个i选择器。

具体性原则

如果一个选择器比其他选择器更加具体，那么具体的选择器优先于一般的选择器。在本页的示例中：

h1比*具体
p b比p具体
p#intro比p具体

重要性

你可以在任意属性值的后面添加!important来强调这条规则比应用于同一元素的其他规则更重要。

对CSS规则级联方式的理解可以让你写出更简洁的样式表，因为你可以创建应用于多数元素的通用规则，然后将那些需要不同呈现形式的个别元素的属性进行重写。

chapter-10/cascade.html `HTML`

```html
<h1>Potatoes</h1>
<p id="intro">There are <i>dozens</i> of different
    <b>potato</b> varieties.</p>
<p>They are usually described as early,
    second early and maincrop potatoes.</p>
```

`CSS`

```css
* {
  font-family: Arial, Verdana, sans-serif;}
h1 {
  font-family: "Courier New", monospace;}
i {
  color: green;}
i {
  color: red;}
b {
  color: pink;}
p b {
  color: blue !important;}
p b {
  color: violet;}
p#intro {
  font-size: 100%;}
p {
  font-size: 75%;}
```

`结 果`

Potatoes

There are *dozens* of different **potato** varieties.

They are usually described as early, second early and maincrop potatoes

继承

HTML　　　　　chapter-10/inheritance.html

```
<div class="page">
  <h1>Potatoes</h1>
  <p>There are dozens of different potato
     varieties.</p>
  <p>They are usually described as early,
     second early and maincrop potatoes.</p>
</div>
```

CSS

```
body {
  font-family: Arial, Verdana, sans-serif;
  color: #665544;
  padding: 10px;}
.page {
  border: 1px solid #665544;
  background-color: #efefef;
  padding: inherit;}
```

结　果

Potatoes

There are dozens of different potato varieties.

They are usually described as early, second early and maincrop
potatoes.

如果在<body>元素上
指定了font-family属性或
color属性，那么它们将应
用于<body>元素的大多数
子元素上。这是因为font-
family属性的值被这些子
元素所继承。属性的继承让
你不必在每个元素上都应用
这些属性(并使样式表更加
简洁)。

相比于刚刚提到的属
性、background-color属
性和border属性则有所不
同，它们不会被子元素继
承。假如这些属性也可以被
子元素继承，那么页面看起
来将会杂乱无章。

你可以通过将属性值
设置为inherit来强制大多
数元素从它的父元素中继承
属性值。在本示例中，<div>
元素(属于page类)从应用于
<body>元素的CSS规则中
继承了padding属性的值。

为什么使用外部样式表？

建立网站时，将CSS规则置于一个单独的样式表中会带来诸多好处。

所有网页都可以共用同一个样式表。在网站中的每个HTML页面上利用`<link>`元素链接同一个CSS文档就可以实现共用。这意味着不需要将同样的代码在每个页面中重复一次(同时也有助于简化代码以及缩小HTML页面)。

因此，只要用户已经下载了CSS样式表，网站中的其他页面在加载时就会更快。如果想对网站的外观进行一些调整，只需编辑一个CSS文件，所有的页面就都会更新。例如，你仅需通过修改一个CSS样式表(而不必在每个页面上修改相应的CSS规则)就可以改变所有`<h1>`元素的样式。HTML代码也更便于阅读和编辑，因为同一文档中不会包含大量的CSS规则。

一般来说，将网站的内容与控制这些内容如何显示的规则相分离是一种非常好的习惯和做法。

有时，你可能会对考虑将CSS规则与HTML代码放在同一个页面中。

如果只是创建一个页面，就可能决定将CSS规则与HTML代码放在同一个页面中，以此来保持文件的一体性(不过仍然有许多设计人员认为，更可取的做法将CSS单独放在一个文件中)。

如果有一个页面需要用到一些额外的规则(其他的页面不需要应用这些规则)，你可能会考虑在相应页面中加入CSS(还是那句话，许多设计人员认为，更好的做法是将所有的CSS规则放在单独的文件中)。

本书中的大部分示例将CSS规则(利用`<style>`元素)置于文档的`<head>`元素中，而不是为其单独创建一个文档。这样做纯粹是为了避免在学习CSS示例的工作原理时打开两个文件。

CSS的不同版本和浏览器的差异模式

CSS1发布于1996年，两年后发布了CSS2。尽管CSS3的相关工作目前还在完善之中，但主流浏览器已经开始支持CSS3。

我们知道HTML有过多个版本，CSS与其一样，也有过几个不同的版本。

浏览器不可能立即就支持CSS的所有属性，所以有些旧的浏览器不支持某些属性。

当浏览器的这些差异可能产生影响时，我们会指出CSS属性在何处会有意外表现。

经验丰富的CSS编码人员都很清楚，部分浏览器会以意想不到的方式显示一些CSS属性。但只要你弄清产生的原因，那么找到并避免这些差异是很容易的。

正式启用新网站之前，将其在多个浏览器中进行测试是一项非常重要的工作，因为不同的浏览器在显示这些网页时可能会有细微的差异。

由于有些在线工具可以展示一个网页在不同浏览器中的表现，所以没必要使用多个计算机来测试网站。这些在线工具的地址如下：

BrowserCam.com
BrowserLab.Adobe.com
BrowserShots.org
CrossBrowserTesting.com

利用这些工具时，最好在不同的操作系统(PC、Mac和Linux)上检查你的网站，还应该在主流浏览器的新旧版本中测试网站。

在多个浏览器中查看网站时，你可能会发现页面中的某些元素看起来和你的预期有所不同。

当一个CSS属性的表现与预期不同时，这个现象称为浏览器差异或CSS bug。

本书中会讨论一些常见

的浏览器bug，但许多很小的bug只发生在某些罕见的情况下或是发生在极少有人使用的旧式浏览器上。

如果遇到一个CSS bug，可以通过自己喜爱的搜索引擎尝试并寻找解决办法。或者，也可以到下面的网站上去寻找：

PositionIsEverything.net
QuirksMode.org

▶ CSS在处理HTML元素时都假设它们各自位于一个无形的盒子中，并通过规则来指定元素的外观。

▶ CSS规则是由选择器(用于表明规则应用的对象)和声明(用于指定元素的外观)组成的。

▶ 不同类型的选择器允许你将CSS规则应用于各种不同元素。

▶ 声明由两部分组成：所要改变的元素属性，以及这些属性的值。例如：font-family属性设置字体的选用，对应的值arial表明优先使用Arial字体。

▶ 尽管CSS规则可以置于HTML页面中，但它们通常出现在单独的文档中。

第11章

颜色

- ▶ 如何指定颜色
- ▶ 颜色术语和颜色对比
- ▶ 背景色

颜色的确可以为你的网页注入生机与活力。

我们将在本章中学习以下内容:

- 如何指定颜色,你可以使用三种常见的方式来指示所选的颜色(CSS3还引入了其他方式)

- 颜色术语,一些专业术语对理解如何选取颜色非常有帮助

- 对比度,确保文本的可读性

- 背景色,整个页面或部分页面的背景颜色

在后续章节中,当你在CSS中查看文本以及盒子的颜色时,将会用到在本章所学的有关颜色的内容。

前景色
color

color属性允许你指定元素中文本的颜色。你可以在CSS中采用以下三种方法之一来指定任何颜色：

RGB值

这种方式从组成一种颜色分别需要多少红色、绿色、蓝色的角度来表示颜色。例如：rgb(100,100,90)。

十六进制编码

这种方式是通过六位十六进制编码表示颜色，其中的六位编码(每两位构成一个值，共三个值)分别代表一种颜色中红、绿、蓝的数量，前面加一个#号。例如：#ee3e80。

颜色名称

浏览器可以识别147种预定义的颜色名称。例如DarkCyan。

随后的两页中将展开讨论这三种指定颜色的方式。

CSS3还引入了另外一种叫做HSLA的方式来指定颜色，在第244～245页将介绍这种方式。

chapter-11/foreground-color.html `CSS`

```css
/* color name */
h1 {
  color: DarkCyan;}
/* hex code */
h2 {
  color: #ee3e80;}
/* rgb value */
p {
  color: rgb(100,100,90);}
```

结　果

Marine Biology

The Composition of Seawater

Almost anything can be found in seawater. This includes dissolved materials from Earth's crust as well as materials released from organisms. The most important components of seawater that influence life forms are salinity, temperature, dissolved gases (mostly oxygen and carbon dioxide), nutrients, and pH. These elements vary in their composition as well as in their influence on marine life.

从上面示例的每个CSS规则中可以看到如何在CSS文件中添加注释。浏览器不会解释位于/*和*/符号之间的内容，这些内容在上面的示例中以灰色显示。

注释的使用有助于对CSS文件的理解(还可以利用注释将一个长文档分割为几个部分，这利于对文件的组织)。这里利用注释来说明在指定不同类型的颜色时采用了何种方式。

背景色
background-color

CSS

```
body {
  background-color: rgb(200,200,200);}
h1 {
  background-color: DarkCyan;}
h2 {
  background-color: #ee3e80;}
p {
  background-color: white;}
```

结　果

Marine Biology

The Composition of Seawater

Almost anything can be found in seawater. This includes dissolved materials from Earth's crust as well as materials released from organisms. The most important components of seawater that influence life forms are salinity, temperature, dissolved gases (mostly oxygen and carbon dioxide), nutrients, and pH. These elements vary in their composition as well as in their influence on marine life.

CSS在处理每个HTML元素时都假设它们位于一个无形的盒子中,而background-color属性设置的正是这个盒子的背景色。

可使用与指定前景色同样的三种方式来指定背景色:RGB值、十六进制编码和颜色名称(将在下一页中介绍)。

如果未指定背景色,那么背景将是透明的。

默认情况下,多数浏览器窗口都是白色背景,但浏览器使用者可以自定义窗口的背景色,因此,如果想要确保浏览器窗口是白色背景,你可以利用<body>元素的background-color属性。

我们还在示例中使用了padding属性,以此将文本与盒子边缘分开。这会使得文本更容易阅读,本书的第302页将介绍这一属性。

颜色解析

计算机屏幕上的每种颜色都由一定数量的红色、绿色、蓝色混合而成。你可以使用拾色器选取自己需要的颜色。

计算机显示器由成千上万个称为像素(如果在很近的距离观察显示器，应该能够看到像素)的小方块构成。

计算机屏幕在关闭时是黑色的，这是因为它没有发光。当屏幕打开时，每个像素会呈现不同的颜色，共同构成一幅图片。

计算机屏幕上每个像素的颜色都按照红、绿、蓝三种颜色的混合情况来表达——就像电视屏幕一样。

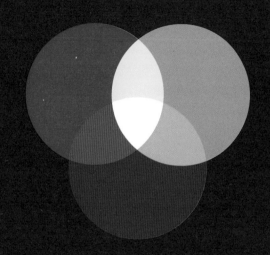

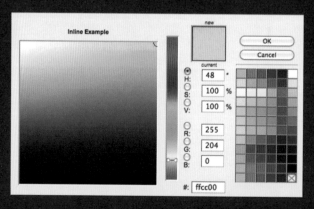

我们可以在诸如Photoshop和GIMP这样的图像编辑软件中使用拾色工具。在标有R、G、B的单选按钮旁边，你可以看到已经指定的RGB值。

相应的十六进制值出现在#号旁边。下面这个网站上也有一个不错的拾色工具：colorschemedesigner.com

RGB值

用0～255之间的数字表示红、绿、蓝三种颜色的值。

rgb(102,205,170)

该颜色由以下值组成:
102 红
205 绿
170 蓝

十六进制编码

用十六进制码来表示红绿蓝三种颜色的值

#66cdaa

代表红色值的102转换成十六进制即为66。相应地，绿色值205转换成cd，蓝色值170则相当于aa。十六进制值不区分大小写。如果所有字符都相同(例如#ffffff)，可将其简写为三个字符(例如#fff)。

颜色名称

用预定义名称来表示颜色。但其表示的数量非常有限。

MediumAquaMarine

浏览器支持147种颜色名称(上面的颜色为MediumAquaMarine)。大多数人都认为使用这种方式调色在数量上受限制，而且这些颜色的名称也不便于记忆，因此(除了黑白两种颜色)这种方式并不常用。

色调

色调很接近通俗意义上所说的颜色。但从专业角度看，一种颜色除了色调，还存在饱和度和亮度。

饱和度

饱和度是指颜色中灰色的含量。饱和度达到最大时，颜色中灰色的含量为零。饱和度最小时，颜色基本上就是灰色。

亮度

亮度是指颜色中黑色的含量。亮度达到最大时，颜色中黑色的含量为零。亮度最小时，颜色就会非常暗。

对比度

为使文本清晰易读，在选取前景色和背景色时，一定要保证两者之间有足够的对比度。

| LOW CONTRAST | HIGH CONTRAST | MEDIUM CONTRAST |

当前景色与背景色之间的对比度较低时，文本就会难以阅读。

对比度不足这个问题对那些有视觉障碍或者色盲的人来说显得尤其严重。

它还会对那些使用劣质显示器或是在阳光下观看屏幕(由于人们在户外使用手提设备，这种情况越来越常见)的人造成影响。

当前景色与背景色之间的对比度较高时，文本就会易于阅读。

但是如果你希望人们在网页上阅读大量的文本，那么过高的对比度反而不利于阅读。

对于长文本来说，适合地降低对比度能够提升可读性。

你可以在白色背景上使用深灰色文本，或在黑色背景上使用灰白色文本，这样就可以降低对比度。

If text is reversed out (a light color on a dark background), you can increase the height between lines and the weight of the font to make it easier to read.

要查看对比度，可使用以下网站中的简易在线工具：www.snook.ca/technical/colour_contrast/colour.html。

CSS3: 透明度
opacity, rgba

CSS3引入了opacity属性，opacity属性允许你指定元素及其子元素的透明度。该属性值是一个介于0.0~1.0之间的数字(以此推算，0.5表示50%的透明度，0.15表示15%的透明度)。

CSS3中的rgba属性允许你像RGB值那样指定颜色，不过它增加了一个用来表示透明度的值。这个值称为alpha值，它是一个介于0.0~1.0之间的数字(以此推算，0.5表示50%的透明度，0.15表示15%的透明度)。rgba值只会影响应用它的元素(不会作用于这个元素的子元素)。

由于有些浏览器不能识别RGBA颜色，你应该做好退一步的准备，使浏览器可以将其显示为纯色。如果有两条规则同时应用于一个元素，那么后出现的规则优先应用。为此，你可以通过十六进制码、颜色名称或RGB值指定一种颜色，然后将另一条指定RGBA值的规则放在后面。这样一来，能够识别RGBA颜色的浏览器就会应用后面的规则，其他浏览器则会使用RGB值。

结　果

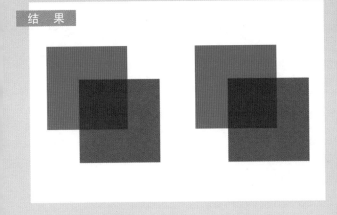

在旧式浏览器中的结果

在撰写本书时，只有大部分最新的浏览器能够支持opacity属性和rgba属性。

CSS3: HSL颜色

CSS3引入了一种全新并且直观的方式来指定颜色, 这种方式通过色调、饱和度和明度值来确定颜色。

色调

色调接近传统意义上的颜色。在HSL颜色中, 经常用一个色环来表示色调, 色环上的一个角度对应一种色调, 有时也会用色环上的一个滑块来显示色调, 滑块的值介于0~360之间。

饱和度

饱和度是指一种颜色中灰色的含量, 用百分数来表示。100%代表最高饱和度, 0%则表示某种灰色。

明度

明度是指一种颜色中白色(明亮)或者黑色(黑暗)的含量, 用百分数来表示。明度为0%时为黑色, 100%时为白色, 50%时为标准色。明度有时也被称为辉度。

注意, 明度与亮度不是同一个概念。图形设计软件(比如Photoshop和GIMP)中的拾色器使用的是色调、饱和度和亮度——但亮度只能增加黑色, 而明度可以提供黑色和白色。

CSS3：HSL和HSLA

hsl, hsla

```
body {
  background-color: #C8C8C8;
  background-color: hsl(0,0%,78%);}
p {
  background-color: #ffffff;
  background-color: hsla(0,100%,100%,0.5);}
```

结 果

Marine Biology

The Composition of Seawater

Almost anything can be found in seawater. This includes dissolved materials from Earth's crust as well as materials released from organisms. The most important components of seawater that influence life forms are salinity, temperature, dissolved gases (mostly oxygen and carbon dioxide), nutrients, and pH. These elements vary in their composition as well as in their influence on marine life.

hsl颜色属性已经作为一种新的颜色指定方式引入到CSS3中。该属性的值以hsl开头，位于其后的括号内是以下几种值：

色调

通过介于0°~360°之间的一个角度表示。

饱和度

通过百分数表示。

明度

通过百分数表示，0%表示黑色，50%表示标准色，100%表示白色。

hsla颜色属性允许你利用色调、饱和度、明度来指定颜色，并增加了一个表示透明度的值(就像rgba属性)。其中的a代表：

ALPHA

该值由介于0~1.0之间的数字表示。例如，0.5表示50%的透明度，0.75表示75%的透明度。

由于旧浏览器不能识别HSL值和HSLA值，因此最好添加一条额外的规则，该规则使用十六进制码、RGB值或颜色名来指定颜色，并且应该将该规则置于使用了HSL值或HSLA值的规则前面。

这样做相当于提供了一条备用规则，如果有两条规则同时应用于一个元素，那么后出现的规则总是优先应用。这意味着，如果浏览器能够识别HSL颜色和HSLA颜色，就会应用相应的规则，如果不能，则应用前一条规则。

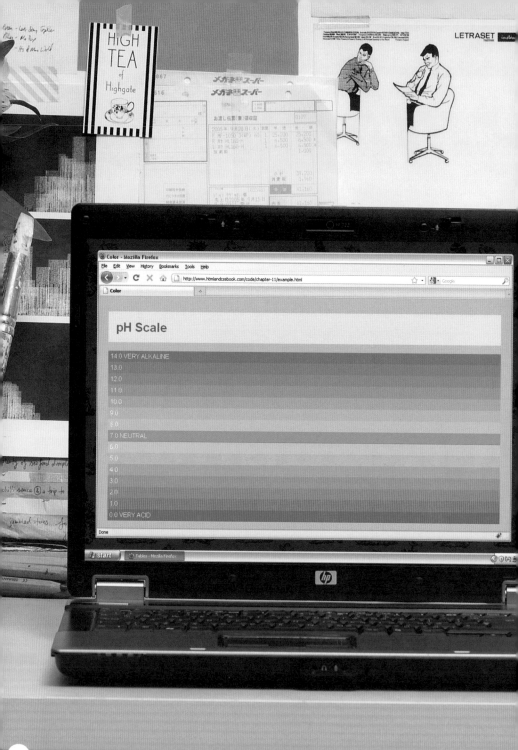

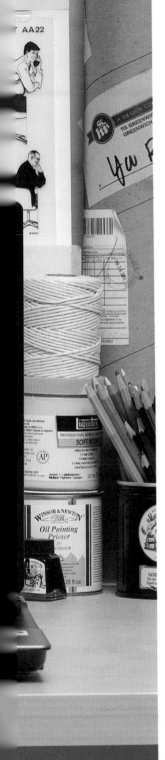

示例

颜色

　　这个示例显示的是PH值范围，通过这个页面来演示使用CSS指定颜色的各种方式(利用颜色名称、十六进制编码、RGB和HSL)。

　　应用于`<body>`元素的规则采用了颜色名称的方式来设置所有文本的默认颜色，以及页面的默认背景色。

　　应用于`<h1>`元素的规则采用了十六进制码的方式来设置标题的颜色。设置`<h1>`元素的`background-color`属性时使用了两个值。第一个值使用十六进制码提供了备用颜色，第二个值是一个HSLA值，专为支持这个方式的浏览器设置。

　　每个段落都以不同的颜色显示，以此来表示各个级别的酸碱度，这些段落的颜色都由RGB值指定。

　　这个示例使用了一个叫做`margin`的属性来减小段落之间的间隙，还使用了一个称为`padding`的属性来设置盒子边缘与其内部文本之间的间距(在本书的第302～303页将介绍这些属性)。

示例

颜色

```
<!DOCTYPE html>
<html>
  <head>
    <title>Color</title>
    <style type="text/css">
      body {
        background-color: silver;
        color: white;
        padding: 20px;
        font-family: Arial, Verdana, sans-serif;}
      h1 {
        background-color: #ffffff;
        background-color: hsla(0,100%,100%,0.5);
        color: #64645A;
        padding: inherit;}
      p {
        padding: 5px;
        margin: 0px;}
      p.zero {
        background-color: rgb(238,62,128);}
      p.one {
        background-color: rgb(244,90,139);}
      p.two {
        background-color: rgb(243,106,152);}
      p.three {
        background-color: rgb(244,123,166);}
      p.four {
        background-color: rgb(245,140,178);}
      p.five {
        background-color: rgb(246,159,192);}
      p.six {
        background-color: rgb(245,176,204);}
      p.seven {
        background-color: rgb(0,187,136);}
      p.eight {
        background-color: rgb(140,202,242);}
      p.nine {
        background-color: rgb(114,193,240);}
```

```
    p.ten {
      background-color: rgb(84,182,237);}
    p.eleven {
      background-color: rgb(48,170,233);}
    p.twelve {
      background-color: rgb(0,160,230);}
    p.thirteen {
      background-color: rgb(0,149,226);}
    p.fourteen {
      background-color: rgb(0,136,221);}
  </style>
</head>
<body>
  <h1>pH Scale</h1>
  <p class="fourteen">14.0 VERY ALKALINE</p>
  <p class="thirteen">13.0</p>
  <p class="twelve">12.0</p>
  <p class="eleven">11.0</p>
  <p class="ten">10.0</p>
  <p class="nine">9.0</p>
  <p class="eight">8.0</p>
  <p class="seven">7.0 NEUTRAL</p>
  <p class="six">6.0</p>
  <p class="five">5.0</p>
  <p class="four">4.0</p>
  <p class="three">3.0</p>
  <p class="two">2.0</p>
  <p class="one">1.0</p>
  <p class="zero">0.0 VERY ACID</p>
</body>
</html>
```

▶ 颜色不仅可以为你的网站注入活力，还能传递情感、引发共鸣。

▶ 在CSS中可以采用三种方式来指定颜色：RGB值、十六进制编码和颜色名称。

▶ 拾色器可以帮你找到所需的颜色。

▶ 保证在文本与其背景色之间存在足够的对比度是非常重要的(否则人们将无法阅读这些内容)。

▶ CSS3为指定RGB颜色的不透明度而引入了一个额外的值，称为RGBA。

▶ CSS3还允许你采用HSL值来指定颜色，加上一个可选值来指定不透明度，就称为HSLA。

第12章

文本

- ▶ 文本的大小和字型
- ▶ 粗体、斜体、大写和下划线
- ▶ 行间距、字母间距和单词间距

可将用来控制文本外观的属性分为两类：

- 直接作用于字体及其外观的属性(包括字型和文本的大小，字型包括普通字体、粗体和斜体等)
- 无论选用何种字体都会对文本产生相同效果的属性(包括文本的颜色以及单词间距和字母间距)

文本的格式对页面可读性的影响非常显著。在学习这些属性的过程中，我将会针对文本格式提供一些设计技巧。

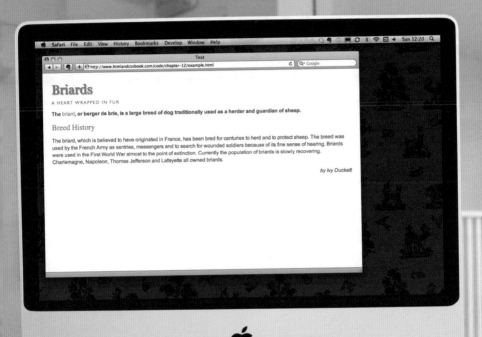

字体术语

衬线字体(SERIF)

衬线字体在字母主要笔画的末端有一些额外的装饰。这些装饰被称为衬线。

无衬线字体(SANS-SERIF)

无衬线字体中的字母拥有笔直的线条,因此它的设计更加简洁。

等宽字体(MONOSPACE)

等宽字体中的每个字母的宽度都相同,而非等宽字体中字母的宽度不同。

im im im

在打印时,考虑衬线字体便于阅读,所以通常将其应用于长篇文本。

屏幕分辨率要低于打印分辨率,因此如果文本非常小,无衬线字体阅读起来会更清晰。

由于等宽字体可以精确地对齐,便于文本的跟随,因此通常用于显示代码。

The xyz

字母上半出头部分 在大写字母高度的上面
大写字母高度 平坦字母的顶端
X-高度 字母x的高度

基线 字母所在的线
下行字母 在基线的下方

粗细

Light

Medium

Bold

Black

样式

Normal

Italic

Oblique

伸缩

Condensed

Regular

Extended

字体的粗细不仅能起到强调作用，还可以影响空白区域的大小以及页面上的对比情况。

有些字体的斜体呈现为连笔风格。倾斜字体的样式是将普通样式进行一定角度的倾斜。

在压缩(或缩窄)版本的字体中，字母会更窄，间距也更小。在伸展版本的字体中，字母会更宽，间距也更大。

为你的网站选用一种字体

你应该知道，在选用某种字体时，如果用户的计算机中安装了这种字体，那么浏览器通常只会显示这一种字体。

SERIF(衬线字体)

衬线字体在字母主要笔画的末端有一些额外的装饰。

例如：

Georgia

Times

Times New Roman

SANS-SERIF(无衬线字体)

无衬线字体中的字母拥有笔直的线条，因此它的设计更加简洁。

例如：

Arial

Verdana

Helvetica

因此，网站经常使用大多数计算机上都已经安装了的一些字体(见上面列出的字体)。借助一些技术手段，我们可以突破这种限制(相关内容将在第260~261页进行介绍)。

我们可以一次指定多种字体并为其创建一个优先次序(以防用户没有安装你指定的首选字体)。这有时称为**字体堆栈**。

MONOSPACE
(等宽字体)

等宽字体中的每个字母的宽度都相同(非等宽字体中的字母宽度会有区别)。

例如:

Courier

Courier New

CURSIVE(草书字体)

草书字体中加入了笔划或其他草书的特点,比如手写风格。

例如:

Comic Sans MS

Monotype Corsiva

FANTASY(虚幻字体)

虚幻字体通常作为装饰性字体使用,经常用于标题。它们不适合长篇幅的文本。

例如:

Impact

Haettenschweiler

浏览器应该至少支持上述每组字体中的一种。因此,通常要在你所偏爱的字体后面加上这些通用字体名。

例如,如果想要使用衬线字体,你可以这样写:

```
font-family: Georgia, Times, serif;
```

扩大字体选用范围的技术

除了上一页中列出的那些字体，我们可以通过多种方式来使用其他字体。但字体会受到版权制约，因此考虑字体的许可权限，你能选用的技术是有限的。

字体系列 (FONT-FAMILY)	服务器端字体 (FONT-FACE)	基于服务的服务器端字体(SERVICE-BASED FONT-FACE)
要求用户的计算机上已经安装了相应的字体。使用CSS来指定字体。	如果计算机上没有安装相应的字体，可以使用CSS来指定字体的下载地址。	商业服务通过@font-face为用户提供更多的可选字体。
详见		
第262~263页	第266~267页	第266~267页
问题		
大多数用户都安装的字体种类是非常有限的。	用户必须首先下载字体，这会减缓网页的加载速度。	需要向字库支付长期的费用，以获得字体的使用许可权。
许可		
由于并未分发字体，因此不涉及许可问题。	字体使用许可必须允许使用@font-face分发字体。	服务商负责与字体设计者有关的许可问题。
字体选用范围		
字体选用范围有限，因为必须选用用户计算机上安装的字体。	字体选用范围有限，因为很少有字体可以通过这种方式免费分发。	不同的服务商根据其字库协议提供不同的字体选用范围。

适用于任何长度的文本

如果你在Mac上进行设计，一定要检查所用字体在PC上的外观，因为PC对字体的渲染不够平滑。但如果你在PC上进行设计，就不必考虑其在Mac上的显示效果。

图像	SIFR	CUFON
你可以创建一个包含文本的图像。	将字体嵌入到Flash影片中，此后JavaScript将特定的HTML文本替换为它的Flash版本。	CUFON的功能与sIFR类似。它用JavaScript创建SVG或VML版本的文本。

详见

第88~89页和第98~102页	相关网站	相关网站

问题

使用屏幕阅读器的人们需要借助alt文本理解图像的内容。	这种方法只有当用户在其设备上同时启用了Flash和JavaScript的情况下才适用。	需要启用JavaScript。另外，用户不能选择文本，而且当用户悬停在文本上时，文本不会发生变化。

许可

你可以使用计算机上任何具有使用许可权限的字体(因为你并未分发字体)。	许多字体设计商认可这种技术，但你可能需要支付一些额外的网络许可费用。	与sIFR一样，有些字体设计商允许在CUFON中使用他们的字体，但你需要获得许可。

字体选用范围

可选范围很大，因为你可以使用任何具有许可权限的字体。	这种方法很大程度上增加了字体的可选范围，因为许多主要的字体设计商允许这种用法。	比起sIFR，CUFON的字体可选范围要小一点，因为有些字体设计商对这项技术不是很感兴趣。

不适用于长篇幅的文本

字体选用
font-family

对于应用了CSS规则的元素，font-family属性允许你为这些元素中的任意文本指定字体。

该属性的值为你希望使用的字体的名称。

网站访问者需要在他们的计算机上安装你在网站中指定的字体，这样网站中才能显示这种字体。

你可以指定一组字体并用逗号将各个字体隔开，这样一来，如果用户没有安装你指定的首选字体，浏览器将改用这个列表中的其他字体。

将一种通用字体名作为一类字体的结尾也是很常见的用法(见第258～259页)。

如果一个字体的名称是由多个单词组成的，就需要将字体名称放在双引号中。

设计人员建议，为使页面更加美观，最好不要在同一个页面中使用三种以上字体。

本章的所有示例将使用本页显示的一种HTML的扩展版本。

chapter-12/font-family.html   `HTML + CSS`

```html
<!DOCTYPE html>
<html>
  <head>
    <title>Font Family</title>
    <style type="text/css">
      body {
        font-family: Georgia, Times, serif;}
      h1, h2 {
        font-family: Arial, Verdana, sans-serif;}
      .credits {
        font-family: "Courier New", Courier,
          monospace;}
    </style>
  </head>
  <body>
    <h1>Briards</h1>
    <p class="credits">by Ivy Duckett</p>
    <p class="intro">The <a class="breed"
      href="http://en.wikipedia.org/wiki/
      Briard">briard</a>, or berger de
      brie, is a large breed of dog
      traditionally used as a herder and
      guardian of sheep...</p>
  </body>
</html>
```

结　果

Briards

by Ivy Duckett

The briard, or berger de brie, is a large breed of dog traditionally used as a herder and guardian of sheep.

Breed History

The briard, which is believed to have originated in France, has been bred for centuries to herd and to protect sheep. The breed was used by the French Army as sentries, messengers and to search for wounded soldiers because of its fine sense of hearing. Briards were used in the First World War almost to the point of extinction. Currently the population of briards is slowly recovering. Charlemagne, Napoleon, Thomas Jefferson and Lafayette all owned briards.

字体大小
font-size

`CSS`

```
body {
  font-family: Arial, Verdana, sans-serif;
  font-size: 12px;}
h1 {
  font-size: 200%;}
h2 {
  font-size: 1.3em;}
```

结　果

Briards

by Ivy Duckett

The briard, or berger de brie, is a large breed of dog traditionally used as a herder and guardian of sheep.

Breed History

The briard, which is believed to have originated in France, has been bred for centuries to herd and to protect sheep. The breed was used by the French Army as sentries, messengers and to search for wounded soldiers because of its fine sense of hearing. Briards were used in the First World War almost to the point of extinction. Currently the population of briards is slowly recovering. Charlemagne, Napoleon, Thomas Jefferson and Lafayette all owned briards.

`font-size`属性用于指定字体的大小。可以采用多种方式来指定字体大小，最常用的方式有：

像素

　　像素之所以被广泛使用，是因为它能让Web设计人员对文本占用的空间进行精确的控制。它的表示方式是在像素值后面加上px。

百分数

　　文本在浏览器中的默认大小是16px。因此75%相当于12px，200%相当于32px。

　　如果你创建一个规则指定<body>元素内的所有文本为默认大小的75%(即12px)，然后为<body>元素内的某个元素创建另一条规则，并指定其中文本的大小为75%，那么这些文本会显示为9px(即12px的75%)。

EM值

　　1em相当于一个字母m的宽度。

　　下一页将详细介绍这些度量单位。

字体刻度

你可能已经注意到，Word、Photoshop 和InDesign这些程序都为文本提供了同样的大小。

这是因为它们都是根据16世纪的欧洲印刷业中的刻度和比例进行设置的。这组字体刻度被公认为具有令人赏心悦目的视觉效果，因此在过去的400多年中变化不大。

因此，当你进行页面设计时，使用这组刻度中大小可以让页面更具魅力。

在下一页中，你可以看到如何用像素、百分数和em值分别实现这组刻度。

打印品的设计人员经常按照点数来表示文本的大小，而不是像素(因此右边给出了pt刻度)。一个像素大约相当于一个点，因为一个点对应的是1/72英寸，而大多数计算机的分辨率为每英寸72点。

浏览器中的默认文本大小为16像素。因此如果使用百分数或em值，你需要在这个默认大小的基础上计算你希望使用的字体大小。例如，你可以将正文按比例缩小到12像素，将标题按比例放大到24像素。

最近，有些Web设计人员已经开始将正文保持为16像素的默认大小，然后使用一组与默认大小保持相对比例的刻度对其他字体的大小进行调整。

当你第一次看到16像素的正文时，会感觉这些文本非常大。但一旦习惯了这种大字体，许多人反而觉得它更便于阅读。这时如果返回到一个以12像素为主的页面，人们往往会感觉文本特别小。

8pt
9pt
10pt
11pt
12pt
14pt
18pt
24pt
36pt
48pt
60pt
72pt

字体大小单位

像素	百分数	EM值

12像素刻度表		
h1 24px	h1 200%	h1 1.5em
h2 18px	h2 150%	h2 1.3em
h3 14px	h3 117%	h3 1.17em
body 12px	body 75%	body 100%
		p 0.75em

16像素刻度表		
h1 32px	h1 200%	h1 2em
h2 24px	h2 150%	h2 1.5em
h3 18px	h3 133%	h3 1.125em
body 16px	body 100%	body 100%
		p 1em

要保证字体以希望的大小出现，最好的方式就是以像素为单位对字体大小进行设置(因为如果用户更改了浏览器默认文本的大小，那么以百分数和em值设置的文本就可能发生变化)。

像素与屏幕的分辨率有关，因此同样的大小在分辨率为800×600的显示器上看起来要比在分辨率为1280×800的显示器上更大。

你还可以用点数pt来代替像素px，但只有为那些对打印机友好的网页创建样式表时才可以这样做。

Web浏览器的默认文本大小为16像素。利用相应的百分数，你可以创建一个以12像素为默认值的刻度，并基于这个默认值设置标题的大小。

用户可以在他们的Web浏览器中更改默认的文本大小。如果他们这样做了，将按设计者预期的刻度显示字体，只是字体会更大而已。

em值允许你以父元素中的文本大小作为参照来改变当前元素中的文本大小。由于浏览器默认的文本大小为16像素，因此你可以按照类似的规则在这些元素上使用百分数。

由于用户可以更改浏览器默认的文本大小，因此相比于设计人员的预期，网页中的字体可能整体变大(或变小)。

上面列出的额外的p规则是为了帮助IE 6和IE 7以正确的大小显示字体。如果没有这条规则，IE 6和IE 7就会增大其他文本的相对大小。

选用更多字体
@font-face

@font-face通过指定字体的下载地址(当这种字体在用户的计算机上没有安装时,就会自动下载)来让你调用字体,即便用户在浏览时使用的计算机上没有安装相应的字体也可以加以使用。

由于这种技术需要将某种格式的字体下载到用户的计算机上,因此取得以这种方式使用字体的许可是非常重要的。

右侧显示了如何使用@font-face规则为样式表添加字体。

font-family

该属性指定字体的名称。指定的字体名称可以在样式表的其余部分作为font-family属性的值使用(就像应用在<h1>元素和<h2>元素上的规则)。

src

该属性指定字体的路径。为了让这一技术在所有的浏览器中可用,你可能需要指定该字体多种不同版本的路径,就像下一页中所展示的那样。

format

该属性指定所提供字体的格式(将在下一页中详细介绍)。

```css
@font-face {
  font-family: 'ChunkFiveRegular';
  src: url('fonts/chunkfive.eot');}
h1, h2 {
  font-family: ChunkFiveRegular, Georgia, serif;}
```

结　果

Briards

by Ivy Duckett

The briard, or berger de brie, is a large breed of dog traditionally used as a herder and guardian of sheep.

Breed History

The briard, which is believed to have originated in France, has been bred for centuries to herd and to protect sheep. The breed was used by the French Army as sentries, messengers and to search for wounded soldiers because of its fine sense of hearing. Briards were used in the First World War almost to the point of extinction. Currently the population of briards is slowly recovering. Charlemagne, Napoleon, Thomas Jefferson and Lafayette all owned briards.

许多字体设计人员不允许以这种方式使用他们的字体,但是你可以免费使用那些开源字体。在下面的网站中可以查找开源字体:

www.fontsquirrel.com
www.fontex.org
www.openfontlibrary.org

在这些网站上查找字体时,还要注意检查字体的许可协议,因为有些字体只对个人使用免费(这意味着不能在商业网站中使用它们)。

还有一些网站提供了商用字体,因为他们与客户达成了许可,客户可以付费使用这些字体。

www.typekit.com
www.kernest.com
www.fontspring.com

Google也提供了开源字体。你只要把CSS文件和字体文件链接到相应的服务器:www.google.com/webfonts,而不用在样式表中加入@font-face规则。

```
CSS   chapter-12/understanding-font-formats.html

@font-face {
  font-family: 'ChunkFiveRegular';
  src: url('fonts/chunkfive.eot');
  src: url('fonts/chunkfive.eot?#iefix')
       format('embedded-opentype'),
     url('fonts/chunkfive.woff') format('woff'),
     url('fonts/chunkfive.ttf')
       format('truetype'),
     url('fonts/chunkfive.svg#ChunkFiveRegular')
       format('svg');}
```

浏览器	格式			
	eot	woff	ttf / otf	svg
Chrome (all)				●
Chrome 6+		●	●	●
Firefox 3.5			●	●
Firefox 3.6+		●	●	●
IE 5 - 8	●			
IE 9+	●	●	◐	
Opera 10+			●	●
Safari 3.1+			●	●
iOS <4.2				●
iOS 4.2+			●	●

不同的浏览器支持不同的字体格式(这与其支持不同的音频和视频格式是同样的道理),因此,为了兼容所有的浏览器,你需要提供字体的多个变体。

如果没有某种字体的所有格式,你可以将这种字体上传到一个叫做Font Squirrel的网站,它可以为你转换字体格式:

www.fontsquirrel.com/fontface/generator

FontSquirrel还可以生成@font-face规则的CSS代码。这项功能非常有用,因为当你处理多种字体格式时,@font-face规则中的src属性和format属性可能变得相当复杂。

你可以左侧看到一个复杂的@font-face规则的示例。

这些字体的格式在代码中应当按照下面的顺序显示:

1: eot

2: woff

3: ttf/otf

4: svg

由于浏览器需要下载字体文件才能显示字体,因此用户可能会看到一些无样式内容或者无样式文本的Flash,它们被称为FOUC或FOUT。为了尽可能消除这种弊端,使下载时间最小化,有两种方法可以尝试:一种是从字体中删除多余的符号;另一种是将字体存放于内容分发网络(一种特殊类型的Web主机,它能以更快的速度传输文件)。

粗体
font-weight

font-weight属性允许你创建粗体文本。该属性通常选用以下两个值：

normal

该值使文本以普通粗细显示。

bold

该值使文本以粗体显示。

在本页的示例中，可以看到其class特性值为credits的元素以粗体显示。

你可能想知道为什么这里还有普通粗细的文本。下面解释一下原因：举例来说，假如为<body>元素创建了一条规则，这条规则表明该元素内的所有文本都以粗体显示，但你可能需要提供一个选项，以便使文本在某些情况下以普通粗细显示。因此这一属性用起来就像是一个"闭合开关"。

```
.credits {
  font-weight: bold;}
```

结　果

Briards

by Ivy Duckett

The briard, or berger de brie, is a large breed of dog traditionally used as a herder and guardian of sheep.

Breed History

The briard, which is believed to have originated in France, has been bred for centuries to herd and to protect sheep. The breed was used by the French Army as sentries, messengers and to search for wounded soldiers because of its fine sense of hearing. Briards were used in the First World War almost to the point of extinction. Currently the population of briards is slowly recovering. Charlemagne, Napoleon, Thomas Jefferson and Lafayette all owned

如果要创建斜体文本,可使用font-style属性。该属性有三个可选值:

```
CSS                    chapter-12/font-style.html

.credits {
  font-style: italic;}
```

结 果

Briards

by Ivy Duckett

The briard, or berger de brie, is a large breed of dog traditionally used as a herder and guardian of sheep.

Breed History

The briard, which is believed to have originated in France, has been bred for centuries to herd and to protect sheep. The breed was used by the French Army as sentries, messengers and to search for wounded soldiers because of its fine sense of hearing. Briards were used in the First World War almost to the point of extinction. Currently the population of briards is slowly recovering. Charlemagne, Napoleon, Thomas Jefferson and Lafayette all owned briards.

normal

该值使文本以普通字体(相对于斜体和倾斜来说)显示。

italic

该值使文本以斜体显示。

oblique

该值使文本倾斜显示。

在本页的示例中,可以看到署名是以斜体显示的。

传统上,斜体(italic)是基于手写体风格的字体版本,而字体倾斜(oblique)则是将普通字体倾斜一定的角度。

对于浏览器来说,找不到某个斜体字型的情况时有发生,这时浏览器就会采用一定的算法将普通字体进行倾斜,也就是说,网络上显示的许多斜体文本实际上是字体的倾斜版本。

大写和小写
text-transform

text-transform属性用来改变文本的大小写，可选用以下值之一：

uppercase
该值使文本以大写显示。

lowercase
该值使文本以小写显示。

capitalize
该值使每个单词的首字母以大写显示。

在本页的示例中，<h1>元素中的内容为大写，<h2>元素中的内容为小写，署名为首字母大写。在HTML代码中，署名中的单词by的首字母b为小写。

如果确实需要使用大写，就有必要学习一下在第273页中介绍的letter-spacing属性以便增加每个字母之间的间距。该属性有助于提高文本的可读性。

chapter-12/text-transform.html   `CSS`

```css
h1 {
    text-transform: uppercase;}
h2 {
    text-transform: lowercase;}
.credits {
    text-transform: capitalize;}
```

结　果

BRIARDS

By Ivy Duckett

The briard, or berger de brie, is a large breed of dog traditionally used as a herder and guardian of sheep.

breed history

The briard, which is believed to have originated in France, has been bred for centuries to herd and to protect sheep. The breed was used by the French Army as sentries, messengers and to search for wounded soldiers because of its fine sense of hearing. Briards were used in the First World War almost to the point of extinction. Currently the population of briards is slowly recovering. Charlemagne, Napoleon, Thomas Jefferson and Lafayette all owned briards.

下划线和删除线
text-decoration

```css
.credits {
  text-decoration: underline;}
a {
  text-decoration: none;}
```

结　果

Briards

by Ivy Duckett

The briard, or berger de brie, is a large breed of dog traditionally used as a herder and guardian of sheep.

Breed History

The briard, which is believed to have originated in France, has been bred for centuries to herd and to protect sheep. The breed was used by the French Army as sentries, messengers and to search for wounded soldiers because of its fine sense of hearing. Briards were used in the First World War almost to the point of extinction. Currently the population of briards is slowly recovering. Charlemagne, Napoleon, Thomas Jefferson and Lafayette all owned briards.

text-decoration属性可以选用以下值：

none
该值会把应用在文本上的装饰线删除。

underline
该值会在文本底部增加一条实线。

overline
该值会在文本顶部增加一条实线。

line-through
该值会用一条实线穿过文字。

blink
该值会使文本动态闪烁(然而，这通常是不可取的，因为它被认为是非常烦人的)。

在本页的示例中，署名附有下划线。另外，单词briard(它是个链接)没有下划线，而链接默认情况下是附有下划线的。

设计人员通常利用text-decoration属性来删除浏览器附加到链接的下划线。第279~280页将介绍如何添加或者删除光标在链接上悬停时的下划线。

行间距
line-height

行间距(leading)是印刷行业在文本行的垂直空间上使用的一种术语。对于一种字型来说,位于基准线以下的部分称为字母下缘(descender),而字母的最高点称为字母上缘(ascender)。行间距是指某一行字母下缘的底端到下一行字母上缘的顶端之间的距离。

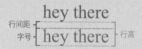

在CSS中,`line-height`属性用于设置文本行的整个高度,因此`font-size`和`line-height`差别就在于行间距(如上图所示)。

增加`line-height`会使文本行在垂直方向上的空隙增大。

CSS

```
p {
  line-height: 1.4em;}
```

结 果

Briards

by Ivy Duckett

The briard, or berger de brie, is a large breed of dog traditionally used as a herder and guardian of sheep.

Breed History

The briard, which is believed to have originated in France, has been bred for centuries to herd and to protect sheep. The breed was used by the French Army as sentries, messengers and to search for wounded soldiers because of its fine sense of hearing. Briards were used in the First World War almost to the point of extinction. Currently the population of briards is slowly recovering. Charlemagne, Napoleon, Thomas Jefferson and Lafayette all owned briards.

不使用CSS时的结果

Briards

by Ivy Duckett

The briard, or berger de brie, is a large breed of dog traditionally used as a herder and guardian of sheep.

Breed History

The briard, which is believed to have originated in France, has been bred for centuries to herd and to protect sheep. The breed was used by the French Army as sentries, messengers and to search for wounded soldiers because of its fine sense of hearing. Briards were used in the First World War almost to the point of extinction. Currently the population of briards is slowly recovering. Charlemagne, Napoleon, Thomas Jefferson and Lafayette all owned briards.

增加默认的行间距可以提高文本的可读性。垂直方向上的行间距应该大于文字间距,因为这样有助于我们的视线按行平移,而不是向下移动。行间距的初始值最好设定在1.4em~1.5em之间。由于用户可以在调整浏览器中文本的默认大小,所以最好将line-height属性以em值给出,而不要用像素值,这样做的好处是使行间距根据用户选择的文本大小来设定。

字母间距和单词间距

letter-spacing, word-spacing

```
h1, h2 {
  text-transform: uppercase;
  letter-spacing: 0.2em;}
.credits {
  font-weight: bold;
  word-spacing: 1em;}
```

结 果

BRIARDS

by Ivy Duckett

The briard, or berger de brie, is a large breed of dog traditionally used as a herder and guardian of sheep.

BREED HISTORY

The briard, which is believed to have originated in France, has been bred for centuries to herd and to protect sheep. The breed was used by the French Army as sentries, messengers and to search for wounded soldiers because of its fine sense of hearing. Briards were used in the First World War almost to the point of extinction. Currently the population of briards is slowly recovering. Charlemagne, Napoleon, Thomas Jefferson and Lafayette all owned briards.

不使用CSS时的结果

Briards

by Ivy Duckett

The briard, or berger de brie, is a large breed of dog traditionally used as a herder and guardian of sheep.

Breed History

The briard, which is believed to have originated in France, has been bred for centuries to herd and to protect sheep. The breed was used by the French Army as sentries, messengers and to search for wounded soldiers because of its fine sense of hearing. Briards were used in the First World War almost to the point of extinction. Currently the population of briards is slowly recovering. Charlemagne, Napoleon, Thomas Jefferson and Lafayette all owned briards.

字距是印刷行业用来描述字母之间空隙的一个术语。可以使用letter-spacing属性来控制字母之间的间距。

当标题或语句全都采用大写形式时，letter-spacing属性可以用来增加字距。如果文本是普通格式，那么增加或者减小字距都会降低文本的可读性。

还可以通过word-spacing属性来控制单词间距。

该属性的值应该以em值来指定，而且所指定的值会加到字体的默认单词间距上。

单词的默认间距是由字型设定的(通常为0.25em左右)，而且没必要经常修改这个间距。如果字型是粗体或者你已经增加了字母间距，那么增加单词间距可以提高文本的可读性。

对齐方式
text-align

text-align用于控制文本的对齐方式。该属性可以选用以下值：

left

该值表明文本向左对齐。

right

该值表明文本向右对齐。

center

该值将文本居中显示。

justify

该值表明文本两端对齐，即段落中除了末行以外的其他每行都要在宽度上占满文本所在容器。

如果包含多个文本段落，那么将文本向左对齐被认为是最便于阅读的方式。

两端对齐的文本会检查每一行的单词并在行内创建相同的单词间距。如果一些单词之间的间距较大而另一些单词之间的间距较小，那么文本看起来就会不够整齐。这种情况经常会在行宽不够或者文本中含有很长的单词时发生。

chapter-12/text-align.html · CSS

```css
h1 {
  text-align: left;}
p {
  text-align: justify;}
.credits {
  text-align: right;}
```

结　果

Briards

by Ivy Duckett

The briard, or berger de brie, is a large breed of dog traditionally used as a herder and guardian of sheep.

Breed History

The briard, which is believed to have originated in France, has been bred for centuries to herd and to protect sheep. The breed was used by the French Army as sentries, messengers and to search for wounded soldiers because of its fine sense of hearing. Briards were used in the First World War almost to the point of extinction. Currently the population of briards is slowly recovering. Charlemagne, Napoleon, Thomas Jefferson and Lafayette all owned briards.

垂直对齐
vertical-align

```
#six-months {
   vertical-align: text-top;}
#one-year {
   vertical-align: baseline;}
#two-years {
   vertical-align: text-bottom;}
```

结　果

Briard Life Stages

 Six months

 One year

 Two years

vertical-align属性常常会引起概念混淆。它的目的不是让你在块级元素中(比如<p>元素和<div>元素中)垂直对齐文本,尽管它可以在表格的单元格中(<td>元素和<th>元素中)实现这种效果。

通常情况下,vertical-align属性更多地被用于内联元素,比如<img>元素、<em>元素和<strong>元素。当用于这些元素时,它实现的效果类似于应用于<img>元素上的align特性,align特性已经在第92～95页介绍过。vertical-align属性可以选用的值包括:

```
baseline
sub
super
top
text-top
middle
bottom
text-bottom
```

它还可以选用长度值(通常以像素或em值指定)或是行高的百分数。

文本缩进
text-indent

text-indent属性允许你将元素中的首行文本进行缩进。可以采用许多方式来指定首行的缩进量，但通常采用像素值或em值。

该属性可以选用负值，也就是说它可以用来将文本缩进到浏览器窗口以外。你可以在本页的示例中看到这一用法，示例中的<h1>元素使用了一个背景图像(有关背景图像的详细内容将在第402～407页介绍)来显示标题。<h1>中的文本向左缩进至离屏幕很远的位置。

尽管使用了背景图像，我们还是希望标题文本出现在页面上(针对搜索引擎和那些看不到图像的人)，但为了避免可读性的下降，我们不能让它显示在网站徽标的上层。通过将文本向左缩进9999像素，可以将其移出视线，但这些文本仍然存在于HTML代码中。

示例中的第二条规则将署名向右缩进了20像素。

chapter-12/text-indent.html CSS

```
h1 {
  background-image: url("images/logo.gif");
  background-repeat: no-repeat;
  text-indent: -9999px;}
.credits {
  text-indent: 20px;}
```

结果

Briards

by Ivy Duckett

The briard, or berger de brie, is a large breed of dog traditionally used as a herder and guardian of sheep.

Breed History

The briard, which is believed to have originated in France, has been bred for centuries to herd and to protect sheep. The breed was used by the French Army as sentries, messengers and to search for wounded soldiers because of its fine sense of hearing. Briards were used in the First World War almost to the point of extinction. Currently the population of briards is slowly recovering. Charlemagne, Napoleon, Thomas Jefferson and Lafayette all owned

CSS3：投影
text-shadow

CSS

```
p.one {
  background-color: #eeeeee;
  color: #666666;
  text-shadow: 1px 1px 0px #000000;}
p.two {
  background-color: #dddddd;
  color: #666666;
  text-shadow: 1px 1px 3px #666666;}
p.three {
  background-color: #cccccc;
  color: #ffffff;
  text-shadow: 2px 2px 7px #111111;}
p.four {
  background-color: #bbbbbb;
  color: #cccccc;
  text-shadow: -1px -2px #666666;}
p.five {
  background-color: #aaaaaa;
  color: #ffffff;
  text-shadow: -1px -1px #666666;}
```

结　果

The briard is known as a heart wrapped in fur.

The briard is known as a heart wrapped in fur.

The briard is known as a heart wrapped in fur.

The briard is known as a heart wrapped in fur.

The briard is known as a heart wrapped in fur.

text-shadow属性目前已经被广泛应用，尽管并不是所有的浏览器都支持这一属性。

该属性用于创建投影，投影指的是比文本颜色更暗的版本，它位于文本的后方并略有偏移。该属性还可以通过添加亮度比文本稍高的阴影来创建浮雕效果。

由于创建投影需要指定三个长度值和一种颜色，因此该属性的值非常复杂。

第一个长度值表明阴影向左或向右延伸的距离。

第二个长度值表明阴影向上或向下延伸的距离。

第三个长度值为可选项，它用于指定投影的模糊程度。

最后一项是投影的颜色值。

目前text-shadow属性的使用非常流行，但在撰写本书时，并不是所有版本的IE浏览器(现在是IE9)都支持该属性。其他的浏览器厂商分别在以下版本中开始引入这一属性：Firefox 3.1、Safari 3、Chrome 2和Opera 9.5。

首字母或首行文本
:first-letter, :first-line

你可以通过:first-letter和:first-line为一个元素中的首字母或者首行文本另外指定一个值。

从技术角度看,:first-letter和:first-line并不是属性。它们被称为伪元素。

在选择器的末尾处指定伪元素,然后按照与其他元素一样的方式指定声明。

建议在浏览器中查看本页中的示例,你会看到伪元素first-line如何作用于首行文本,包括在浏览器窗口的调整使得每行文本的长度发生变化时。

```css
p.intro:first-letter {
  font-size: 200%;}
p.intro:first-line {
  font-weight: bold;}
```

结果

Briards

by Ivy Duckett

The <u>briard</u>, or berger de brie, is a large breed of dog traditionally used as a herder and guardian of sheep.

Breed History

The briard, which is believed to have originated in France, has been bred for centuries to herd and to protect sheep. The breed was used by the French Army as sentries, messengers and to search for wounded soldiers because of its fine sense of hearing. Briards were used in the First World War almost to the point of extinction. Currently the population of briards is slowly recovering. Charlemagne, Napoleon, Thomas Jefferson and Lafayette all owned briards.

CSS中引入了伪元素和伪类。伪元素就像在代码中加入了额外的元素。比如伪元素:first-letter和:first-line,它们就像是为首字母或首行文本添加了额外的元素,并且在此元素上应用专门的样式。

伪类就像是一个类特性的额外的值。比如在下一页即将介绍的伪类:visited,它允许为那些已经被访问过的链接指定不同的样式。同理,伪类:hover用于当光标悬停某个元素时,为此元素指定另外的样式。

链接样式
:link, :visited

```css
a:link {
  color: deeppink;
  text-decoration: none;}
a:visited {
  color: black;}
a:hover {
  color: deeppink;
  text-decoration: underline;}
a:active {
  color: darkcyan;}
```

结 果

Dog Breeds: B

- Basset Hound
- Beagle
- Bearded Collie
- Beauceron
- Bedlington Terrier
- **Belgian Shepherd**
- Bergamasco
- Bichon Frise
- Bloodhound
- Bolognese
- Border Collie
- Border Terrier
- Borzoi
- Bouvier des Flandres
- **Briard**
- Bull Terrier
- Bulldog

默认情况下，浏览器常常以蓝色显示链接并附带下划线，此外，浏览器还会改变那些已经访问过的链接的颜色，以此来帮助用户分清他们已经访问过哪些页面。

在CSS中，有两个伪类允许你为已访问的和尚未访问的链接定义不同的样式。

:link
该伪类允许你为那些尚未访问过的链接设置样式。

:visited
该伪类允许你为那些已经单击过的链接设置样式。

这两个伪类通常用于控制链接的颜色以及是否显示下划线。

在左侧的示例中，可以看到已经访问过的链接以不同的颜色显示，这样做有利于访问者区分他们已经看过的内容。

:hover和:active伪类(将在下一页进行介绍)经常用于当光标在链接上悬停时以及用户单击链接时，改变链接的外观。

响应用户

:hover, :active, :focus

当用户与元素进行交互时，可使用下面的三种伪类来改变元素的外观。

:hover

该伪类在用户将定位设备(比如光标)悬停于某个元素上时生效。通常在用户将光标放在链接或按钮上时，该伪类可用于改变这些元素的外观。需要注意，这些事件在使用了触控屏幕的设备上(比如iPad)不起作用，因为触控屏幕不能辨别用户是否将手指悬停在某个元素上。

:active

该伪类在用户在元素上进行操作时生效。例如，当按钮被按下时，或者链接被单击时。有时该伪类通过略微改变元素的样式或位置来使按钮或链接感觉更像是被按下了。

:focus

该伪类在元素拥有焦点时生效。所有的交互性元素(比如可以单击的链接以及所有的表单控件)都可以拥有焦点。

```
chapter-12/hover-active-focus.html                    CSS
input {
  padding: 6px 12px 6px 12px;
  border: 1px solid #665544;
  color: #ffffff;}
input.submit:hover {
  background-color: #665544;}
input.submit:active {
  background-color: chocolate;}
input.text {
  color: #cccccc;}
input.text:focus {
  color: #665544;}
```

结　果

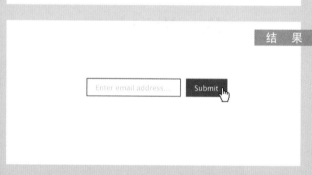

当浏览器发现你准备与页面中的某个元素进行交互时，这个元素就会获得焦点。例如，当光标位于一个准备接受文本输入的表单控件中时，我们就说这个控件获得了焦点。还可以使用键盘上的**Tab**键在页面中的交互性元素间进行切换。当使用多个伪类时，应当遵循以下顺序: :link, :visited, :hover, :focus, :active.

特性选择器

在第227页已经介绍了最常用的CSS选择器。此外,还有一套特性选择器允许你创建规则,这些规则应用于那些特性中含有特定值的元素。

选择器	含义	示例
EXISTENCE(简单选择器)	[] 匹配一种特定的特性(与特性值无关)	p[class] 应用于所有包含class特性的\<p\>元素
EQUALITY(精确选择器)	[=] 匹配一个特定的特性,该特性具有特定的值	p[class="dog"] 应用于所有class特性值为dog的\<p\>元素
SPACE(部分选择器)	[~=] 匹配一个特定的特性,该特性值出现在以空格隔开的单词列表中	p[class~="dog"] 应用于特定的\<p\>元素,这些元素的class特性值是以空格隔开的单词列表,而其中一项是dog
PREFIX(开头选择器)	[^=] 匹配一个特定的特性,该特性的值以某个特定的字符串作为开头	p[attr^"d"] 应用于特定的\<p\>元素,这些元素的某个特性的值以字母 "d" 开头
SUBSTRING(包含选择器)	[*=] 匹配一个特定的特性,该特性的值包含一个特定的子字符串	p[attr*"do"] 应用于特定的\<p\>元素,这些元素的某个特性值中含有 "do"
SUFFIX(结尾选择器)	[$=] 匹配一个特定的特性,该特性的值以某个特定的字符串作为结尾	p[attr$"g"] 应用于特定的\<p\>元素,这些元素的某个特性的值以字母 "g" 结尾

Briards

A HEART WRAPPED IN FUR

The briard**, or berger de brie, is a large breed of dog traditionally used as a herder and guardian of sheep.**

Breed History

The briard, which is believed to have originated in France, has been bred for centuries to herd and to protect sheep. The breed was used by the French Army as sentries, messengers and to search for wounded soldiers because of its fine sense of hearing. Briards were used in the First World War almost to the point of extinction. Currently the population of briards is slowly recovering. Charlemagne, Napoleon, Thomas Jefferson and Lafayette all owned briards.

by Ivy Duckett

示例

文本

本示例综合运用了本章介绍的多种技术。

使用font-size属性来控制字体大小。使用font-weight属性将标题从粗体转换为普通格式。还使用font-family属性来指定字体的多种选择。

利用CSS3的text-shadow属性，<h1>元素在其后面创建了投影。<h2>元素使用text-transform属性将其中的内容转换为大写格式，并且为了使大写文本便于阅读，我们使用letter-spacing属性增加了字母间距。

对于文章正文，我们使用line-height属性加大了文本的行间距，从而提高了它的易读性。在第一个段落中，伪元素first-line允许我们将简介部分的首行文本以粗体显示。最后，将署名向右对齐并设置为斜体。

示例

文本

```
<!DOCTYPE html>
<html>
  <head>
    <title>Text</title>
    <style type="text/css">
      body {
        padding: 20px;}
      h1, h2, h3, a {
        font-weight: normal;
        color: #0088dd;
        margin: 0px;}
      h1 {
        font-family: Georgia, Times, serif;
        font-size: 250%;
        text-shadow: 2px 2px 3px #666666;
        padding-bottom: 10px;}
      h2 {
        font-family: "Gill Sans", Arial, sans-serif;
        font-size: 90%;
        text-transform: uppercase;
        letter-spacing: 0.2em;}
      h3 {
        font-size: 150%;}
      p {
        font-family: Arial, Verdana, sans-serif;
        line-height: 1.4em;
        color: #665544;}
      p.intro:first-line {
        font-weight: bold;}
      .credits {
        font-style: italic;
        text-align: right;}
      a {
        text-decoration: none;}
      a:hover {
        text-decoration: underline;}
    </style>
  </head>
```

HTML & CSS设计与构建网站

```
<body>
  <h1>Briards</h1>
  <h2>A Heart wrapped in fur</h2>
  <p class="intro">The <a class="breed" href="http://en.wikipedia.org/
    wikiBriard"> briard</a>, or berger de brie, is a large breed of
    dog traditionally used as a herder and guardian of sheep.</p>
  <h3>Breed History</h3>
  <p>The briard, which is believed to have originated in France, has
    been bred for centuries to herd and to protect sheep. The breed
    was used by the French Army as sentries, messengers and to search
    for wounded soldiers because of its fine sense of hearing. Briards
    were used in the First World War almost to the point of extinction.
    Currently the population of briards is slowly recovering.
    Charlemagne, Napoleon, Thomas Jefferson and Lafayette all owned
    briards.</p>
  <p class="credits">by Ivy Duckett</p>
  </body>
</html>
```

小结
文本

▸ 有些属性可以用来控制字体的类型、大小、粗细、样式和字距。

▸ 可以假设大多数人已经安装了某些字体，但这些字体的种类是非常有限的。

▸ 如果想扩大字型的选择范围，有几种方法可供选用，但前提是你要取得这些字型的使用许可。

▸ 文本的行距、字母间距和单词间距都是可以控制的。文本可以向左对齐、向右对齐、居中显示或者两端对齐。文本还可以缩进显示。

▸ 当用户将光标悬停在文本、单击文本或者当一个链接已经被访问过时，可使用伪类来改变这个元素的样式。

第13章

盒子

- ▶ 盒子大小的控制
- ▶ 盒子模型的边框、外边距和内边距
- ▶ 盒子的显示与隐藏

在CSS部分的开头，你已经认识了CSS如何处理每个HTML元素，每个HTML元素就像是位于各自的盒子中一样。

你可以通过设置CSS属性来控制这些盒子的外观。你将在本章中学习如何：

- 控制盒子的大小
- 创建盒子周围的边框
- 设置盒子的外边距和内边距
- 显示和隐藏盒子

一旦学会了如何控制每个盒子的外观，那么当我们在第15章学习页面布局时，你就会知道如何在页面上定位这些盒子。

盒子的大小
width, height

默认情况下，一个盒子的大小刚好容纳下其中的内容，并根据其中内容的变化而变化。如果自定义盒子的大小，就需要用到width和height属性。

指定盒子大小的最常用的方式是像素、百分数或em值。传统上，像素已经是最为普遍的方式，因为设计人员可以利用像素对盒子的大小加以精确控制。

使用百分数时，盒子的大小与浏览器窗口的大小相关，但如果这个盒子被装入另一个盒子，那么百分数是相对外部盒子的大小而言。

使用em值时，盒子的大小将以盒子中文本的大小作为基准。为了针对具有不同大小屏幕的设备创建灵活的设计方案，设计人员最近越来越多地尝试使用百分数和em值作为度量单位。

在右侧的示例中，可以看到作为容器的<div>元素的宽度和高度均设置为300像素。这个元素中段落的宽度和高度均设置为其外部容器的75%。这意味着该段落的宽度和高度都是225像素。

chapter-13/width-height.html HTML

```html
<div>
  <p>The Moog company pioneered the
     commercial manufacture of modular
     voltage-controlled analog synthesizer
     systems in the early 1950s.</p>
</div>
```

CSS

```css
div.box {
  height: 300px;
  width: 400px;
  background-color: #ee3e80;}
p {
  height: 75%;
  width: 75%;
  background-color: #elddda;}
```

结果

The Moog company pioneered the commercial manufacture of modular voltage-controlled analog synthesizer systems in the early 1950s.

宽度限制
min-width,max-width

```
<tr>
  <td><img src="images/rhodes.jpg" width="200"
      height="150" alt="Fender Rhodes" /></td>
  <td class="description">The Rhodes piano
      is an electro-mechanical piano,
      invented by Harold Rhodes during the
      fifties and later manufactured in a
      number of models ...</td>
  <td>$1400</td>
</tr>
```

CSS

```
td.description {
  min-width: 450px;
  max-width: 650px;
  text-align: left;
  padding: 5px;
  margin: 0px;}
```

结 果

Photo	Description	Price
	The Rhodes piano is an electro-mechanical piano, invented by Harold Rhodes during the fifties and later manufactured in a number of models, first in collaboration with Fender and after 1965 by CBS. It employs a piano-like keyboard with hammers that hit small metal tines, amplified by electromagnetic pickups.	$1400
	The Wurlitzer electric piano is an electro-mechanical piano, created by the Rudolph Wurlitzer Company of Mississippi. The Wurlitzer company itself never called the instrument an "electric piano", instead inventing the phrase "Electronic Piano" and using this as a trademark throughout the production of the instrument. It employs a piano-like keyboard with hammers that hit small metal tines, amplified by electromagnetic pickups.	$1600
	A Clavinet is an electronically amplified clavichord manufactured by the Hohner company. Each key uses a rubber tip to perform a hammer on a string. Its distinctive bright staccato sound is often compared to that of an electric guitar. Various models were produced over the years, including the models I, II, L, C, D6, and E7.	$1200

为了适应用户的屏幕大小，有些设计会适时地展开或收缩页面。在此类设计中，min-width属性指定一个盒子在浏览器窗口较窄时可以显示的最小宽度，max-width属性指定一个盒子在浏览器较宽时所能伸展的最大宽度。

这些都是非常有用的属性，它们可以保证页面内容的清晰易读(尤其是在屏幕较小的手持设备上)。例如，你可以利用max-width属性保证文本行在较大的浏览器窗口中不至于太宽，还可以利用min-width属性确保文本行不会太窄。

在自己的浏览器中测试一下左侧的示例，你可以看到在增加或减小浏览器窗口的大小时会发生什么现象。

注意，这些属性在IE7和Firefox2才开始得到支持，因此这两种浏览器更旧的版本不支持这些属性。

高度限制
min-height, max-height

与限制盒子宽度的方式一样，你还可以对页面上的某个盒子进行高度限制。高度限制可以利用min-height和max-height属性来完成。

右侧的示例演示了这两个属性所起的作用。示例还显示了当盒子的指定大小不足以容纳盒子中的内容时将会如何显示。

如果一个盒子中的内容占据的空间过大并且溢出了盒子，那么这个盒子会显得杂乱无章。要合理地控制这种情况，可采用overflow属性，相关内容将在下一页予以介绍。

chapter-13/min-height-max-height.html `HTML`

```html
<h2>Fender Mustang</h2>
<p>The Fender Mustang was introduced in
   1964 as the basis of a major redesign of
   Fender's ...</p>
<h2>Fender Stratocaster</h2>
<p>The Fender Stratocaster or "Strat" is
   one of the most popular electric guitars
   of all time ...</p>
<h2>Gibson Les Paul</h2>
<p>The Gibson Les Paul is a solid body
   electric guitar that was first sold in
   1952 ...</p>
```

`CSS`

```css
h2, p {
  width: 400px;
  font-size: 90%;
  line-height: 1.2em;}
h2 {
  color: #0088dd;
  border-bottom: 1px solid #0088dd;}
p {
  min-height: 10px;
  max-height: 30px;}
```

`结 果`

Fender Mustang

The Fender Mustang was introduced in 1964 as the basis of a major redesign of Fender's student models then consisting of the Musicmaster and Duo-Sonic. It was originally popular in sixties surf music and attained cult status in the 1990s largely as a result of its use by a number of alternative rock bands.

The Fender Stratocaster or "Strat" is one of the most popular electric guitars of all time, and its design has been copied by many guitar makers. It was designed by Leo Fender, George Fullerton and Freddie Tavares in 1954.

The Gibson Les Paul is a solid body electric guitar that was first sold in 1952. The Les Paul was designed by Ted McCarty in collaboration with popular guitarist Les Paul, whom Gibson enlisted to endorse the new model. It is one of the most well-known electric guitar types in the world.

内容溢出
overflow

```
<h2>Fender Stratocaster</h2>
<p class="one">The Fender Stratocaster or
    "Strat" is one of the most popular
    electric guitars of all time, and its
    design has been copied by many guitar
    makers. It was designed by Leo... </p>
<h2>Gibson Les Paul</h2>
<p class="two">The Gibson Les Paul is a
    solid body electric guitar that was first
    sold in 1952. The Les Paul was designed
    by Ted McCarty... </p>
```

CSS

```
p.one {
    overflow: hidden;}
p.two {
    overflow: scroll;}
```

结 果

Fender Stratocaster

The Fender Stratocaster or
"Strat" is one of the most
popular electric guitars of all
time, and its design has been
copied by many guitar makers.

Gibson Les Paul

The Gibson Les Paul is a
solid body electric guitar that
was first sold in 1952. The
Les Paul was designed by

overflow属性告诉浏览器当盒子的内容超过盒子本身时如何显示。它有两个属性值可供选择：

hidden

该属性会直接把溢出盒子空间的内容进行隐藏。

scroll

该属性会在盒子上添加一个滚动条，这样用户可以通过滚动滑块来查看其余的内容。

在左侧的示例中，你可以看到两个盒子，它们的内容都超出了预设的盒子大小。第一个盒子的overflow属性值为hidden。第二个盒子的overflow属性值为scroll。

overflow属性是非常简便实用的，因为有些浏览器允许用户根据需要对文本的大小进行调节。如果文本设置得过大，那么页面可能变得一片混乱并且难以阅读。隐藏这些盒子中溢出的内容有助于避免页面中出现条目重叠的现象。

边框、外边距和内边距

有三种属性可以应用在所有盒子上，可以通过调节这些属性来控制盒子的外观：

1

边框(BORDER)

每个盒子都有边框(即使这些边框不可见或是其宽度被设置为0像素)。边框将一个盒子的边缘与另一个盒子隔开。

2

外边距(MARGIN)

外边距位于边框的边缘之外。你可以通过设置外边距的宽度在两个相邻盒子的边框之间创建空隙。

3

内边距(PADDING)

内边距是指盒子边框与盒子所包含内容之间的空隙。增加内边距可以提高内容的可读性。

如果为一个盒子指定了宽度，那么盒子的边框、外边距和内边距会增加到它的宽度和高度上。

空白区和垂直外边距

使用了外边距和内边距的效果

Moog

Moog synthesisers were created by Dr. Robert Moog under the company name Moog Music. Popular models include the Moog Modular, Minimoog, Micromoog, Moog Rogue, and Moog Source.

ARP

ARP Instruments Inc. was set up by Alan Peralman, and was the main competitor for Moog during the 1970'x. Popular models include the Arp 2600 and the ARP Odyssey.

Sequential Circuits

Sequential Circuits Inc was founded by Dave Smith, and the company was pivotal in the creation of MIDI. Famous models include the Prophet 5, Prophet 600, and Pro-One.

没有使用外边距和内边距的效果

Moog

Moog synthesisers were created by Dr. Robert Moog under the company name Moog Music. Popular models include the Moog Modular, Minimoog, Micromoog, Moog Rogue, and Moog Source.

ARP

ARP Instruments Inc. was set up by Alan Peralman, and was the main competitor for Moog during the 1970'x. Popular models include the Arp 2600 and the ARP Odyssey.

Sequential Circuits

Sequential Circuits Inc was founded by Dave Smith, and the company was pivotal in the creation of MIDI. Famous models include the Prophet 5, Prophet 600, and Pro-One.

在页面上的不同项目之间增加空隙时，padding和margin属性的作用是非常显著的。

设计人员将页面上项目之间的空隙称为空白区。想象一下，在一个盒子周围有一圈边框，你一定不希望其中的文本紧贴住边框，否则文本就会难以阅读。

如果有两个盒子放在一块(每个盒子都是黑色边框)。你肯定不想让它们的边缘贴在一起，因为这样会使贴在一起的边框看起来有两条边框那么粗。

如果一个盒子下方的外边距与另一个盒子上方的外边距相接，那么浏览器的渲染效果可能与你的想象不太一样。浏览器只显示这两个外边距中较大的一个，如果两者大小一样，则只会显示一个。

边框宽度
border-width

border-width属性用来控制边框的宽度。该属性的值可以是像素值，也可以选择以下值之一：

thin
medium
thick

该属性值不可使用百分数。

可以通过下面4种属性分别对各个边框大小进行控制：

border-top-width
border-right-width
border-bottom-width
border-left-width

还可以在一个属性中为四个边框指定不同的宽度值，就像下面这样：

border-width: 2px 1px 1px 2px;

上面的属性值按顺时针顺序出现：上方，右侧，下方，左侧。

chapter-13/border-width.html `HTML`

```
<p class="one">Hohner's "Clavinet" is
    essentially an electric clavichord.</p>
<p class="two">Hohner's "Clavinet" is
    essentially an electric clavichord.</p>
<p class="three">Hohner's "Clavinet" is
    essentially an electric clavichord.</p>
```

`CSS`

```
p.one {
    border-width: 2px;}
p.two {
    border-width: thick;}
p.three {
    border-width: 1px 4px 12px 4px;}
```

`结　果`

Hohner's "Clavinet" is essentially an electric clavichord.

Hohner's "Clavinet" is essentially an electric clavichord.

Hohner's "Clavinet" is essentially an electric clavichord.

边框样式
border-style

```html
<p class="one">Wurlitzer Electric Piano</p>
<p class="two">Wurlitzer Electric Piano</p>
<p class="three">Wurlitzer Electric Piano</p>
<p class="four">Wurlitzer Electric Piano</p>
<p class="five">Wurlitzer Electric Piano</p>
<p class="six">Wurlitzer Electric Piano</p>
<p class="seven">Wurlitzer Electric Piano</p>
<p class="eight">Wurlitzer Electric Piano</p>
```

CSS

```css
p.one {border-style: solid;}
p.two {border-style: dotted;}
p.three {border-style: dashed;}
p.four {border-style: double;}
p.five {border-style: groove;}
p.six {border-style: ridge;}
p.seven {border-style: inset;}
p.eight {border-style: outset;}
```

结 果

可使用border-style属性来控制边框的样式。该属性可以选用以下值:

solid 一条实线

dotted 一串方形点(如果边框宽度为2px, 那么这些点就是边长为2px的正方形, 各点之间的空隙也是2px)

dashed 一条虚线

double 两条实线(border-width属性的值是这两条实线宽度的和)

groove 显示为雕入页面的效果

ridge 显示为在页面上凸起的效果

inset 显示为嵌入页面的效果

outset 看起来像是要凸出屏幕

hidden/none 不显示任何边框

可以利用下面的属性对各个边框的样式单独进行设置:
border-top-style
border-left-style
border-right-style
border-bottom-style

边框颜色
border-color

可利用RGB值、十六进制码或是CSS颜色名称(已经在第240～241页介绍过)来指定边框的颜色。

也可以通过以下属性单独控制一个盒子不同方向上的边框的颜色。

```
border-top-color
border-right-color
border-bottom-color
border-left-color
```

还可以用更快捷的方式在一个属性中控制四个方向上的边框的颜色:

```
border-color: darkcyan
deeppink darkcyan
deeppink;
```

上面的属性值按顺时针顺序出现:上方,右侧,下方,左侧。

还可使用第244～245页面中介绍的HSL值来指定边框的颜色。但HSL值只引入到了CSS3中并且不能在旧浏览器中生效。

```html
<p class="one">The ARP Odyssey was
    introduced in 1972.</p>
<p class="two">The ARP Odyssey was
    introduced in 1972.</p>
```

CSS

```css
p.one {
    border-color: #0088dd;}
p.two {
    border-color: #bbbbaa #111111 #ee3e80 #0088dd;}
```

结　果

The ARP Odyssey was introduced in 1972.

The ARP Odyssey was introduced in 1972.

快捷方式
border

border属性允许你在一个属性中同时指定边框的宽度、样式和颜色(不过属性值应该按照这个指定的顺序编写)。

```html
<p>Here is a simple chord sequence played on
    a Hammond organ through a Leslie speaker.</p>
```

CSS

```css
p {
    width: 250px;
    border: 3px dotted #0088dd;}
```

结　果

Here is a simple chord sequence played on a Hammond organ through a Leslie speaker.

内边距
padding

padding属性用来指定元素的内容与元素边框之间保持多大的空隙。

该属性的值最常使用像素作为单位(当然也可以使用百分数或是em值)。如果使用的是百分数,那么内边距就是浏览器窗口(或是其外部的盒子)的一个百分比。

注意:如果已经为一个盒子指定了宽度,那么内边距就会增加到这个盒子的宽度上。

如右图所示,第二个段落显然更便于阅读,因为盒子的边框与文本之间保持了一定的空隙。同时,这个盒子会因为内边距的存在而变宽。

可使用以下属性分别指定各个方向上的内边距:

padding-top
padding-right
padding-bottom
padding-left

或者,也可使用下面的快捷方式(其属性值按照顺时针顺序出现:上方、右侧、下方、左侧):

padding: 10px 5px 3px 1px;

chapter-13/padding.html `HTML`

```html
<p>Analog synths produce a wave sound,
  whereas the sounds stored on a digital
  synth have been sampled and then turned
  into numbers.</p>
<p class="example">Analog synths produce a
  wave sound, whereas the sounds stored on
  a digital synth have been sampled and
  then ... </p>
```

`CSS`

```css
p {
  width: 275px;
  border: 2px solid #0088dd;}
p.example {
  padding: 10px;}
```

`结　果`

Analog synths produce a wave sound, whereas the sounds stored on a digital synth have been sampled and then turned into numbers.

Analog synths produce a wave sound, whereas the sounds stored on a digital synth have been sampled and then turned into numbers.

padding属性的值不会像font-family属性的颜色值那样被其子元素继承,所以,对于每一个需要使用内边距的元素,都应该指定padding属性。

一直到IE6,盒子的宽度才包含内边距和外边距。相关内容将在第305页详细介绍。

外边距
margin

margin属性用来控制盒子之间的空隙。该属性的值一般以像素值给出，当然也可以使用百分数或em值。

如果一个盒子位于另一个盒子的上方，就会出现外边距折叠现象，也就是说相连的这两个外边距中，较大的一个会生效，而较小的一个则会被浏览器忽略。

注意：如果一个盒子已经指定了宽度，那么外边距就会增加到这个盒子的宽度上。

可使用以下属性分别指定各个方向上的外边距：

```
margin-top
margin-right
margin-bottom
margin-left
```

或者，也可以使用下面的快捷方式(其属性值按照顺时针顺序出现：上方，右侧，下方，左侧)：
```
margin: 1px 2px 3px 4px;
```

有时你可能看到以下形式，它表示左右外边距均为10像素，上下外边距均为20像素：
```
margin: 10px 20px;
```

在设置内边距时，也可以使用同样的快捷方式。

HTML

```
<p>Analog synthesizers are often said to
   have a "warmer" sound than their digital
   counterparts.</p>
<p class="example">Analog synthesizers are
   often said to have a "warmer" sound than
   their digital counterparts.</p>
```

CSS

```
p {
   width: 200px;
   border: 2px solid #0088dd;
   padding: 10px;}
p.example {
   margin: 20px;}
```

结　果

Analog synthesizers are often said to have a "warmer" sound than their digital counterparts.

Analog synthesizers are often said to have a "warmer" sound than their digital counterparts.

---

margin属性的值不会像font-family属性的颜色值那样被其子元素继承，所以，对于每一个需要使用外边距的元素，都应该指定margin属性。

一直到IE6，盒子的宽度才包含内边距和外边距。相关内容将在第305页详细介绍。

内容居中

如果想让一个盒子在页面上居中显示(或者在某个元素内居中显示),可将left-margin属性和right-margin属性的值设置为auto。

为使盒子在页面上居中显示,你需要为这个盒子设置一个宽度(否则它会占满整个页面的宽度)。

一旦指定了盒子的宽度并将其左右两侧的外边距设置为auto,浏览器就会在盒子的两侧显示相同大小的空隙。这样一来,盒子就会在页面上(或在包含该盒子的外部元素内)居中显示。

为使这一技巧在旧浏览器中(尤其是IE6)也能正常工作,需要给包含盒子的外部元素添加一个text-align属性并将其值设置为center。

text-align属性会被子元素继承,因此盒子中的文本也将居中显示。如果不希望这些文本居中显示,那么你需要为这个盒子指定text-align属性。

```html
chapter-13/centering-content.html                    HTML

<body>
  <p>Analog synthesizers are often said
    to have a "warmer" sound than their
    digital counterparts.</p>
  <p class="example">Analog synthesizers
    are often said to have a "warmer" sound
    than their digital counterparts.</p>
</body>
```

```css
                                                     CSS

body {
  text-align: center;}
p {
  width: 300px;
  padding: 50px;
  border: 20px solid #0088dd;}
p.example {
  margin: 10px auto 10px auto;
  text-align: left;}
```

结　果

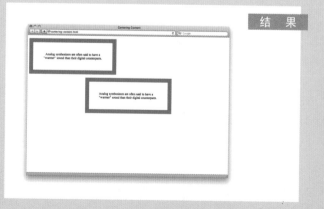

IE6的盒子模型

不在IE6中使用DOCTYPE声明时的结果

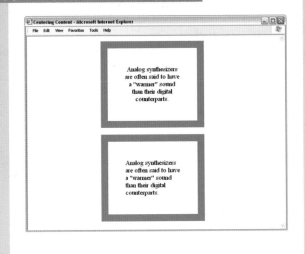

当你指定了盒子的宽度时，它的内边距和外边距就都会增加到它的宽度上。但IE6却有一个浏览器怪异现象，即将盒子的内边距和外边距包含到它的宽度上。

为了回避这个问题，要确保为HTML页面提供一个DOCTYPE声明(DOCTYPE声明已经在第170页介绍过)。你可以使用HTML5、严格版HTML4或者过渡版HTML 4的DOCTYPE声明来保证IE6遵循正确的盒子模型。

为演示这个效果，左侧的页面中给出了两个显示在IE6中的示例，第一个示例不带DOCTYPE声明，第二个示例附带了HTML5 DOCTYPE声明。

在IE6中使用DOCTYPE声明时的结果

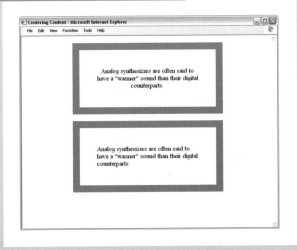

内联元素与块级元素的转换
display

display属性允许你将一个内联元素转换成一个块级元素，反之亦然，而且该属性还可以用于从页面上隐藏元素。

该属性可以选用以下值：

inline

该值可以使一个块级元素表现得像一个内联元素。

block

该值可以使一个内联元素表现得像一个块级元素。

inline-block

该值可以使一个块级元素像内联元素那样浮动并保持其他的块级元素特征。

none

该值将一个元素从页面上隐藏。此种情况下，页面上就像没有这个元素一样(如果用户使用浏览器中的"查看源码"选项，那他仍然可以看到盒子中的内容)。

使用这个属性时一定要注意，不应该在内联盒子中创建块级元素。

chapter-13/display.html

`HTML`

```html
<ul>
  <li>Home</li>
  <li>Products</li>
  <li class="coming-soon">Services</li>
  <li>About</li>
  <li>Contact</li>
</ul>
```

`CSS`

```css
li {
  display: inline;
  margin-right: 10px;}
li.coming-soon {
  display: none;}
```

结　果

Home   Products   About   Contact

在本页的示例中可以看到一个列表。列表中的每个项目通常都被当成块级元素对待，但是示例中针对<li>元素的规则表明这些项目应该被当成内联元素对待，这意味着它们将横向排列，而非换行显示。

这个方法常用来创建网站的导航条，并且本示例为了将各个项目隔开，在每个项目的右侧都增加了外边距。在class属性值为coming-soon的<li>元素上应用的规则将此元素隐藏，因此页面上就像不存在这个元素一样。

盒子的隐藏
visibility

```
<ul>
  <li>Home</li>
  <li>Products</li>
  <li class="coming-soon">Services</li>
  <li>About</li>
  <li>Contact</li>
</ul>
```

CSS

```
li {
  display: inline;
  margin-right: 10px;}
li.coming-soon {
  visibility: hidden;}
```

结 果

Home   Products   About   Contact

visibility属性允许从用户的视线中隐藏盒子，但它保留了元素原来占用的空间。

该属性可以选用以下值之一：

hidden
该值用于隐藏元素。

visible
该值用于显示元素。

如果一个元素的visibility属性值被设置为hidden，那么在该元素的位置会显示空白。

如果不希望显示空白，你应该改用display属性，并将其值设置为none(上一页中已经介绍过)。

注意，对于那些visibility属性值为hidden的元素，任何人都可以通过在浏览器中查看源码来看到其中的内容。

CSS3: 边框图像
border-image

border-image属性将图片应用到盒子的边框上。它采用一张背景图片，并将此图片切割成九块。

这是一幅示例图片。我在示例图片被切割的地方做了标记，切割出来的每个格子边长为18像素，并在其中放入一个完整的圆形。从图片上切割出来的格子将被放在盒子相应的位置上，而对于盒子的边来说，我们需要选择它的背景是伸展显示还是重复显示。

该属性需要三种信息：

(1) 图片的URL
(2) 切割图片的位置
(3) 如何处理直边，可以选用以下值：

stretch 伸展图片
repeat 重复图片
round 类似于repeat，但如果重复图片遇到边界时不合适，round值会根据边框的大小动态调整图片的大小直至正好可以铺满整个边框。

盒子的边框还必须有一定的宽度，这样图片才能显示出来。

-moz-border-image属性和-webkit-border-image属性不在CSS规范之中，但它们有助于Chrome、Firefox和Safari的早期版本显示边框图像。

chapter-13/border-image.html `HTML`

```
<p class="one"></p>
<p class="two"></p>
```

`CSS`

```
p.one {
  -moz-border-image: url("images/dots.gif")
    11 11 11 11 stretch;
  -webkit-border-image: url("images/dots.gif")
    11 11 11 11 stretch;
  border-image: url("images/dots.gif")
    11 11 11 11 stretch;}
p.two {
  -moz-border-image: url("images/dots.gif")
    11 11 11 11 round;
  -webkit-border-image: url("images/dots.gif")
    11 11 11 11 round;
  border-image: url("images/dots.gif")
    11 11 11 11 round;}
```

结 果

HTML & CSS设计与构建网站

CSS3: 盒子的投影
box-shadow

```css
p.one {
  -moz-box-shadow: -5px -5px #777777;
  -webkit-box-shadow: -5px -5px #777777;
  box-shadow: -5px -5px #777777;}
p.two {
  -moz-box-shadow: 5px 5px 5px #777777;
  -webkit-box-shadow: 5px 5px 5px #777777;
  box-shadow: 5px 5px 5px #777777;}
p.three {
  -moz-box-shadow: 5px 5px 5px 5px #777777;
  -webkit-box-shadow:5px 5px 5px 5px #777777;
  box-shadow: 5px 5px 5px 5px #777777;}
p.four {
  -moz-box-shadow: 0 0 10px #777777;
  -webkit-box-shadow: 0 0 10px #777777;
  box-shadow: 0 0 10px #777777;}
p.five {
  -moz-box-shadow: inset 0 0 10px #777777;
  -webkit-box-shadow: inset 0 0 10px #777777;
  box-shadow: inset 0 0 10px #777777;}
```

结 果

box-shadow属性允许你在盒子的周围增加投影。该属性的工作原理与第277页介绍过的text-shadow属性类似。使用该属性时，至少应该包含下列项目中前两项的值以及一个颜色值。

水平偏移
负值表示将阴影置于盒子的左侧。

垂直偏移
负值表示将阴影置于盒子的上方。

模糊距离
如果省略该值，阴影会显示为实边，就像边框一样。

阴影扩展
如果使用该值，正值会使阴影向四周延伸，负值则会使阴影收缩。

此外，还可以在以上值的前面使用inset关键字，以此来创建内部阴影。

对于Chrome、Firefox和Safari，也可以使用-moz-box-shadow属性和-webkit-box-shadow属性来创建阴影。以上属性虽然不属于CSS规范，但它们有助于在这些浏览器中创建阴影。

CSS3: 圆角
border-radius

CSS3引入了在盒子上创建圆角的功能。为了实现该功能，需要使用一个称为border-radius的属性。该值表示半径（像素）

不支持该属性的旧浏览器将盒子显示为直角。

虽然-moz-border-radius属性和-webkit-border-radius属性不属于CSS规范，但一些Chrome、Firefox和Safari版本很早就开始使用它们来支持圆角样式(这也有助于在更多浏览器中实现圆角效果)。

可使用以下属性为一个盒子的每个角分别指定值：

border-top-right-radius
border-bottom-right-radius
border-bottom-left-radius
border-top-left-radius

还可以使用快捷方式一次指定以上四个属性(按顺时针顺序：上方、右侧、下方、左侧)。例如：

border-radius:
5px, 10px, 5px, 10px;

chapter-13/border-radius.html `HTML`

```
<p>Pet Sounds featured a number of unconventional
   instruments such as bicycle bells, buzzing
   organs, harpsichords, flutes, Electro-Theremin,
   dog whistles, trains, Hawaiian-sounding
   string instruments, Coca-Cola cans and
   barking dogs.</p>
```

`CSS`

```
p {
   border: 5px solid #ee3e80;
   padding: 20px;
   width: 275px;
   border-radius: 10px;
   -moz-border-radius: 10px;
   -webkit-border-radius: 10px;}
```

结 果

Pet Sounds featured a number of
unconventional instruments such as
bicycle bells, buzzing organs,
harpsichords, flutes, Electro-Theremin,
dog whistles, trains, Hawaiian-sounding
string instruments, Coca-Cola cans and
barking dogs.

CSS3: 椭圆形
border-radius

要创建更复杂的形状，可给圆角的横向值和纵向值指定不同的距离。

例如，下面这行代码可以创建一个宽大于高的圆角：

`border-radius: 80px 50px;`

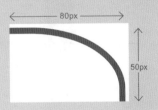

可以针对一个圆角使用相应的属性：

`border-top-left-radius: 80px 50px;`

也可以通过简便方式同时针对四个圆角进行设置，先指定四个横向值，再指定四个纵向值，如左图中的第二个形状所示。

你甚至可以通过将一个正方形的border-radius属性值设置为它的高度来创建一个圆形，如左图中的第三个形状所示。

| HTML | chapter-13/elliptical-shapes.html |

```html
<p class="one"></p>
<p class="two"></p>
<p class="three"></p>
```

CSS

```css
p.one {
  border-top-left-radius: 80px 50px;
  -moz-border-radius-top-left: 80px 50px;
  -webkit-border-radius-top-left: 80px 50px;}
p.two {
  border-radius: 1em 4em 1em 4em / 2em 1em 2em 1em;
  -moz-border-radius: 1em 4em 1em 4em
    / 2em 1em 2em 1em;
  -webkit-border-radius:  1em 4em 1em 4em
    / 2em 1em 2em 1em;}
p.three {
  padding: 0px;
  border-radius: 100px;
  -moz-border-radius: 100px;
  -webkit-border-radius: 100px;}
```

结　果

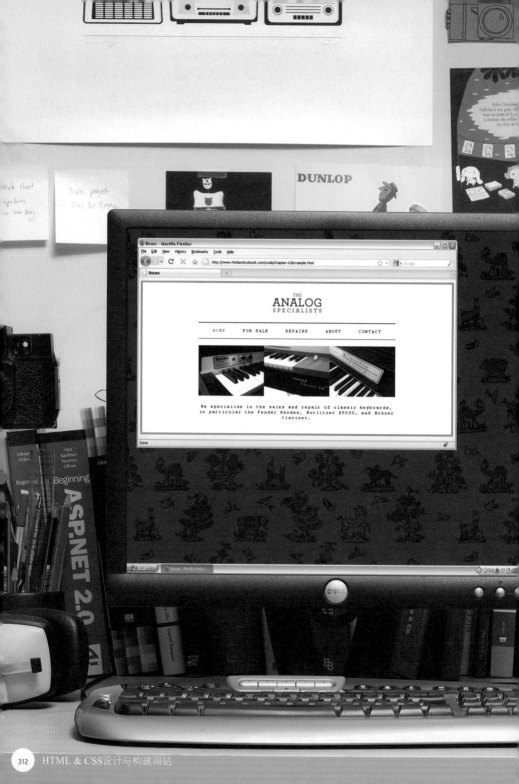

示例

盒子

在这个示例中，你看到的是一个音乐商店的首页。

整个页面位于一个id为page的<div>元素中。该元素通过margin属性将其左侧外边距和右侧外边距的值设置为auto，从而使该元素居中显示。页面上的徽标和其他内容使用同样的方法居中显示。

这个主体<div>周围的边框为双实线，并且它的大小会随着浏览器窗口的调整而伸缩。为了避免页面太窄或太宽，我们使用了min-width属性和max-width属性。

导航栏是利用一个无序列表创建的。为了突出显示这个列表，在它的上方和下方分别设置了边框。列表中的每个项目都应用了display属性，使它们的行为类似于内联元素(而不是块级元素)。同时，这也使导航链接彼此相邻横向排列。padding属性用来创建链接之间的空隙。

<ul>元素的width属性被设置为570像素，其下的<p>元素的width属性被设置为600像素。但实际上，它们的最终宽度是一样的，因为<ul>元素也使用了padding属性来创建盒子边框与其内链接之间的空隙，而所有的内边距、边框和外边距都会增加到盒子的宽度和高度上。

如果我们没有在页面开头包含DOCTYPE声明，那么这些盒子的大小在IE6中可能会互不相同，因为IE6不能正确地呈现盒子模型。

示例

盒子

```
<!DOCTYPE html>
<html>
  <head>
    <title>Boxes</title>
    <style type="text/css">
      body {
        font-size: 80%;
        font-family: "Courier New", Courier, monospace;
        letter-spacing: 0.15em;
        background-color: #efefef;}
      #page {
        max-width: 940px;
        min-width: 720px;
        margin: 10px auto 10px auto;
        padding: 20px;
        border: 4px double #000;
        background-color: #ffffff;}
      #logo {
        width: 150px;
        margin: 10px auto 25px auto;}
      ul {
        width: 570px;
        padding: 15px;
        margin: 0px auto 0px auto;
        border-top: 2px solid #000;
        border-bottom: 1px solid #000;
        text-align: center;}
      li {
        display: inline;
        margin: 0px 3px;}
      p {
        text-align: center;
        width: 600px;
        margin: 20px auto 20px auto;
        font-weight: normal;}
```

```
    a {
      color: #000000;
      text-transform: uppercase;
      text-decoration: none;
      padding: 6px 18px 5px 18px;}
    a:hover, a.on {
      color: #cc3333;
      background-color: #ffffff;}
  </style>
</head>
<body>
  <div id="page">
    <div id="logo">
      <img src="images/logo.gif" alt="The Analog Specialists" />
    </div>
    <ul id="navigation">
      <li><a href="#" class="on">Home</a></li>
      <li><a href="#">For Sale</a></li>
      <li><a href="#">Repairs</a></li>
      <li><a href="#">About</a></li>
      <li><a href="#">Contact</a></li>
    </ul>
    <p>
      <img src="images/keys.jpg" alt="Fender Rhodes, Hohner Clavinet,
           and Wurlitzer EP200" />
    </p>
    <p>
      We specialise in the sales and repair of classic keyboards, in
         particular the Fender Rhodes, Wurlitzer EP200, and Hohner Clavinet.
    </p>
  </div>
</body>
</html>
```

▶ CSS采用盒子模型来处理每个HTML元素。

▶ 可使用CSS来控制盒子的大小。

▶ 还可以用CSS来控制每个盒子的边框、外边距和内边距。

▶ 可以通过display属性和visibility属性来隐藏元素。

▶ 块级盒子可以转换为内联盒子, 内联盒子也可以转换为块级盒子。

▶ 通过控制包含文本的盒子的宽度以及行距可提高文本的可读性。

▶ CSS3引入了创建图像边框和圆角边框的功能。

第14章

列表、表格和表单

▶ 指定项目符号样式

▶ 为表格添加边框和背景

▶ 更改表单元素的外观

有些CSS属性是为特定类型的HTML元素(如列表，表格和表单元素)创建的。

你将在本章中学习以下内容：

- 为列表指定项目符号或编号的类型
- 为表格单元格添加边框和背景
- 控制表单控件的外观

总之，这些属性可以让你更精细地控制页面的特定部分。

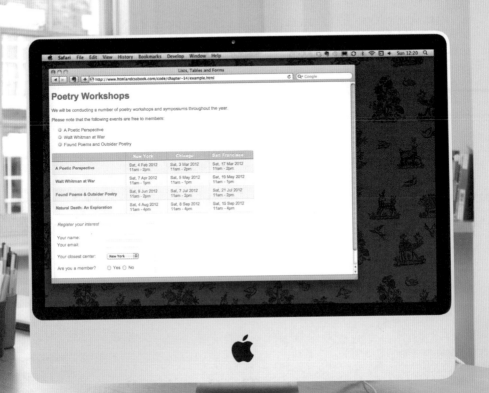

项目符号样式
list-style-type

list-style-type属性允许你控制项目符号(也称为标记)的形状或样式。

该属性可在应用到`<ol>`元素、`<ul>`元素和`<li>`元素的规则中使用。

无序列表

对于一个无序列表的list-style-type属性,你可以使用以下值:

none
● disc
○ circle
■ square

有序列表

对于一个有序(编号)列表的list-style-type属性,你可以使用以下值:

decimal
1 2 3

decimal-leading-zero
01 02 03

lower-alpha
a b c

upper-alpha
A B C

lower-roman
i. ii. iii.

upper-roman
I II III

chapter-14/list-style-type.html　　　　HTML

```html
<h1>The Complete Poems</h1>
<h2>Emily Dickinson</h2>
<ol>
  <li>Life</li>
  <li>Nature</li>
  <li>Love</li>
  <li>Time and Eternity</li>
  <li>The Single Hound</li>
</ol>
```

CSS

```css
ol {
  list-style-type: lower-roman;}
```

结　果

The Complete Poems

Emily Dickinson

　i. Life
　ii. Nature
　iii. Love
　iv. Time and Eternity
　v. The Single Hound

项目图像
list-style-image

```
<h1>Index of Translated Poems</h1>
<h2>Arthur Rimbaud</h2>
<ul>
  <li>Ophelia</li>
  <li>To Music</li>
  <li>A Dream for Winter</li>
  <li>Vowels</li>
  <li>The Drunken Boat</li>
</ul>
```

CSS

```
ul {
  list-style-image: url("images/star.png");}
li {
  margin: 10px 0px 0px 0px;}
```

结 果

Index of Translated Poems

Arthur Rimbaud

☆ Ophelia

☆ To Music

☆ A Dream for Winter

☆ Vowels

☆ The Drunken Boat

可利用list-style-image属性将一个图像作为项目符号使用。

该属性的值以字母url开头，后面跟着一对圆括号。在括号里面，图像的路径在双引号中给出。

该属性可在应用到<ul>元素和<li>元素的规则中使用。

本页中的示例还展示了margin属性的用法，它用来增加垂直方向上列表项目之间的空隙。

标记的定位
list-style-position

默认情况下，列表会缩进到页面中。list-style-position属性用于表明标记显示的位置，是在包含主体内容的盒子的内部，还是在其外部。

该属性可以选用以下两个值：

outside
该值表明标记位于文本块的左侧(这也是未使用该属性时的默认处理方式)。

inside
该值表明标记位于文本块的内部，同时文本块会被缩进。

在本页的示例中，列表的宽度为250像素。这个宽度可以确保文本会被截断并换行显示，因此你能看到inside值是如何在首行文本中放置项目符号的。

每个列表项目上增加了外边距，因此它们之间有明显的空隙。

chapter-14/list-style-position.html `HTML`

```html
<ul class="illuminations">
  <li>That idol, black eyes and ...</li>
  <li>Gracious son of Pan! ...</li>
  <li>When the world is reduced ...</li>
</ul>
<ul class="season">
  <li>Once, if my memory serves ...</li>
  <li>Hadn't I once a youth ...</li>
  <li>Autumn already! ...</li>
</ul>
```

`CSS`

```css
ul {
  width: 250px;}
li {
  margin: 10px;}
ul.illuminations {
  list-style-position: outside;}
ul.season {
  list-style-position: inside;}
```

结 果

- That idol, black eyes and yellow mop, without parents or court ...
- Gracious son of Pan! Around your forehead crowned with flowerets ...
- When the world is reduced to a single dark wood for our four ...

结 果

- Once, if my memory serves me well, my life was a banquet ...
- Hadn't I once a youth that was lovely, heroic, fabulous ...
- Autumn already! - But why regret the everlasting sun if we are

列表快捷方式
list-style

HTML chapter-14/list-style.html

```
<h1>Quotes from Edgar Allan Poe</h1>
<ul>
  <li> I have great faith in fools; self-
  confidence my friends call it.</li>
  <li>All that we see or seem is but a dream
  within a dream.</li>
  <li>I would define, in brief, the poetry
  of words as the rhythmical creation of
  Beauty.</li>
</ul>
```

CSS

```
ul {
  list-style: inside circle;
  width: 300px;}
li {
  margin: 10px 0px 0px 0px;}
```

结　果

Quotes from Edgar Allan Poe

○ I have great faith in fools; self-confidence
my friends call it.

○ All that we see or seem is but a dream
within a dream.

○ I would define, in brief, the poetry of words
as the rhythmical creation of Beauty.

表格属性

我们已经介绍了表格的一些常用属性。现在我们集中在一个示例中使用以下属性：

`width`用于设置表格的宽度。

`padding`用于设置每个单元格边框与其内容之间的空隙。

`text-transform`用于将表格标题中的内容转换为大写。

`letter-spacing`, `font-size`用于为表格标题的内容增加额外的样式。

`border-top`, `border-bottom`用于设置表格标题上方和下方的边框。

`text-align`用于将某些单元格中的书写方式设置为向左对齐或向右对齐。

`background-color`用于交替改变表格行的背景颜色。

`:hover`在用户把光标悬停在某个表格行时将此行高亮显示。

chapter-14/table-properties.html `HTML`

```html
<h1>First Edition Auctions</h1>
<table>
  <tr>
    <th>Author</th>
    <th>Title</th>
    <th class="money">Reserve Price</th>
    <th class="money">Current Bid</th>
  </tr>
  <tr>
    <td>E.E. Cummings</td>
    <td>Tulips & Chimneys</td>
    <td class="money">$2,000.00</td>
    <td class="money">$2,642.50</td>
  </tr>
  <tr class="even">
    <td>Charles d'Orleans</td>
    <td>Poemes</td>
    <td class="money"></td>
    <td class="money">$5,866.00</td>
  </tr>
  <tr>
    <td>T.S. Eliot</td>
    <td>Poems 1909 - 1925</td>
    <td class="money">$1,250.00</td>
    <td class="money">$8,499.35</td>
  </tr>
  <tr class="even">
    <td>Sylvia Plath</td>
    <td>The Colossus</td>
    <td class="money"></td>
    <td class="money">$1031.72</td>
  </tr>
</table>
```

```css
body {
  font-family: Arial, Verdana, sans-serif;
  color: #111111;}
table {
  width: 600px;}
th, td {
  padding: 7px 10px 10px 10px;}
th {
  text-transform: uppercase;
  letter-spacing: 0.1em;
  font-size: 90%;
  border-bottom: 2px solid #111111;
  border-top: 1px solid #999;
  text-align: left;}
tr.even {
  background-color: #efefef;}
tr:hover {
  background-color: #c3e6e5;}
.money {
  text-align: right;}
```

结　果

First Edition Auctions

AUTHOR	TITLE	RESERVE PRICE	CURRENT BID
E.E. Cummings	Tulips & Chimneys	$2,000.00	$2,642.50
Charles d'Orleans	Poemes		$5,866.00
T.S. Eliot	Poems 1909 - 1925	$1,250.00	$8,499.35
Sylvia Plath	The Colossus		$1031.72

下面介绍一些定义表格样式的技巧，它们可以使表格清晰易懂：

设置单元格内边距

如果单元格中的文本紧贴边框(或另一个单元格)，将不便于阅读。增加内边距有利于提高文本的可读性。

区分标题

将表格标题以粗体(<th>元素的默认样式)显示能够提高标题的可读性。为了明确地区分标题和内容，还可将标题大写，然后为其添加背景色或者下划线。

交替改变表格行的背景色

每隔一个表格行改变它的背景色有利于用户一行行地查看。为保持表格的整洁，可使用与表格行的正常颜色有细微差别的背景色。

对齐数字

对于包含数字的列，可使用text-align属性将其内容向右对齐，这样一来大数字与小数字的差别便可一目了然。

在线支持

本书所附网站的Tools部分列举了更多关于使用CSS定义表格样式的示例。

空单元格的边框
empty-cells

如果在一个表格中含有空单元格，那么你可以使用empty-cells属性来指定是否显示空单元格的边框。

由于浏览器按不同的方式对空单元格进行处理，所以对于任意空单元格，如果你想让显示或者隐藏它们的边框，就需要用到empty-cells属性。

该属性可以选用以下三个值之一：

show

该值用于显示空单元格的边框。

hide

该值用于隐藏空单元格的边框。

inherit

如果一个表格嵌套在另一个表格中，那么inherit值表明单元格遵循外部表格的规则。

在本页的示例中，左边第一个表格中的空单元格边框是显示的，第二个表格中的空单元格边框则隐藏起来。

---

chapter-14/empty-cells.html `HTML`

```html
<table class="one">
  <tr>
    <td>1</td>
    <td>2</td>
  </tr>
  <tr>
    <td>3</td>
    <td></td>
  </tr>
</table>
```

`CSS`

```css
td {
  border: 1px solid #0088dd;
  padding: 15px;}
table.one {
  empty-cells: show;}
table.two {
  empty-cells: hide;}
```

`结　果`

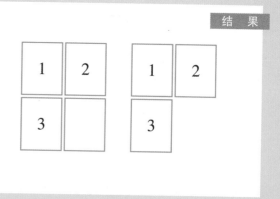

单元格之间的空隙
border-spacing, border-collapse

HTML　　chapter-14/gaps-between-cells.html

```
<table class="one">
  <tr>
    <td>1</td>
    <td>2</td>
  </tr>
  <tr>
    <td>3</td>
    <td>4</td>
  </tr>
</table>
```

CSS

```
td {
  background-color: #0088dd;
  padding: 15px;
  border: 2px solid #000000;}
table.one {
  border-spacing: 5px 15px;}
table.two {
  border-collapse: collapse;}
```

border-spacing属性允许你控制相邻单元格之间的距离。默认情况下，浏览器经常在每个单元格之间留有一个较小的空隙，如果你想增加或者减小这个空隙，可利用border-spacing属性来进行控制。

该属性的值通常以像素指定。如果希望分别指定单元格间的横向距离与纵向距离，你可以一次指定两个值。

如果为单元格添加了边框，那么在两个单元格相接的地方，边框的宽度就会是外缘边框的两倍。要避免这种情况的发生，可使用border-collapse属性来合并相邻的边框。该属性的可选值有：

collapse
该值表示尽可能将单元格相邻的边框合并为一个单独的边框(这时border-spacing属性会被忽略并且单元格会被挤压在一起，empty-cells属性也会被忽略)。

separate
该值表示将相邻的边框分离(此时border-spacing属性会生效)。

结果

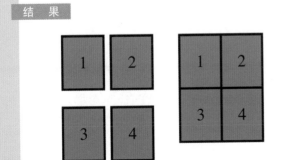

定义表单样式

据我所知，还没有人喜欢填写表单，所以如果你能把表单设计得更加美观易用，就会使更多的人愿意填写。而且，当在几种不同的浏览器中查看同一个表单时(如右图所示)，你会发现浏览器的展现方式各不相同。

CSS通常用于控制表单元素的外观。它可以使表单更美观，也可以使表单在不同的浏览器中的表现更加一致。

它主要定义下列控件的样式：

- 文本输入框和文本域
- 提交按钮
- 表单中的标签，可以精确地对表单控件进行对齐

后面的几页将介绍如何利用CSS控制这些元素。

MAC: SAFARI

MAC: FIREFOX

PC: CHROME

PC: IE

定义文本输入框和提交按钮的样式非常简单。但要保证选择框、单选按钮和复选框的外观在不同浏览器中的一致性就比较困难。

要保持表单外观在各个浏览器中的一致性，你可从http://formalize.me下载一个CSS文件。这个网站的作者已经完成了这项艰难的工作。虽然这种解决方案中涉及JavaScript的使用，但在实现此代码时并不要求你了解JavaScript的相关知识。

定义单行文本框样式

```css
input {
  font-size: 120%;
  color: #5a5854;
  background-color: #f2f2f2;
  border: 1px solid #bdbdbd;
  border-radius: 5px;
  padding: 5px 5px 5px 30px;
  background-repeat: no-repeat;
  background-position: 8px 9px;
  display: block;
  margin-bottom: 10px;}
input:focus, input:hover {
  background-color: #ffffff;
  border: 1px solid #b1e1e4;}
input#email {
  background-image: url("images/email.png");}
input#twitter {
  background-image: url("images/twitter.png");}
input#web {
  background-image: url("images/web.png");}
```

本页的示例中展示了用于文本输入框的一些常用 **CSS** 属性,其中的大部分属性已经在前面介绍过。

`font-size` 用于设置用户输入文本的大小。

`color` 用于设置文本颜色,`background-color` 用于设置文本输入框的背景色。

`border` 用于在文本输入框的边缘增加边框,`border-radius` 可用于创建圆角(适用于支持此属性的浏览器)。

伪类 `:focus` 用来在使用文本输入框时改变文本输入框的背景颜色,伪类 `:hover` 用来在用户将光标悬停在文本输入框时改变文本输入框的背景色。

`background-image` 为盒子增加背景图像。由于应用到每个文本输入框的图像各不相同,因此我们使用了一种特性选择器,通过查找每个输入框的 id 特性值来确定文本输入框。

第 16 章将介绍更多关于背景图像以及如何对背景图像进行定位的内容。

结 果

定义提交按钮样式

有一些属性可以用来定义提交按钮的样式。本页的示例以上一页中的示例为基础，并且提交按钮会继承上一页示例中为`<input>`元素设置的样式。

`color`用于控制按钮上文本的颜色。

`text-shadow`可在支持该属性的浏览器中展示3D效果的文本。

`border-bottom`使按钮的下方边框稍粗一点，从而使3D效果更加逼真。

`background-color`可以使提交按钮从周围的项目中突显出来。让所有按钮的样式保持一致性有利于用户更加清楚如何与此网站进行交互。我们还为按钮增加了渐变的背景，不过这个效果只能在支持相关属性的浏览器中显示。将在第408页介绍关于渐变的内容。

当用户将光标悬停在按钮上时，`:hover`伪类用于改变按钮的外观。此时，按钮背景会改变，文本变暗，按钮上方的边框也会变粗。

将在第408页介绍关于渐变的内容。

`chapter-14/styling-submit-buttons.html`   **CSS**

```css
input#submit {
  color: #444444;
  text-shadow: 0px 1px 1px #ffffff;
  border-bottom: 2px solid #b2b2b2;
  background-color: #b9e4e3;
  background: -webkit-gradient(linear, left top,
    left bottom, from(#beeae9), to(#a8cfce));
  background:
    -moz-linear-gradient(top, #beeae9, #a8cfce);
  background:
    -o-linear-gradient(top, #beeae9, #a8cfce);
  background:
    -ms-linear-gradient(top, #beeae9, #a8cfce);}
input#submit:hover {
  color: #333333;
  border: 1px solid #a4a4a4;
  border-top: 2px solid #b2b2b2;
  background-color: #a0dbc4;
  background: -webkit-gradient(linear, left top,
    left bottom, from(#a8cfce), to(#beeae9));
  background:
    -moz-linear-gradient(top, #a8cfce, #beeae9);
  background:
    -o-linear-gradient(top, #a8cfce, #beeae9);
  background:
    -ms-linear-gradient(top, #a8cfce, #beeae9);}
```

结　果

Register

定义字段集及其说明的样式

chapter-14/styling-fieldsets-and-legends.html

```css
fieldset {
  width: 350px;
  border: 1px solid #dcdcdc;
  border-radius: 10px;
  padding: 20px;
  text-align: right;}
legend {
  background-color: #efefef;
  border: 1px solid #dcdcdc;
  border-radius: 10px;
  padding: 10px 20px;
  text-align: left;
  text-transform: uppercase;}
```

结 果

NEWSLETTER

Name:

Email:

Subscribe

字段集主要用来确定一个表单的边缘。在一个长表单中，它可以用来将相关信息进行分组。

<legend>元素用于说明控件组中需要何种信息。

以上两种元素的常用属性包括：

width属性用于控制字段集的宽度。在本页的示例中，字段集的宽度强制将表单元素换行显示在合适的位置上(如果字段集足够宽，那么其中的项目可能会位于同一行中)。

color属性用于控件文本的颜色。

background-color属性用于改变这些元素的背景色。

border用于控制字段集和/或说明周围的边框的外观。

border-radius属性用于在支持该属性的浏览器中将这些元素的边缘进行柔化。

padding属性可用来增加这些元素的内边距。

表单控件的对齐：问题

表单中的标签元素常常长短不一，这意味着表单控件可能不会对齐。右侧的示例中是相关的演示(没有在其中的表单控件上应用CSS)。

在这个表单中，询问用户的每个话题都放在一个 `<div>`元素中，以确保每个提问都是另起一行显示。如果表单控件在垂直方向上可以对齐，那么用户在填写表单时就会更方便。下一页中介绍的CSS用于解决垂直对齐的问题。

看一下我们对用户性别的询问，两个单选按钮各对应一个`<label>`元素(一个显示男，另一个显示女)。标题中使用的`<span>`元素有助于控件的对齐。

在上一页中，我们见到了另一种用于对齐表单元素的技巧。当表单中只包含文本输入框时，通过将所有文本输入框设置为同样的宽度，并将表单中所有的内容向右对齐，就能将这个区域排列整齐，并使标签位于连贯的位置。对于更复杂的表单，则需要一个类似在这几页里所讲的解决方案。

chapter-14/aligning-form-controls-problem.html `HTML`

```
<form action="example.php" method="post">
  <div>
    <label for="name" class="title">Name:</label>
    <input type="text" id="name" name="name" />
  </div>
  <div>
    <label for="email" class="title">Email:</label>
    <input type="email" id="email" name="email" />
  </div>
  <div class="radio-buttons">
    <span class="title">Gender:</span>
    <input type="radio" name="gender" id="male"
      value="M" />
    <label for="male">M</label>
    <input type="radio" name="gender" id="female"
      value="F" />
    <label for="female">F</label><br />
  </div>
  <div class="submit">
    <input type="submit" value="Register"
      id="submit" />
  </div>
</form>
```

不使用CSS时的结果

Name:
Email:
Gender: ◯ M ◯ F
Register

表单控件的对齐：解决方案

chapter-14/aligning-form-controls-solution.html

```css
div {
  border-bottom: 1px solid #efefef;
  margin: 10px;
  padding-bottom: 10px;
  width: 260px;}
.title {
  float: left;
  width: 100px;
  text-align: right;
  padding-right: 10px;}
.submit {
  text-align: right;}
```

表单中的每一行都有一个标题用来告诉用户需要输入什么内容。在本页的示例中，文本输入框的标题位于 `<label>` 元素中，单选按钮的标题位于 `<span>` 元素中。这两种标题所在的元素都有 class 特性，且其值为 title。

我们可以利用 float 属性将这些标题移到页面的左侧（第359～365页将对 float 属性进行详细介绍）。

通过在这些元素上设置 width 属性，可使这些标题拥有相同的宽度。这样一来，标题旁边的表单控件就可以整齐地排列。

text-align 属性用来使标题向右对齐，padding 属性可以使标题盒子中的文本与表单控件之间保持一定的空隙。

表单中的每一行都被一个 `<div>` 元素包围，样式也会应用于这些 `<div>` 元素上（用来固定它们的宽度以及创建每行之间的垂直间距）。另外，提交按钮也被设置为向右对齐。

结　果

Name:

Email:

Gender: ○ M ○ F

(Register)

光标样式

cursor

cursor属性用于控制显示给用户的光标的类型。

例如，对于一个表单，你可能在用户把光标悬停于表单上时将光标设置为手型。

下面列出该属性最常用的值：

auto
crosshair
default
pointer
move
text
wait
help
url("cursor.gif");

你应该在用户习惯看到某种光标的地方使用这些值为用户提供有益的信息。例如，在链接上使用十字光标可能会使用用户产生困惑，因为他们不习惯在链接上看到这种光标。

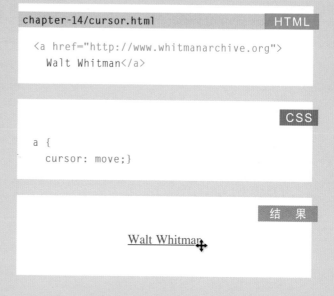

chapter-14/cursor.html `HTML`

```html
<a href="http://www.whitmanarchive.org">
  Walt Whitman</a>
```

`CSS`

```css
a {
  cursor: move;}
```

结　果

Walt Whitman

Web开发工具条

Firefox和Chrome提供了这个有用的扩展,当你把光标悬停在某个元素上时,该扩展中的工具可以显示出应用到该元素上的CSS样式以及相应的HTML结构。

该工具的下载地址: www.chrispederick.com/work/web-developer

要查看一个网页的CSS样式和HTML结构,可打开Web开发工具条中的CSS菜单并选择*View Style Information*。

1: 轮廓线

当你把光标悬停在某个元素上时,在元素周围会出现一条红色轮廓线,可以显示元素占用的空间。

2: 结构

当你把光标悬停在某元素上时,窗口的顶部会显示出HTML结构。在上图中你可以看到,<li>元素的class属性值为completed,它位于一个class属性值为to-do的<ul>元素内部。<ul>列表位于一个id值为page的<div>元素内部,而这个<div>元素则位于<body>元素和<html>元素中。

在编写CSS选择器时,这是非常有用的,它可以帮助你准确地定位目标元素。

3: CSS样式

当你把光标悬停在某个元素上时,单击鼠标就可以显示应用于该元素(以及该元素所在的行)的CSS规则。在这些规则的上面,可以看到样式表的名称以及路径。

这有助于检查在某个元素上应用了哪些样式。你可以在自己的网站代码中使用该工具,或者是当你想要查看别人的网站使用了哪些样式时使用它。

该工具还允许你更改屏幕的大小,还允许验证HTML和CSS代码以及关闭图像。

示例

列表、表格和表单

本示例将演示我们在本章所介绍的一些CSS属性,这些属性用于控制列表、表格和表单的外观。

对于页面开始部分关于自由体诗歌活动通知的列表,我们将它的项目符号定义为一个图像,并使用line-height属性增加各个列表项之间的距离。

对于页面中的表格,我们使用border-spacing属性将其单元格之间的空隙去除,另外,由于\<td\>元素和\<th\>元素不会继承其父元素中的字体大小,因此使用font-size属性设置其中的字体尺寸。

表格的表头部分采用了深色背景和浅色文本,并在表头与表格内容之间增加了一条宽度为2像素的深色实线。表头部分的圆角是使用:first-child和:last-child这两个伪类创建的(仅对支持圆角的浏览器有效)。

表格各行的背景明暗交替,不同的边框和纹理被添加到单元格的各个边缘。

对于表单,相关的表单控件被放在一个\<fieldset\>元素中。表单控件左侧相应的标签使用了float属性,以确保表单控件在垂直方向上对齐。

当表单中的文本框获得焦点,或者是用户将光标悬停在上面时,文本框的背景颜色和边框颜色就会发生变化。提交按钮同样被定义了样式,目的是让人们清楚地了解应该在何处提交表单。

示例

列表、表格和表单

```
<!DOCTYPE html>
<html>
  <head>
    <title>Lists, Tables and Forms</title>
    <style type="text/css">
      body {
        font-family: Arial, Verdana, sans-serif;
        font-size: 90%;
        color: #666666;
        background-color: #f8f8f8;}
      li {
        list-style-image: url("images/icon-plus.png");
        line-height: 1.6em;}
      table {
        border-spacing: 0px;}
      th, td {
        padding: 5px 30px 5px 10px;
        border-spacing: 0px;
        font-size: 90%;
        margin: 0px;}
      th, td {
        text-align: left;
        background-color: #e0e9f0;
        border-top: 1px solid #f1f8fe;
        border-bottom: 1px solid #cbd2d8;
        border-right: 1px solid #cbd2d8;}
      tr.head th {
        color: #ffffff;
        background-color: #90b4d6;
        border-bottom: 2px solid #547ca0;
        border-right: 1px solid #749abe;
        border-top: 1px solid #90b4d6;
        text-align: center;
        text-shadow: -1px -1px 1px #666666;
        letter-spacing: 0.15em;}
      td {
        text-shadow: 1px 1px 1px #ffffff;}
```

示例
列表、表格和表单

```
tr.even td, tr.even th {
  background-color: #e8eff5;}
tr.head th:first-child {
  -webkit-border-top-left-radius: 5px;
  -moz-border-radius-topleft: 5px;
  border-top-left-radius: 5px;}
tr.head th:last-child {
  -webkit-border-top-right-radius: 5px;
  -moz-border-radius-topright: 5px;
  border-top-right-radius: 5px;}
fieldset {
  width: 310px;
  margin-top: 20px;
  border: 1px solid #d6d6d6;
  background-color: #ffffff;
  line-height: 1.6em;}
legend {
  font-style:italic;
  color:#666666;}
input[type="text"] {
  width: 120px;
  border: 1px solid #d6d6d6;
  padding: 2px;
  outline: none;}
input[type="text"]:focus,
input[type="text"]:hover {
  background-color: #d0e2f0;
  border: 1px solid #999999;}
input[type="submit"] {
  border: 1px solid #006633;
  background-color: #009966;
  color: #ffffff;
  border-radius: 5px;
  padding: 5px;
  margin-top: 10px;}
input[type="submit"]:hover {
  border: 1px solid #006633;
```

示例

列表、表格和表单

```
        background-color: #00cc33;
        color: #ffffff;
        cursor: pointer;}
    .title {
        float: left;
        width: 160px;
        clear: left;}
    .submit {
        width: 310px;
        text-align: right;}
    </style>
</head>
<body>
    <h1>Poetry Workshops</h1>
    <p>We will be conducting a number of poetry workshops
        and symposiums throughout the year.</p>
    <p>Please note that the following events are free to
        members:</p>
    <ul>
        <li>A Poetic Perspective</li>
        <li>Walt Whitman at War</li>
        <li>Found Poems and Outsider Poetry</li>
    </ul>
    <table>
        <tr class="head">
            <th></th>
            <th>New York</th>
            <th>Chicago</th>
            <th>San Francisco</th>
        </tr>
        <tr>
            <th>A Poetic Perspective</th>
            <td>Sat, 4 Feb 2012<br />11am - 2pm</td>
            <td>Sat, 3 Mar 2012<br />11am - 2pm</td>
            <td>Sat, 17 Mar 2012<br />11am - 2pm</td>
        </tr>
        <tr class="even">
            <th>Walt Whitman at War</th>
```

```
      <td>Sat, 7 Apr 2012<br />11am - 1pm</td>
      <td>Sat, 5 May 2012<br />11am - 1pm</td>
      <td>Sat, 19 May 2012<br />11am - 1pm</td>
   </tr>
   <tr>
      <th>Found Poems &amp; Outsider Poetry</th>
      <td>Sat, 9 Jun 2012<br />11am - 2pm</td>
      <td>Sat, 7 Jul 2012<br />11am - 2pm</td>
      <td>Sat, 21 Jul 2012<br />11am - 2pm</td>
   </tr>
   <tr class="even">
      <th>Natural Death: An Exploration</th>
      <td>Sat, 4 Aug 2012<br />11am - 4pm</td>
      <td>Sat, 8 Sep 2012<br />11am - 4pm</td>
      <td>Sat, 15 Sep 2012<br />11am - 4pm</td>
   </tr>
</table>
<form action="http://www.example.com/form.php" method="get">
   <fieldset>
      <legend>Register your interest</legend>
      <p><label class="title" for="name">Your name:</label>
         <input type="text" name="name" id="name"><br />
         <label class="title" for="email">Your email:</label>
         <input type="text" name="email" id="email"></p>
      <p><label for="location" class="title">Your closest center:</label>
         <select name="location" id="location">
           <option value="ny">New York</option>
           <option value="il">Chicago</option>
           <option value="ca">San Francisco</option>
         </select></p>
      <span class="title">Are you a member?</span>
      <label><input type="radio" name="member" value="yes" /> Yes</label>
      <label><input type="radio" name="member" value="no" /> No</label></p>
   </fieldset>
   <div class="submit"><input type="submit" value="Register" /></div>
</form>
  </body>
</html>
```

小结
列表、表格和表单

▸ 在其他章节中介绍的CSS属性都作用于所有元素的内容，作为它们的补充，另外有一些CSS属性专门用来控制列表、表格和表单的外观。

▸ 可使用list-style-type属性和list-style图像属性为列表标记定义不同的外观。

▸ 表格中的单元格在不同的浏览器中可以有不同的边框和间距，但你可以利用一些属性来控制它们，并使它们更趋一致。

▸ 如果使用CSS将表单控件垂直对齐，那么表单会更加易用。

▸ 通过为表单添加样式，能让表单看起来更具交互性。

第15章

布局

▶ 控制元素位置
▶ 创建网站布局
▶ 针对不同大小的屏幕进行设计

本章将介绍如何控制每个元素在页面中的位置以及如何创建具有魅力的页面布局。

这涉及以下内容：针对屏幕显示所进行的设计与针对其他媒介(例如打印)所进行的设计之间的不同。我们将在本章中学习以下内容：

- 通过一般的流动、相对定位、绝对定位和浮动来研究元素定位的不同方式。

- 理解各种设备有着许多不同的屏幕大小和分辨率，了解这些差别会对设计过程产生什么影响。

- 学习固定宽度和流体布局的区别以及它们的创建方式。

- 了解设计人员如何利用网格使他们的页面设计看起来更加专业。

关于元素定位的核心概念

构建块

CSS采用盒子模型来处理每个HTML元素。盒子可以是一个"块级"盒子，也可以是一个"内联"盒子。

块级盒子另起一行进行显示，并且它在布局中就像是主体构建块，而内联盒子则在其周围的文本间浮动。你可以通过设置每个盒子的宽度(有时也可以设置它的高度)来控制其所占用的空间。要将不同的盒子分开，你可以使用边框、外边距、内边距和背景颜色。

块级元素
换行显示
例如:
<h1> <p> <ul> <li>

Lorem Ipsum

Lorem ipsum dolor sit amet, consectetur adipisicing elit, sed do eiusmod tempor incididunt ut labore et dolore magna aliqua. Ut enim ad minim veniam, quis nostrud exercitation ullamco laboris nisi ut aliquip ex ea commodo consequat. Duis aute irure dolor in reprehenderit in voluptate velit.

- Lorem ipsum dolor sit
- Consectetur adipisicing
- Elit, sed do eiusmod

内联元素
在周围的文本之间流动
例如:
<img> <b> <i>

Lorem ipsum dolor sit amet, consectetur adipisicing elit, sed do eiusmod tempor incididunt ut labore et dolore magna aliqua. Ut enim ad minim veniam, quis nostrud exercitation ullamco laboris nisi ut aliquip ex ea commodo consequat.

Duis aute irure dolor in reprehenderit in voluptate velit esse cillum dolore eu fugiat nulla pariatur. Excepteur sint occaecat cupidatat non proident, sunt in culpa qui officia deserunt mollit anim id est laborum. Lorem ipsum dolor sit amet, consectetur adipisicing elit, sed do eiusmod tempor incididunt ut labore et dolore magna aliqua.

包含元素

如果一个块级元素位于另一个块级元素内部，那么这个外部的框就称为包含元素或父级元素。

人们通常将若干个元素集中在一个`<div>`元素(或其他块级元素)中。例如，你可能将站点标头位置的所有元素(比如徽标和主导航)集中起来，而包含这组元素的`<div>`元素就称为包含元素。

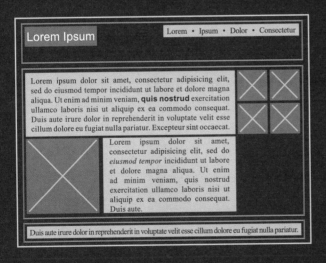

一个盒子可能被嵌套在其他多个块级元素中，但包含元素只能是它的直接父元素。

上图中的橙色线框代表`<div>`元素。标头(包含徽标和导航)的元素集中在一个`<div>`元素中。页面的主体内容和页脚元素分别集中在另外两个`<div>`元素中。`<body>`元素是以上三个`<div>`元素的包含元素。第二个`<div>`元素是两个段落的包含元素，这两个段落由拉丁文字和图像(用画有交叉线的正方形表示)组成。

控制元素的位置

CSS中包含以下三种用于控制页面布局的定位机制：普通流、相对定位和绝对定位。在CSS中通过position属性表明定位机制。还可以使用float属性来让元素浮动。

普通流

每个块级元素都换行显示，以至于页面中的每个项目都显示在前一个项目的下面。即使你指定了盒子的宽度，并且也有足够的空间让两个元素并排显示，它们也还是不会出现在一起。这是浏览器的默认行为(除非你告诉浏览器按照其他的方式进行显示)。

相对定位

相对定位将一个元素从它在普通流中所处的位置上移动，在它原来的位置向上、向下、向左、向右移动。这种移动不会影响周围元素的位置，它们还是位于在普通流中所处的位置。

绝对定位

绝对定位的元素的位置相对于它的包含元素。它完全脱离了普通流，也就是说不会影响到周围任何元素的位置(就像是直接忽略掉它所占据的空间)。使用绝对定位的元素随着页面的滚动而移动。

Lorem Ipsum

Lorem ipsum dolor sit amet, consectetur adipisicing elit, sed do eiusmod tempor incididunt ut labore et dolore magna aliqua.

Ut enim ad minim veniam, quis nostrud exercitation ullamco laboris nisi ut aliquip ex ea commodo consequat.

Duis aute irure dolor in reprehenderit in voluptate velit.

Lorem Ipsum

Lorem ipsum dolor sit amet, consectetur adipisicing elit, sed do eiusmod tempor incididunt ut.

Ut enim ad minim veniam, quis nostrud exercitation ullamco laboris nisi ut aliquip ex ea.
Duis aute irure dolor in reprehenderit in voluptate velit.

Lorem ipsu **Lorem Ipsum** consectetur adipisicing elit, sed do eiusmod tempor incididunt ut labore et dolore magna aliqua.

Ut enim ad minim veniam, quis nostrud exercitation ullamco laboris nisi ut aliquip ex ea commodo consequat.

Duis aute irure dolor in reprehenderit in voluptate velit.

段落一个接一个地垂直向下排列。

第二个段落从其在普通流中所处的位置上被推至右下方。

标题被定位到页面的右上方，段落从屏幕的顶端开始显示(如同标题不在那个位置一样)。

相关内容见第354页。

相关内容见第355页。

相关内容见第356页。

为了确定一个盒子的位置，可能还要使用盒子位移属性将盒子与上、下、左、右的距离告诉浏览器。你会在后面几页对定位机制的介绍中看到这些属性。

固定定位

固定定位是绝对定位的一种形式，与相对于包含元素定位不同，它是将元素相对于浏览窗口进行定位。固定定位的元素不会影响周围元素的位置，而且当页面上下滚动时，它不会移动。

浮动元素

浮动一个元素可以让其脱离普通流，并定位到其包含盒子的最左边或最右边的位置。这个浮动的元素会成为一个周围可以浮动其他内容的块级元素。

Lorem Ipsum

Lorem ipsum dolor sit amet, consectetur adipisicing elit, sed do eiu... ...ut labore... ...a.

Ut enim ad minim veniam, quis nostrud exercitation ullamco laboris nisi ut aliquip ex ea commodo consequat.

Duis aute irure dolor in reprehenderit in voluptate velit.

Lorem Ipsum Lorem ipsum dolor sit amet, consectetur adipisicing elit, sed do eiusmod tempor incididunt ut labore et dolore magna aliqua.

Ut enim ad minim veniam, quis nostrud exercitation ullamco laboris nisi ut aliquip ex ea commodo consequat.

Duis aute irure dolor in reprehenderit in voluptate velit.

任何元素从普通流脱离时，盒子都会产生重叠。你可以使用 z-index 属性来控制将哪个盒子显示在上层。

标题被置于页面中间距离屏幕上方25%的位置(其余元素出现在普通流中)。

标题浮动到了左侧，同时允许文本段落在它的周围浮动。

相关内容见第357页。

相关内容见第359～365页。

普通流
position:static

在普通流中，每个块级元素都在下一个元素的上方。由于这是浏览器处理HTML元素的默认方式，所以你不必使用CSS属性表明元素应该出现在普通流中，但还是存在相应的语法：

position: static;

标题元素的width属性未被指定。这样你可以看到，在默认情况下，它的宽度伸展至整个浏览器窗口。

段落的宽度被限制为450像素。尽管这些元素的宽度没有占满整个浏览器窗口，但它们在普通流中仍然是另起一行显示。

用来演示定位的所有示例都会使用一个与此示例类似的HTML结构。

chapter-15/normal-flow.html `HTML`

```
<body>
  <h1>The Evolution of the Bicycle</h1>
  <p>In 1817 Baron von Drais invented a
     walking machine that would help him get
     around the royal gardens faster...</p>
</body>
```

`CSS`

```
body {
  width: 750px;
  font-family: Arial, Verdana, sans-serif;
  color: #665544;}
h1 {
  background-color: #efefef;
  padding: 10px;}
p {
  width: 450px;}
```

`结　果`

The Evolution of the Bicycle

In 1817 Baron von Drais invented a walking machine that would help him get around the royal gardens faster: two same-size in-line wheels, the front one steerable, mounted in a frame upon which you straddled. The device was propelled by pushing your feet against the ground, thus rolling yourself and the device forward in a sort of gliding walk.

The machine became known as the Draisienne (or "hobby horse"). It was made entirely of wood. This enjoyed a short lived popularity as a fad, not being practical for transportation in any other place than a well maintained pathway such as in a park or garden.

The next appearance of a two-wheeled riding machine was in 1865, when pedals were applied directly to the front wheel. This machine was known as the velocipede (meaning "fast foot") as well as the "bone shaker," since it's wooden structure combined with the cobblestone roads of the day made for an extremely uncomfortable ride. They also became a fad and indoor riding academies, similar to roller rinks, could be found in large cities.

相对定位
position:relative

```
<body>
  <h1>The Evolution of the Bicycle</h1>
  <p>In 1817 Baron von Drais invented a
    walking machine that would help him get
    around the royal gardens faster...</p>
</body>
```

CSS

```
p.example {
  position: relative;
  top: 10px;
  left: 100px;}
```

结 果

The Evolution of the Bicycle

In 1817 Baron von Drais invented a walking machine that
would help him get around the royal gardens faster: two same-
size in-line wheels, the front one steerable, mounted in a frame
upon which you straddled. The device was propelled by
pushing your feet against the ground, thus rolling yourself and
the device forward in a sort of gliding walk.

> The machine became known as the Draisienne (or "hobby
> horse"). It was made entirely of wood. This enjoyed a short
> lived popularity as a fad, not being practical for transportation in
> any other place than a well maintained pathway such as in a
> park or garden.

The next appearance of a two-wheeled riding machine was in
1865, when pedals were applied directly to the front wheel.
This machine was known as the velocipede (meaning "fast
foot") as well as the "bone shaker," since it's wooden structure
combined with the cobblestone roads of the day made for an
extremely uncomfortable ride. They also became a fad and
indoor riding academies, similar to roller rinks, could be found
in large cities.

相对定位的元素以其在普通流中所处的位置为起点进行移动。

例如，你可以把一个元素从其在普通流中所处的位置向下移动10像素，或是向右移动20%的距离。

通过将一个元素的 position 属性的值设置为 relative，就可以指定该元素进行相对定位。

然后使用位移属性(top 或 bottom 以及 left 或 right)指定该元素需要从其在普通流中的位置移动多少距离。

要使盒子向上或向下移动，可使用 top 属性或 bottom 属性。

要使盒子水平向左或向右移动，可使用 left 属性或 right 属性。

盒子的位移属性值通常设置为像素值、百分数或 em 值。

绝对定位
position:absolute

如果将一个盒子的position属性值设置为absolute,那么它就会脱离普通流,不再影响页面中其他元素的位置(如同它不在那个位置一样)。

盒子的位移属性(top或bottom以及left或right)用于指定元素相对于它的包含元素应该显示在什么位置。

在本页的示例中,标题被定位于页面顶端并距页面左侧边缘500像素的位置。标题的宽度被设置为250像素。

为了避免因文本重叠导致无法阅读,示例中的<p>元素也应用了width属性。

默认情况下,大多数浏览器会在<h1>元素的上方增加一个外边距。这就是在浏览器窗口顶端与包含<h1>元素的盒子之间存在空隙的原因。如果要删除这个外边距,可将下面代码添加到<h1>元素的样式规则中:margin: 0px;

```
<body>
  <h1>The Evolution of the Bicycle</h1>
  <p>In 1817 Baron von Drais invented a
    walking machine that would help him get
    around the royal gardens faster...</p>
</body>
```

CSS

```
h1 {
  position: absolute;
  top: 0px;
  left: 500px;
  width: 250px;}
p {
  width: 450px;}
```

结　果

固定定位
position:fixed

HTML

```
<body>
    <h1>The Evolution of the Bicycle</h1>
    <p class="example">In 1817 Baron von
        Drais invented a walking machine that
        would help him get around the royal
        gardens faster...</p>
</body>
```

CSS

```
h1 {
    position: fixed;
    top: 0px;
    left: 0px;
    padding: 10px;
    margin: 0px;
    width: 100%;
    background-color: #efefef;}
p.example {
    margin-top: 100px;}
```

结　果

固定定位是绝对定位的一种类型，将position属性的值设置为fixed就表示固定定位。

固定定位是指元素相对于浏览器窗口进行定位。因此，当用户滚动页面时，这类元素的位置保持不变。建议你通过在浏览器中打开本示例来看一下效果。

要控制使用了固定定位的盒子相对于浏览器窗口的位置，就需要使用盒子的位移属性。

在本页的示例中，标题被定位于浏览器窗口的左上角。当用户向下滚动页面时，标题就会遮住后面的段落。

`<p>`元素在普通流中，它忽略了`<h1>`元素所要占用的空间。因此，我们用`margin-top`属性将第一个`<p>`元素推至`<h1>`元素的固定位置的下方。

重叠元素

z-index

当你使用相对定位、固定定位或者绝对定位时，盒子是可以重叠的。如果盒子出现重叠，那么在HTML代码中，后出现的元素将位于页面中先出现元素的上层。

如果要控制元素的层次，可使用z-1ndex属性。该属性的值是一个数字，数值越大，元素的层次就越靠前。例如，z-index属性值为10的元素将会出现在z-index属性值为5的元素的上层。

本页中的示例看起来类似于第357页中的示例，但它为<p>元素使用了相对定位。由于<p>元素使用了相对定位，所以当用户向下滚动页面时，它们将会默认出现在标题的上层。为确保<h1>元素留在上层，我们在针对<h1>元素的规则中使用了z-index属性。

z-index属性有时也称为**堆叠上下文**(就像是块在z轴上彼此堆叠)。如果你熟悉桌面发布软件包，就会发现z-index属性相当于使用"置于顶层"和"置于底层"功能。

```css
h1 {
    position: fixed;
    top: 0px;
    left: 0px;
    margin: 0px;
    padding: 10px;
    width: 100%;
    background-color: #efefef;
    z-index: 10;}
p {
    position: relative;
    top: 70px;
    left: 70px;}
```

不使用z-index时的结果

使用z-index时的结果

浮动元素
float

float属性允许你将普通流中的元素在它的包含元素内尽可能地向左或向右排列。

位于包含元素中的其他内容会在浮动元素的周围流动。

使用float属性的同时，你还应该使用width属性来指定浮动元素的宽度，否则，显示效果就会不一致，浮动的盒子可能会占满其包含元素的整个宽度(就像在普通流中一样)。

本示例为一个引用使用了<blockquote>元素。它的包含元素是<body>元素。

该<blockquote>元素向右浮动，引用后面的段落在这个浮动元素的周围流动。

HTML　　　　　　　chapter-15/float.html

```
<h1>The Evolution of the Bicycle</h1>
<blockquote>"Life is like riding a bicycle.
    To keep your balance you must keep
    moving." - Albert Einstein</blockquote>
<p>In 1817 Baron von Drais invented a walking
    machine that would help him get around
    the royal gardens faster: two same-size
    in-line wheels, the front one steerable,
    mounted in a frame ... </p>
```

CSS

```
blockquote {
        float: right;
        width: 275px;
        font-size: 130%;
        font-style: italic;
        font-family: Georgia, Times, serif;
        margin: 0px 0px 10px 10px;
        padding: 10px;
        border-top: 1px solid #665544;
        border-bottom: 1px solid #665544;}
```

结　果

The Evolution of the Bicycle

In 1817 Baron von Drais invented a walking machine that would help him get around the royal gardens faster: two same-size in-line wheels, the front one steerable, mounted in a frame upon which you straddled. The device was propelled by pushing your feet against the ground, thus rolling yourself and the device forward in a sort of gliding walk.

"Life is like riding a bicycle. To keep your balance you must keep moving." - Albert Einstein

The machine became known as the Draisienne (or "hobby horse"). It was made entirely of wood. This enjoyed a short lived popularity as a fad, not being practical for transportation in any other place than a well maintained pathway such as in a park or garden.

The next appearance of a two-wheeled riding machine was in 1865, when pedals were applied directly to the front wheel. This machine was known as the velocipede (meaning "fast foot") as well as the "bone shaker," since it's wooden structure combined with the cobblestone roads of the day made for an extremely uncomfortable ride. They also became a fad and indoor riding academies, similar to roller rinks, could be found in large cities.

使用浮动将元素并排

许多布局都将盒子并排到一起。通常利用float属性来完成这些布局。

当元素浮动时，相应盒子的高度就会对后面元素的位置产生影响。

在本示例中，你可以看到六个段落，每个段落都设置了width属性和float属性。

不出所料，第四个段落(开头是In 1865，the velocipede...)没有横穿到左侧边缘，相反，它位于第三个段落的下方。

之所以出现这种情况，是因为在第三个段落的下方拥有足够的空间开启第四个段落，但由于第二个段落的阻挡，使得第四个段落不能再向左移动。

将所有段落的高度都设置为最长段落的高度可以解决这个问题，但在实际的设计中几乎不可行，因为段落或列中的文本长度可能发生变化。解决这个问题更常用的方法是使用clear属性(将在下一页中介绍)。

---

chapter-15/using-float.html `HTML`

```
<body>
  <h1>The Evolution of the Bicycle</h1>
  <p>In 1817 Baron von Drais invented a
     walking machine that would help him
     get around...</p>
</body>
```

`CSS`

```
body {
  width: 750px;
  font-family: Arial, Verdana, sans-serif;
  color: #665544;}
p {
  width: 230px;
  float: left;
  margin: 5px;
  padding: 5px;
  background-color: #efefef;}
```

`结 果`

The Evolution of the Bicycle

In 1817 Baron von Drais invented a walking machine that would help him get around the royal gardens faster.

The device know as the Draisienne (or "hobby horse") was made of wood, and propelled by pushing your feed on the ground in a gliding movement.

It was not seen a suitable for any place other than a well maintained pathway.

In 1865, the velocipede (meaning "fast foot") attached pedals to the front wheel, but its wooden structure made it extremely uncomfortable.

In 1870 the first all-metal machine appeared. The pedals were attached directly to the front wheel.

Solid rubber tires and the long spokes of the large front wheel provided a much smoother ride than its predecessor.

清除浮动
clear

HTML

```
<p class="clear">In 1865, the velocipede
    (meaning "fast foot") attached pedals to
    the front wheel,but its wooden structure
    made it extremely uncomfortable.</p>
```

CSS

```
body {
    width: 750px;
    font-family: Arial, Verdana, sans-serif;
    color: #665544;}
p {
    width: 230px;
    float: left;
    margin: 5px;
    padding: 5px;
    background-color: #efefef;}
.clear {
    clear: left;}
```

结 果

The Evolution of the Bicycle

In 1817 Baron von Drais invented a walking machine that would help him get around the royal gardens faster.

The device know as the Draisienne (or "hobby horse") was made of wood, and propelled by pushing your feed on the ground in a gliding movement.

It was not seen a suitable for any place other than a well maintained pathway.

In 1865, the velocipede (meaning "fast foot") attached pedals to the front wheel, but its wooden structure made it extremely uncomfortable.

In 1870 the first all-metal machine appeared. The pedals were attached directly to the front wheel.

Solid rubber tires and the long spokes of the large front wheel provided a much smoother ride than its predecessor.

clear属性用于表明一个盒子的左侧或者右侧不允许浮动元素(在同一个包含元素内)。该属性可以选用以下值:

left

盒子的左侧不能接触同一个包含元素内的其他任何元素。

right

盒子的右侧不能接触同一个包含元素内的其他任何元素。

both

盒子的左侧和右侧都不能接触同一个包含元素内的其他任何元素。

none

盒子的两侧都可以接触元素。

在这个示例中,第四个段落拥有一个名为clear的类。该类的CSS规则使用clear属性来表明它的左侧不能出现其他元素。因此,第四个段落在页面中向下移动,直到它的左侧不再有其他任何元素。

浮动元素的父级：问题

如果一个包含元素只包含了一个浮动元素，有些浏览器就会将它的高度看成0像素。

正如在本页的示例中所看到的一样，包含元素上所指定的1像素的边框折叠到了一起，看起来就像是一条2像素的实线。

HTML

```html
<body>
  <h1>The Evolution of the Bicycle</h1>
  <div>
    <p>In 1817 Baron von Drais invented a
      walking machine that would help him get
      around the royal gardens faster...</p>
  </div>
</body>
```

CSS

```css
div {
  border: 1px solid #665544;}
```

结　果

The Evolution of the Bicycle

In 1817 Baron von Drais invented a walking machine that would help him get around the royal gardens faster.

The device know as the Draisienne (or "hobby horse") was made of wood, and propelled by pushing your feed on the ground in a gliding movement.

It was not seen a suitable for any place other than a well maintained pathway.

In 1865, the velocipede (meaning "fast foot") attached pedals to the front wheel, but its wooden structure made it extremely uncomfortable.

In 1870 the first all-metal machine appeared. The pedals were atttached directly to the front wheel.

Solid rubber tires and the long spokes of the large front wheel provided a much smoother ride than its predecessor.

浮动元素的父级：解决方案

```
<body>
    <h1>The Evolution of the Bicycle</h1>
    <div>
        <p>In 1817 Baron von Drais invented a
           walking machine that would help him get
           around the royal gardens faster...</p>
    </div>
</body>
```

CSS

```
div {
    border: 1px solid #665544;
    overflow: auto;
    width: 100%;}
```

结　果

The Evolution of the Bicycle

In 1817 Baron von Drais invented a walking machine that would help him get around the royal gardens faster.

The device know as the Draisienne (or "hobby horse") was made of wood, and propelled by pushing your feed on the ground in a gliding movement.

It was not seen a suitable for any place other than a well maintained pathway.

In 1865, the velocipede (meaning "fast foot") attached pedals to the front wheel, but its wooden structure made it extremely uncomfortable.

In 1870 the first all-metal machine appeared. The pedals were attached directly to the front wheel.

Solid rubber tires and the long spokes of the large front wheel provided a much smoother ride than its predecessor.

传统上，开发者在解决这个问题时，习惯在最后一个浮动盒子(位于包含元素中)的后面插入一个额外的元素，然后为这个新插入的元素添加一条CSS规则，将其clear属性的值设置为both。但这样做意味着在HTML中加入一个额外的元素仅仅是为了调节包含元素的高度。

最近，开发者们选择了一种纯粹基于CSS的解决方案，这样就不必在HTML页面中的浮动元素后面增加额外的元素。这种纯CSS的解决方案是在包含元素(本示例中指的是\<div\>元素)的样式中加入两条CSS规则：

- 将overflow属性的值设置为auto。

- 将width属性的值设置为100%。

利用浮动创建多列式布局

许多网页都采用了多列式的设计。这种设计的每一列用一个`<div>`元素表示。下面三种CSS属性用来将多个列并排到一起：

width

该属性用于设置列宽。

float

该属性用于将多个列并排。

margin

该属性用于在列之间创建空隙。

一个类似于本页示例中所展示的两列式布局需要两个`<div>`元素，一个用于主体内容，另一个用于侧边栏。

每个`<div>`元素都可以包含标题、段落、图像以及其他`<div>`元素。

---

chapter-15/columns-two.html   HTML

```html
<h1>The Evolution of the Bicycle</h1>
<div class="column1of2">
  <h3>The First Bicycle</h3>
  <p>In 1817 Baron von Drais invented a
    walking machine that would help him
    get around the royal gardens faster:
    two same-size ...</p>
</div>
<div class="column2of2">
  <h3>Bicycle Timeline</h3> ...
</div>
```

CSS

```css
.column1of2 {
  float: left;
  width: 620px;
  margin: 10px;}
.column2of2 {
  float: left;
  width: 300px;
  margin: 10px;}
```

结　果

The Evolution of the Bicycle

The First Bicycle

In 1817 Baron von Drais invented a walking machine that would help him get around the royal gardens faster: two same-size in-line wheels, the front one steerable, mounted in a frame upon which you straddled. The device was propelled by pushing your feet against the ground, thus rolling yourself and the device forward in a sort of gliding walk.

The machine became known as the Draisienne (or "hobby horse"). It was made entirely of wood. This enjoyed a short lived popularity as a fad, not being practical for transportation in any other place than a well maintained pathway such as in a park or garden.

Further Innovations

The next appearance of a two-wheeled riding machine was in 1865, when pedals were applied directly to the front wheel. This machine was known as the velocipede (meaning "fast foot") as well as the "bone shaker," since it's wooden structure combined with the cobblestone roads of the day made for an extremely uncomfortable ride. They also became a fad and indoor riding academies, similar to roller rinks, could be found in large cities.

In 1870 the first all-metal machine appeared. (Prior to this, metallurgy was not advanced enough to provide metal which was strong enough to make small, light parts out of.) The pedals were attached directly to the front wheel with no freewheeling mechanism. Solid rubber tires and the long spokes of the large front wheel provided a much smoother ride than its predecessor.

Bicycle Timeline
- 1817: Draisienne
- 1865: Velocipede
- 1870: High-wheel bicycle
- 1876: High-wheel safety
- 1885: Hard-tired safety
- 1888: Pneumatic safety

```html
<h1>The Evolution of the Bicycle</h1>
<div class="column1of3">
  <h3>The First Bicycle</h3> ...
</div>
<div class="column2of3">
  <h3>Further Innovations</h3> ...
</div>
<div class="column3of3">
  <h3>Bicycle Timeline</h3> ...
</div>
```

同样，一个三列式布局可由三个并排的浮动<div>元素创建，如本页所示。

CSS

```css
.column1of3, .column2of3, .column3of3 {
  width: 300px;
  float: left;
  margin: 10px;}
```

结 果

The Evolution of the Bicycle

The First Bicycle

In 1817 Baron von Drais invented a walking machine that would help him get around the royal gardens faster: two same-size in-line wheels, the front one steerable, mounted in a frame upon which you straddled. The device was propelled by pushing your feet against the ground, thus rolling yourself and the device forward in a sort of gliding walk.

The machine became known as the Draisienne (or "hobby horse"). It was made entirely of wood. This enjoyed a short lived popularity as a fad, not being practical for transportation in any other place than a well maintained pathway such as in a park or garden.

Further Innovations

The next appearance of a two-wheeled riding machine was in 1865, when pedals were applied directly to the front wheel. This machine was known as the velocipede (meaning "fast foot") as well as the "bone shaker," since it's wooden structure combined with the cobblestone roads of the day made for an extremely uncomfortable ride. They also became a fad and indoor riding academies, similar to roller rinks, could be found in large cities.

In 1870 the first all-metal machine appeared. (Prior to this, metallurgy was not advanced enough to provide metal which was strong enough to make small, light parts out of.) The pedals were attached directly to the front wheel with no freewheeling mechanism. Solid rubber tires and the long spokes of the large front wheel provided a much smoother ride than its predecessor.

Bicycle Timeline

- 1817: Draisienne
- 1865: Velocipede
- 1870: High-wheel bicycle
- 1876: High-wheel safety
- 1885: Hard-tired safety
- 1888: Pneumatic safety

屏幕大小

网站的不同访问者可能使用不同大小的屏幕,这些屏幕显示的信息量也并不一样。所以,你的设计需要适应一系列不同大小的屏幕。

iPhone 4
大小: 3.5英寸
分辨率: 960 × 640 像素

iPad 2
大小: 9.7英寸
分辨率: 1024 × 768像素

当针对打印进行设计时,你肯定知道将要打印的纸张的大小。然而,对于Web设计而言,不同用户所使用的各种大小的屏幕将是你面临的艰巨挑战。

自从计算机公开出售以来,屏幕的大小一直在稳步递增。这意味着有些用户在用13英寸的显示器浏览网站,而另外一些用户则可能在使用27英寸以上的显示器。

用户能打开多大的窗口以及能看到多少页面内容,这些都会受到屏幕大小的影响。屏幕较小的手持设备(手机和平板电脑)的数量也在逐步增长。

屏幕分辨率

分辨率指一个屏幕在每英寸面积内所能显示的点数。有些设备比台式计算机拥有更高的分辨率，而且大多数操作系统允许用户对屏幕的分辨率进行调节。

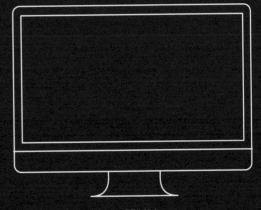

13" MacBook
大小：13.3英寸
分辨率：1280 × 800像素

27" iMac
大小：27英寸
分辨率：2560 × 1440像素

大多数计算机允许使用者调节显示器的分辨率或是屏幕上显示的像素数量。例如，在左图中你可以看到修改屏幕分辨率的选项，从720 x 480像素一直到1280 x 800像素。

有趣的一点是，分辨率越高，显示的文本就越小。许多移动设备的屏幕分辨率比它们的桌面版本还要高。

页面大小

考虑到存在各种各样的屏幕大小和显示器分辨率，网页设计人员常创建宽度约为960～1000像素的页面(因为大多数用户可以在他们的屏幕上浏览这个宽度的设计)。

要判断当页面没有发生滚动时，用户可在屏幕上看到的内容的高度要困难得多。数年来，设计人员一直假设在页面没有滚动时，用户会看到页面顶部大约570～600像素的内容，而且有些设计人员试图将所有的关键消息都安排在这个区域(担心人们不会向下滚动页面)。

随着屏幕大小越来越多，手持设备越来越流行，用户能看到的区域也存在着许多变化。

用户在页面发生滚动前所看到页面通常称为"首屏(above the fold，最早是一个关于报纸的术语，用来形容报纸在折叠时你在第一版上所看到的区域)"。

现在的观点认为，如果访问者对页面的内容感兴趣，他们很可能滚动页面以查看更多的内容。不过，关于易用性的研究显示，访问者可以在一秒钟之内判断一个页面，所以让访问者迅速了解网站与他或他的兴趣有所关联依然是十分重要的。

正因为如此，许多设计者仍然设法让用户在顶部的570～600像素内了解网站的主题，并在这一点的基础上提示更多内容。但是，也不要在顶部区域填充过多内容。

在撰写本书的时候，已经有越来越多的人开始创建自适应或响应式设计，这种设计可以根据屏幕的大小进行变化。

阴影区域表示受浏览器窗口限制而被隐藏的内容,用户只有滚动页面才能查看下面的区域。

然而,用户已经对页面下方的内容有所了解,并且能看出来下面还有更多的值得阅读的内容。

1000 px

570 px

flickr® from YAHOO!

The Tour　　Explore　　Sign In　　Sign Up　　　　　　Search

Share your life in photos

Sign up now
or login with your ID:

• • • •

© by peterbaker

Upload
More ways to get your photos online.

Multiple ways to upload your photos to Flickr—through the web, your mobile device, email or your favorite photo applications.

Discover
See what's going on in your world.

Keep up with your friends and share your stories with comments & notes. Add rich information like tags, locations & people.

Share
Your photos are everywhere you are.

Upload your photos once to Flickr, then easily and safely share them through Facebook, Twitter, email, blogs and more.

It takes less than a minute to create your free account & start sharing!

Have a Google or Facebook account? You can use them to sign in!

Sign up now Free!

or learn more

Community
Flickr is made of people.

Join one of over 10 million active groups to take part in the conversation, learn from our

Privacy
Your photos are safe with us.

Share photos only with the people you want to with our easy privacy settings. Flickr's multiple-

Flickr on the go
Mobile options to keep you going.

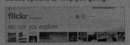

Flickr is always in your back pocket with apps for iPhone, Windows 7, and more. Or use

固定宽度布局

固定宽度布局的设计不会因为用户扩大或缩小浏览器窗口而发生变化。这种设计通常以像素作为衡量单位。

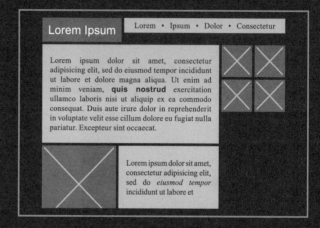

优势

- 能够使用像素值精确地控制大小并定位元素。

- 相比流体布局，设计人员能够在页面上更加自如地控制元素的外观和位置。

- 在控制文本行的长度时可以不用考虑用户的窗口大小。

- 相对于页面其余部分，图像的大小始终不变。

劣势

- 页面的边缘可能存在大块空白区域。

- 如果用户的屏幕比设计人员的屏幕拥有更高的分辨率，那么页面可能看起来很小，文本也可能难以阅读。

- 如果用户放大了字体大小，文本可能会与指定的区域不相适应。

- 这种设计最适用于分辨率与台式计算机、笔记本电脑的设备。

- 相比流体布局，对于同样的内容，这种页面常常在垂直方向上占用更多的空间。

流体布局

Lorem Ipsum

Lorem • Ipsum • Dolor • Consectetur

Lorem ipsum dolor sit amet, consectetur adipisicing elit, sed do eiusmod tempor incididunt ut labore et dolore magna aliqua. Ut enim ad minim veniam, **quis nostrud** exercitation ullamco laboris nisi ut aliquip ex ea commodo consequat. Duis aute irure dolor in reprehenderit in voluptate velit esse cillum dolore eu fugiat nulla pariatur. Excepteur sint occaecat.

Lorem ipsum dolor sit amet, consectetur adipisicing elit, sed do *eiusmod tempor* incididunt ut labore et dolore magna aliqua. Ut enim ad minim veniam, quis nostrud exercitation ullamco laboris nisi ut aliquip ex ea commodo consequat. Duis aute.

Duis aute irure dolor in reprehenderit in voluptate velit esse cillum dolore eu fugiat nulla pariatur.

流体布局设计随着用户对浏览器窗口的扩大或缩小而伸展或收缩。这种设计通常使用百分数。

优势

- 页面会伸展到整个浏览器窗口,所以即使在大屏幕上,页面的周围也没有空白。

- 如果用户的窗口很小,页面就会收缩以适应窗口,而不必横向滚动。

- 即使用户设置的字体比设计人员预设的更大,这种设计也可以适应(因为页面可以伸展)。

劣势

- 如果不对页面各个部分的宽度加以控制,那么页面设计会和预期的效果大相径庭,例如某些项目或元素挤压到一起,其周围出现意想不到的空隙。

- 如果用户的窗口非常宽,文本行就会很长,以至于难以阅读。

- 如果用户的窗口非常窄,单词可能会被挤压,导致每行只有寥寥几个单词。

- 如果一个固定宽度的项目(比如一个图像)位于一个不足以容纳它的盒子中(因为用户将窗口缩小),那么这个图像就会溢出盒子。

由于流体布局可以伸展到浏览器窗口的整个宽度,产生难以阅读的长文本行,所以有些流体布局只让页面的一部分伸展和收缩。在页面的其他部分则限制最大和最小宽度。

固定宽度布局示例

要创建一个固定宽度布局，通常需要为页面中主体盒子的宽度指定一个像素值(有时也会指定高度)。

在本页的示例中可以看到几个`<div>`元素，每个`<div>`元素都使用了一个id或class特性来表明它在页面中的作用。

在书中，固定宽度布局和流体布局的效果看起来区别不大。要切实体验它们之间的区别，你必须在浏览器中查看，并且在调整浏览器窗口大小时观察它们的反应。

不论浏览器窗口如何变化，固定宽度布局都会保持同样的宽度；而流体布局则通过伸展(或收缩)来适应屏幕。

本页的固定宽度布局示例与随后介绍的流体布局具有相同的HTML代码。

`chapter-15/fixed-width-layout.html`　　　`HTML`

```html
<body>
  <div id="header">
    <h1>Logo</h1>
    <div id="nav">
      <ul>
        <li><a href="">Home</a></li>
        <li><a href="">Products</a></li>
        <li><a href="">Services</a></li>
        <li><a href="">About</a></li>
        <li><a href="">Contact</a></li>
      </ul>
    </div>
  </div>
  <div id="content">
    <div id="feature">
      <p>Feature</p>
    </div>
    <div class="article column1">
      <p>Column One</p>
    </div>
    <div class="article column2">
      <p>Column Two</p>
    </div>
    <div class="article column3">
      <p>Column Three</p>
    </div>
  </div>
  <div id="footer">
    <p>&copy; Copyright 2011</p>
  </div>
</body>
```

```
body {
  width: 960px;
  margin: 0 auto;}
#content {
  overflow: auto;
  height: 100%;}
#nav, #feature, #footer {
  background-color: #efefef;
  padding: 10px;
  margin: 10px;}
.column1, .column2, .column3 {
  background-color: #efefef;
  width: 300px;
  float: left;
  margin: 10px;}
li {
  display: inline;
  padding: 5px;}
```

针对<body>元素的规则用来将页面的宽度固定为960像素,并通过将左边距和右边距设置为auto使<body>元素居中。

这个页面中主要的盒子都有10像素外边距,用于在彼此之间创建空隙。

导航、专题和页脚伸展到包含元素(在本示例中指的是<body>元素)的整个宽度,所以我们不需要为它们指定宽度。

三个列的宽度均为300像素,它们还使用了能让其并排的float属性。

有时,我们不会将<body>元素的宽度固定下来,而是使用一个额外的元素来包含整个页面。这样做可以让浏览器窗口的背景色不同于页面内容的背景色。

结　果

Logo

Home Products Services About Contact

Feature

Column One　　Column Two　　Column Three

© Copyright 2011

流体布局示例

流体布局使用百分数来指定每个盒子的宽度，所以这种设计可以伸展以便适应屏幕的大小。

在浏览器中查看这种布局时，一定要试着将窗口扩大或缩小。

```
<body>
  <div id="header">
    <h1>Logo</h1>
    <div id="nav">
      <ul>
        <li><a href="">Home</a></li>
        <li><a href="">Products</a></li>
        <li><a href="">Services</a></li>
        <li><a href="">About</a></li>
        <li><a href="">Contact</a></li>
      </ul>
    </div>
  </div>
  <div id="content">
    <div id="feature">
      <p>Feature</p>
    </div>
    <div class="article column1">
      <p>Column One</p>
    </div>
    <div class="article column2">
      <p>Column Two</p>
    </div>
    <div class="article column3">
      <p>Column Three</p>
    </div>
  </div>
  <div id="footer">
    <p>&copy; Copyright 2011</p>
  </div>
</body>
```

```
body {
  width: 90%;  .
  margin: 0 auto;}
#content {overflow: auto;}
#nav, #feature, #footer {
  margin: 1%;}
.column1, .column2, .column3 {
  width: 31.3%;
  float: left;
  margin: 1%;}
.column3 {margin-right: 0%;}
li {
  display: inline;
  padding: 0.5em;}
#nav, #footer {
  background-color: #efefef;
  padding: 0.5em 0;}
#feature, .article {
  height: 10em;
  margin-bottom: 1em;
  background-color: #efefef;}
```

结　果

Logo

Home Products Services About Contact

Feature

Column One

Column Two

Column Three

© Copyright 2011

有一条针对<body>元素的规则将页面的宽度设置为90%，所以在浏览器窗口的左右两侧与主体内容之间各有一个小空隙。

三个列的外边距均为1%，宽度为31.3%。这些加起来等于<body>元素宽度的99.9%，所以有些浏览器在将第三列的右边缘与页面中的其他元素对齐时可能不是很精确。

包含导航、专题和页脚的<div>元素会填满包含元素<body>的整个宽度。为了对齐三个列元素，它们的外边距也设置为1%。

如果想象一下浏览器窗口非常宽或者非常窄时的情形，你就会明白文本行可能有多长或者多短。

此时min-width属性和max-width属性就能派上用场，它们可以创建边界，让流体布局在这个边界内伸缩（尽管最早支持这两个属性的IE版本是IE7）。

布局网格

任何视觉艺术的构成(例如设计、绘制或摄影)都是对视觉元素的布置或整理——如何在页面上组织元素。许多设计人员在页面上借助网格结构来安置各个项目，这同样适用于网页设计人员。

在右侧的图片中，你可以看到一组粗竖条叠加在一个新闻网站的上层，它们用来演示这个页面是如何借助网格进行设计的。这套网格称为**960像素网格**，在网页设计人员中得到广泛使用。

网格在项目间设置统一的比例和间隔，这有助于创建出具有专业效果的外观。

如果返回到本书前几页中的示例，你会发现它也是根据网格构建的(包括三个列元素)。

正如你将在第378～379页中看到的那样，利用这套多功能的网格可以创建出千变万化的布局。

虽然网格看似是一种约束，但它实际上:

- 在具有不同设计风格的页面间建立连贯性
- 帮助用户在各种各样的页面中判断在哪里查找信息
- 让我们按照统一的方式轻松地向网站中增加新内容
- 有助于协调人们按照统一的方式进行网站设计

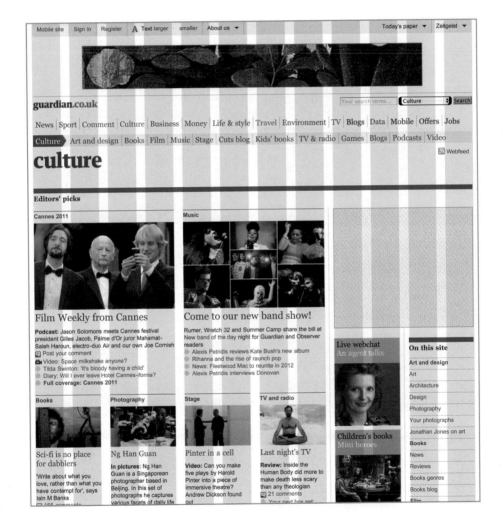

合理的布局：960像素宽的12列网格

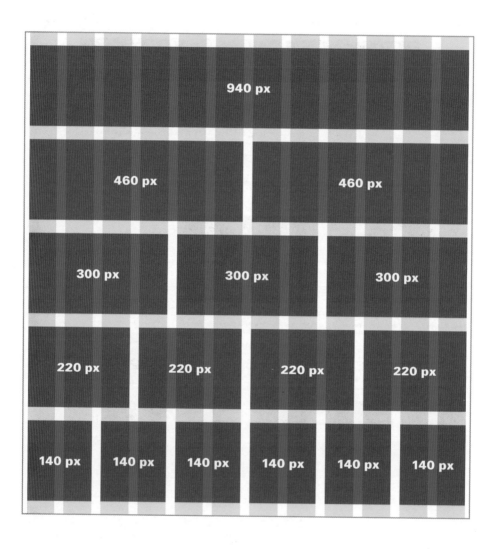

这两页介绍的是一个宽为960像素，列数为12的网格。演示了如何利用这个网格创建多种具有不同列宽的布局。

这种宽为960像素的网格中含有12个等宽的纵列(以灰色表示)，每个列的宽度都是60像素。

每个列的外边距都设置为10像素，因此列与列之间产生了一个宽为20像素的空隙，并且距页面左右两端的距离为10像素。

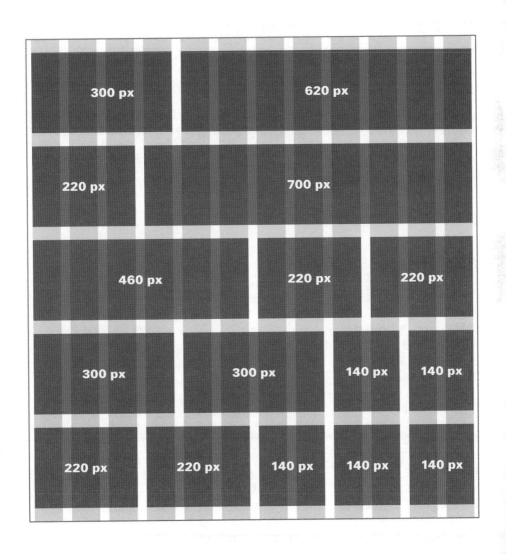

CSS框架

CSS框架的意义在于，为常见的任务提供代码，从而让网页设计变得更加轻松。这些常见的任务包括创建布局网格、设置表单样式以及创建面向打印的页面版本等。你可在项目中引用CSS框架代码，而不必从头开始编写这些CSS。

优势

- 避免为同一任务重复编写代码
- 已在不同的浏览器版本中通过测试(有助于避免在浏览器出现错误)

劣势

- 它们通常要求你在只控制页面外观的HTML代码中使用类名称(而非描述内容的代码)。

- 为了满足各种不同的需求，它们包含的代码常常要超出特定网页的需要(通常称为代码膨胀)。

960网格系统CSS框架简介

CSS框架的一个最常见的应用就是为布局页面创建网格。此外有多种网格框架，但我们将在接下来的几页介绍的框架是960网格系统(可从www.960.gs下载)。

960.gs提供了一个可以在HTML页面中引用的样式表。只要你的页面链接了这个样式表，就可以向HTML代码中添加适当的类，它会自动为你创建多列式布局。960.gs网站还提供模板的下载，这些模板采用12列网格，可以用来帮助你设计

页面。另外，还有一种采用16列的网格。

创建12列的网格时，需要为包含整个页面的元素增加一个class特性，其值为container_12。这样就可以把页面内容的宽度设置为960像素，并表明我们使用的是一个12列的网格。

页面上的区块可以占据网格中的1、2、3、4直到12个列，这些占据不同列数的区块分别对应不同的类。区块使用的类名有grid_3(用于占据三列的区

块)、grid_4(用于占据四列的区块)等，一直到grid_12(用于占据整个页面宽度的盒子)。这些列都向左浮动，并且每个列的左右两侧各有10像素的外边距。

网上还有其他一些基于网格的CSS框架可供使用，比如以下网站中的框架：
blueprintcss.org
lessframework.com
developer.yahoo.com/yui/grids/

960.gs网格的使用

下图列举一个页面布局的示例，它与第373页的固定宽度页面的示例非常相似。我们将在下一页中利用960.gs样式表重新对其进行构建。并非自己编写CSS来控制布局，我们将向HTML添加类，以便指出每个部分的宽度。

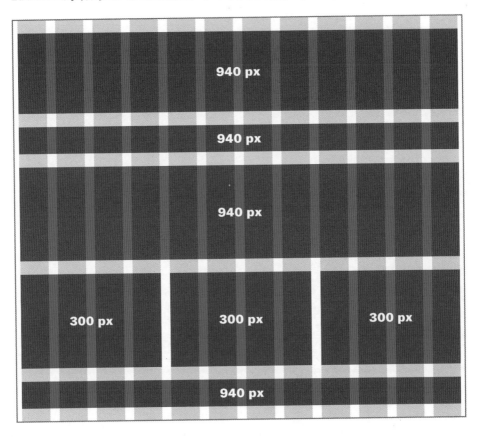

一个采用960.gs的基于网格的布局

让我们看一个HTML页面，了解一下它是如何标记并使用960.gs网格系统的。

你可以看到我们在页面的`<head>`部分中使用了`<link>`元素来添加网格的CSS。

我们自己编写的样式显示在右页。

960_12_col.css样式表中包含了控制网格布局所需的全部规则。这个页面的HTML代码中使用类名：

`container_12`用于表明此元素是整个页面的容器并且使用了12列的网格；

`clearfix`用于确保浏览器能够了解包含盒子的高度，因为它只包含着浮动元素(这解决了你在第360～361页遇到的问题)；

`grid_12`用于创建一个占据12列宽度的区块；

`grid_4`用于创建一个占据4列宽度的区块；

chapter-15/grid-layout.html `HTML`

```html
<head>
  <title>Grid Layout</title>
  <link rel="stylesheet" type="text/css"
        href="css/960_12_col.css" />
  <style>See the right hand page</style>
</head>
<body>
  <div class="container_12 clearfix">
    <div id="header" class="grid_12">
      <h1>Logo</h1>
        <div id="nav">
          <ul>
            <li><a href="">Home</a></li>
            <li><a href="">Products</a></li>
            <li><a href="">Services</a></li>
            <li><a href="">About</a></li>
            <li><a href="">Contact</a></li>
          </ul>
        </div>
    </div>
    <div id="feature" class="grid_12">
      <p>Feature</p>
    </div>
    <div class="article grid_4">
      <p>Column One</p>
    </div>
    <div class="article grid_4">
      <p>Column Two</p>
    </div>
    <div class="article grid_4">
      <p>Column Three</p>
    </div>
    <div id="footer" class="grid_12">
      <p>&copy; Copyright 2011</p>
    </div>
  </div><!-- .container_12 -->
</body>
```

```
* {
  font-family: Arial, Verdana, sans-serif;
  color: #665544;
  text-align: center;}
#nav, #feature, .article, #footer {
  background-color: #efefef;
  margin-top: 20px;
  padding: 10px 0px 5px 0px;}
#feature, .article {
  height: 100px;}
li {
  display: inline;
  padding: 5px;}
```

960.gs样式表已经精心安排了布局，为每个列创建了适当的宽度并设置了列与列之间的空隙。因此，我们只需添加本页列出的规则。这些规则：

● 控制文本使用的字体以及它们在盒子中的位置

● 设置盒子的背景色

● 设置专题或文章的盒子的高度

● 为每个盒子增加上方和下方的外边距

结　果

多个样式表
@import

有些网页设计人员将他们的CSS规则分为几个单独的样式表。例如，他们可能会使用一个样式表来控制布局，而用另一个样式表来控制字体和颜色等。

有些设计人员采取更加模块化的方法制定样式表，他们创建单独的样式表分别控制印刷排版、布局、表单、表格，甚至为网站内的每个子栏目制定不同的样式。

在一个页面内加入多个样式表的方法有两种：

(1)你的HTML页面可以链接到一个样式表，然后在这个样式表中使用@import规则来导入其他的样式表。

(2) 可在HTML页面内使用多个<link>元素分别引用样式表。

本页的示例在HTML中使用一个<link>元素链接到名为styles.css的样式表。这个样式表又采用@import规则导入typography.css和tables.css文件。

如果需要在样式表中使用@import规则，那么@import规则应当出现在其他规则的前面。

chapter-15/multiple-style-sheets-import.html `HTML`

```html
<!DOCTYPE html>
<html>
  <head>
    <title>Multiple Style Sheets - Import</title>
    <link rel="stylesheet" type="text/css"
      href="css/styles.css" />
  </head>
  <body>
    <!-- HTML page content here -->
  </body>
</html>
```

chapter-15/styles.css `CSS`

```css
@import url("tables.css");
@import url("typography.css");
body {
  color: #666666;
  background-color: #f8f8f8;
  text-align: center;}
#page {
  width: 600px;
  text-align: left;
  margin-left: auto;
  margin-right: auto;
  border: 1px solid #d6d6d6;
  padding: 20px;}
h3 {
  color: #547ca0;}
```

多个样式表
link

本页介绍在页面中引用多个样式表的另一种技巧。在<head>元素内为每个样式表单独应用一个<link>元素。

```
HTML    chapter-15/multiple-style-sheets-link.html

<!DOCTYPE html>
<html>
  <head>
    <title>Multiple Style Sheets - Link</title>
    <link rel="stylesheet" type="text/css"
       href="css/site.css" />
    <link rel="stylesheet" type="text/css"
       href="css/tables.css" />
    <link rel="stylesheet" type="text/css"
        href="css/typography.css" />
  </head>
  <body>
    <!-- HTML page content here -->
  </body>
</html>
```

除了没有包含@import规则，site.css的代码内容与上一页中的styles.css是一样的。

与所有样式表一样，如果两条规则应用于同一个元素，那么在文档中后出现的规则比先出现的规则的优先级要高。

在本页的示例中，typography.css中的任何规则都要比site.css中的规则的优先级更高(因为typography.css中的规则出现在其他规则之后)。

结 果

Central Park Bike Hire

Rent a bicycle to ride around Central Park:

	Per hour	Per day
Cruiser	$9	$45
21 Speed	$15	$50

WHERE AND WHEN
Loeb Boathouse

From April to November bicycles are available on first come first serve basis for riding in Central Park.

DEPOSITS
Cash or credit card

A $200 deposit is required for the hire of any of our bicycles.

在上一页的示例中，styles.css中的规则要比typography.css中的规则的优先级更高。这是由于浏览器会认为@import规则出现的地方就是其所导入的规则的位置。

示例

布局

这个示例利用960.gs网格演示了一个时尚杂志类型的布局。使用该样式表，我们就不必自己创建全部的CSS代码。

960.gs样式表中的一些类已经被添加到代码中，它们用于表明每个元素应该在网格中跨越多少个列。如你在本章中看到的一样，为将区块一个接一个地横向放置，960.gs样式表使用了float属性。

在页面的开头部分，页眉使用了固定定位(当用户滚动页面时，它的位置保持不变)。页眉上应用了z-index属性，这样在用户向下滚动页面时，页眉就能一直保持在上层。

页眉和页脚分别被包含于两个<div>元素中，这两个<div>元素都占满了页面的整个宽度。在这些容器元素的内部包含其他一些元素，为保证将页眉和页脚中的项目与其他内容对齐，它们都采用了960.gs样式表中的类。

页面中的专题文章占据了页面的整个宽度。push_7和push_9两个类属于960.gs样式表的一部分，它们用在专题文章中，用于将页眉和这篇文章的内容移动到右侧。

在主要文章的下方，你可以看到四个区块，每个区块占据3列的宽度。这些区块包含着附有链接的图像，其中的链接指向更多文章。

本示例还使用背景图像为页面和页眉创建了具有纹理效果的背景，同时为专题文章包含了对应的图像。有关图像样式的内容，将在下一章中进行介绍。

注意：如果你在查看本示例时使用的是IE6，那么这个设计中的透明PNG图像可能具有灰色背景。要详细了解该问题，可访问本书所附网站，并在其中找到一段用于解决此问题的简单JavaScript代码。

示例

布局

```
<!DOCTYPE html
<html>
  <head>
    <title>Layout</title>
    <link rel="stylesheet" type="text/css" href="css/960_12_col.css" />
    <style type="text/css">
      @font-face {
        font-family: 'QuicksandBook';
        src: url('fonts/Quicksand_Book-webfont.eot');
        src: url('fonts/Quicksand_Book-webfont.eot?#iefix') format('embedded-opentype'),
          url('fonts/Quicksand_Book-webfont.woff') format('woff'),
          url('fonts/Quicksand_Book-webfont.ttf') format('truetype'),
          url('fonts/Quicksand_Book-webfont.svg#QuicksandBook') format('svg');
        font-weight: normal;
        font-style: normal;}
      body {
        color: #ffffff;
        background: #413f3b url("images/bg.jpg");
        font-family: Georgia, "Times New Roman", Times, serif;
        font-size: 90%;
        margin: 0px;
        text-align: center;}
      a {
        color: #b5c1ad;
        text-decoration: none;}
      a:hover {
        color: #ffffff;}
      .header {
        background-image: url("images/bg-header.jpg");
        padding: 0px 0px 0px 0px;
        height: 100px;
        position: fixed;
        top: 0px;
        width: 100%;
        z-index: 50;}
      .nav {
        float: right;
        font-family: QuicksandBook, Helvetica, Arial, sans-serif;
```

```
  padding: 45px 0px 0px 0px;
  text-align: right;}
.wrapper {
  width: 960px;
  margin: 0px auto;
  background-image: url("images/bg-triangle.png");
  background-repeat: no-repeat;
  background-position: 0px 0px;
  text-align: left;}
.logo {
  margin-bottom: 20px;}
h1, h2 {
  font-family: QuicksandBook, Helvetica, Arial, sans-serif;
  font-weight: normal;
  text-transform: uppercase;}
h1 {
  font-size: 240%;
  margin-top: 140px;}
.date {
  font-family: Arial, Helvetica, sans-serif;
  font-size: 75%;
  color: #b5c1ad;}
.intro {
  clear: left;
  font-size: 90%;
  line-height: 1.4em;}
.main-story {
  background-image: url("images/triangles.png");
  background-repeat: no-repeat;
  background-position: 122px 142px;
  height: 570px;}
.more-articles {
  border-top: 1px solid #ffffff;
  padding: 10px;}
.more-articles p {
  border-bottom: 1px solid #807c72;
  padding: 5px 0px 15px 0px;
  font-size: 80%;}
```

示例

布局

```
.more-articles p:last-child {
  border-bottom: none;}
.footer {
  clear: both;
  background: rgba(0, 0, 0, 0.2);
  padding: 5px 10px;}
.footer p {
  font-family: Helvetica, Arial, sans-serif;
  font-size: 75%;
  text-align: right;}
.footer a {
  color: #807c72;}
</style>
</head>
<body>
  <div class="header">
    <div class="container_12">
      <div class="grid_5">
        <img src="images/logo.png" alt="Pedal Faster - The modern bicycle magazine"
          width="216" height="37" class="logo" />
        <img src="images/header-triangle.png" alt="" width="116" height="100" />
      </div>
      <div class="nav grid_7">
        <a href="">home</a> / <a href="">news</a> / <a href="">archives</a> /
          <a href="">about</a> / <a href="">contact</a>
      </div>
    </div>
  </div>
  <div class="wrapper">
    <div class="main-story container_12">
      <div class="grid_6 push_6">
        <h1><a href="">Fixed Gear Forever</a></h1>
      </div>
      <div class="intro grid_3 push_9">
        <p class="date">16 APRIL 2011</p>
        <p>The veloheld combines minimalist design with superb quality.
          Devoid of excessive graphics and gear shift components, the
          veloheld product range delights us with its beauty and simplicity ... </p>
```

```
      </div>
    </div><!-- .main-story -->
    <div class="more-articles container_12">
      <h2 class="grid_12"><a href="">More Articles</a></h2>
      <div class="grid_3">
        <img src="images/more1.jpg" alt="The road ahead" width="220" height="125" />
        <p><a href="">On the Road: from the fixed gear fanatic's point of view</a></p>
        <p><a href="">Brand History: Pashley Cycles - hand-built in England</a></p>
        <p><a href="">Frame Wars: Innovations in cycle manufacture and repair</a></p>
      </div>
      <div class="grid_3">
        <img src="images/more2.jpg" alt="Sketchbook" width="220" height="125" />
        <p><a href="">Touring Diary: A sketchbook in your basket</a></p>
        <p><a href="">Top Ten Newcomers for 2012: A peek at what's to come</a></p>
        <p><a href="">InnerTube: The best cycling videos on the web</a></p>
      </div>
      <div class="grid_3">
        <img src="images/more3.jpg" alt="Repair shop sign" width="220" height="125" />
        <p><a href="">Product Review: All baskets were not created equal</a></p>
        <p><a href="">Going Public: Out &amp; About with the founder of Public</a></p>
        <p><a href="">Cycle Lane Defence: Know your rights</a></p>
      </div>
      <div class="grid_3">
        <img src="images/more4.jpg" alt="Schwinn Spitfire" width="220" height="125" />
        <p><a href="">Bicycle Hall of Fame: The 1958 Schwinn Spitfire</a></p>
        <p><a href="">Reader Survey: Share your thoughts with us!</a></p>
        <p><a href="">Chain Gang: The evolution of the humble bike chain</a></p>
      </div>
    </div><!-- .more-articles -->
  </div><!-- .wrapper -->
  <div class="footer clearfix">
    <div class="container_12">
      <p class="grid_12"><a href="">Legal Information</a> | <a href="">Privacy
        Policy</a> | <a href="">Copyright &copy; Pedal Faster 2011</a></p>
    </div>
  </div>
</body>
</html>
```

▸ `<div>`元素常用作包含元素，以便将页面中的某些部分组合在一起。

▸ 除非你指定了相对定位、绝对定位或是固定定位，否则浏览器就会按照普通流显示页面。

▸ `float`属性将内容移到页面的左侧或右侧，还可以用于创建多列式布局(需要为浮动的元素定义宽度)。

▸ 页面可以是固定宽度布局，也可以是流体(弹性)布局。

▸ 设计人员将页面宽度保持在960～1000像素之间，并在网站顶部的600像素内(使人不滚动页面也可大致了解后面的内容是否与自己相关)表明网站的主题。

▸ 网格有助于创建专业并且灵活的设计。

▸ CSS框架为常见任务提供规则。

▸ 可在一个页面中引用多个CSS文件。

第16章

图像

- 在CSS中控制图像的大小
- 在CSS中对齐图像
- 添加背景图像

通过使用CSS控制图像的大小和对齐方式，可以将影响页面外观的规则置于CSS中，而不必包含在HTML标记中。

还可以通过背景图像来获得许多有趣的效果。你将在本章中学习以下内容：

- 使用CSS指定图像的大小和对齐方式
- 为盒子添加背景图像
- 在CSS中创建图像翻转效果

在CSS中控制图像的大小

可在CSS中利用width属性和height属性控制一个图像的大小，就像控制其他任何盒子的大小一样。

为图像指定大小有助于更加流畅地加载页面，因为HTML和CSS代码通常会在图像之前加载，并告诉浏览器需要为图像预留多大的空间，这样页面的其余部分就不必等待图像加载完毕即可显示出来。

你也许认为网站可能包含各种大小的图像，但许多网站在它们的大量页面中使用了相同大小的图像。

例如，一个电子商务往往会使用相同大小的照片来展示商品。如果网站是基于网格设计的，那么你可能会在一些常用的图像大小间进行选择，比如：

小型肖像：220×360
小型景观：330×210
专题照片：620×400

当在网站中使用相同大小的图像时，就可以利用CSS来控制图像的大小，而不必将其添加在HTML代码中。

---

chapter-16/image-sizes.html `HTML`

```html
<img src="images/magnolia-large.jpg"
     class="large" alt="Magnolia" />
<img src="images/magnolia-medium.jpg"
     class="medium" alt="Magnolia" />
<img src="images/magnolia-small.jpg"
     class="small" alt="Magnolia" />
```

`CSS`

```css
img.large {
  width: 500px;
  height: 500px;}
img.medium {
  width: 250px;
  height: 250px;}
img.small {
  width: 100px;
  height: 100px;}
```

结 果

首先，需要确定在全站内通用的图像的大小，然后为每种大小指定一个名称。

例如：
```
small
medium
large
```

在HTML中出现`<img>`元素的地方，可将这些名称作为其`class`特性的值使用，而不必使用`width`特性和`height`特性。

在CSS中为每个类名增加选择器，然后使用CSS中的`width`属性和`height`属性来控制图像的大小。

使用CSS将图像对齐

上一章介绍了如何使用float特性将一个元素在它的包含块内向左或向右对齐，并允许文本在其周围流动。

相对于<img>元素的align特性来说，越来越多的网页设计人员使用float属性来对齐图像。可以采用两种方式来实现对齐：

(1) 将float属性添加到用于控制图像大小的类中(比如small类)。

(2) 使用计诸如align-left或align-right的名称创建新类，将图像在页面内向左或向右对齐。这些类的名称与表示图像大小的类一起使用。

在本页的示例中，你可以看到align-left类和align-right类用于将图像对齐。

为了确保文本不会与图像的边缘接触，我们经常会给图像增加一个外边距。

---

chapter-16/aligning-images.html `HTML`

```
<p><img src="images/magnolia-medium.jpg"
    alt="Magnolia" class="align-left medium" />
    <b><i>Magnolia</i></b> is a large genus
    that contains over 200 flowering plant
    species...</p>
<p><img src="images/magnolia-medium.jpg"
    alt="Magnolia" class="align-right medium" />
    Some magnolias, such as <i>Magnolia
    stellata</i> and <i>Magnolia
    soulangeana</i>, flower quite early in
    the spring before the leaves open...</p>
```

`CSS`

```
img.align-left {
  float: left;
  margin-right: 10px;}
img.align-right {
  float: right;
  margin-left: 10px;}
img.medium {
  width: 250px;
  height: 250px;}
```

结 果

Magnolia is a large genus that contains over 200 flowering plant species. It is named after French botanist Pierre Magnol, and having evolved before bees appeared the flowers were developed to encourage pollination by beetles.

Some magnolias, such as *Magnolia stellata* and *Magnolia soulangeana,* flower quite early in the spring before the leaves open. Others flower in late spring or early summer, such as *Magnolia grandiflora.*

使用CSS将图像居中

```
<p><img src="images/magnolia-medium.jpg"
    alt="Magnolia" class="align-center
    medium" /> <b><i>Magnolia</i></b> is a
    large genus that contains over 200
    flowering plant species. It is named
    after French botanist Pierre Magnol and,
    having evolved before bees appeared,
    the flowers were developed to encourage
    pollination by beetle.</p>
```

CSS

```
img.align-center {
  display: block;
  margin: 0px auto;}
img.medium {
  width: 250px;
  height: 250px;}
```

结 果

Magnolia is a large genus that contains over 200 flowering plant species. It is named after French botanist Pierre Magnol and, having evolved before bees appeared, the flowers were developed to encourage pollination by beetle.

默认情况下，图像属于内联元素。这意味着它们与周围的文本一起流动。为使图像居中，我们应该将其转换成块级元素，通过将display属性的值设置为block就可以完成转换。

图像被转换成块级元素后，可采用以下两种方法将其水平居中：

(1) 对于图像的包含元素，可将其text-align属性的值设置为center。

(2) 对于图像本身而言，可使用margin属性并将其左、右外边距的值设置为auto。

利用与控制图像大小以及对齐图像同样的方式，可为任意需要居中的元素指定类名。

此外，还可以使用在第109页讲述的HTML5中的<figure>元素来指定图像大小并对齐图像。

背景图像
background-image

background-image属性允许你在任何HTML元素之后放置图像。背景图像可以填满整个页面或是填充页面的一部分。默认情况下，背景图像会自动重复并充满整个盒子。

指向图像的路径跟在url字母之后，并位于圆括号和引号之中。

左图是在本页示例中使用的背景平铺图像。

在第一个示例中，可以看到背景图像填满了整个页面(因为CSS选择器应用到了到了<body>元素上)。在第二个示例中，背景图像只是填充了一个段落。

可在网上搜索到很多提供背景纹理的资源，并在自己的页面中使用这些纹理。

背景图像常常是页面中最后被加载的项目(这可能让人感觉网站的加载速度较慢)。同你在网上使用图像一样，如果文件较大，就会占用更长的加载时间。

---

chapter-16/background-image-body.html `CSS`

```
body {
    background-image: url("images/pattern.gif");}
```

结果

Planting Guide

Magnolia

Magnolia grandiflora, commonly known as the **Southern magnolia** or **bull bay**, is a tree of the family Magnoliaceae native to the southeastern United States, from coastal Virginia south to central Florida, and west to eastern Texas and Oklahoma. Reaching 27.5 m (90 ft) in height, it is a large striking evergreen tree with large dark green leaves and large white fragrant flowers. Widely cultivated around the world, over a hundred cultivars have been bred and marketed commercially. The timber is hard and heavy, and has been used commercially to make furniture, pallets, and veneer.

---

chapter-16/background-image-element.html `CSS`

```
p {
    background-image: url("images/pattern.gif");}
```

结果

Planting Guide

Magnolia

Magnolia grandiflora, commonly known as the **Southern magnolia** or **bull bay**, is a tree of the family Magnoliaceae native to the southeastern United States, from coastal Virginia south to central Florida, and west to eastern Texas and Oklahoma. Reaching 27.5 m (90 ft) in height, it is a large striking evergreen tree with large dark green leaves and large white fragrant flowers. Widely cultivated around the world, over a hundred cultivars have been bred and marketed commercially. The

重复图像

background-repeat
background-attachment

```
body {
    background-image: url("images/header.gif");
    background-repeat: repeat-x;}
```

结　果

Planting Guide

Magnolia

Magnolia grandiflora, commonly known as the **Southern magnolia** or **bull bay**, is a tree of the family Magnoliaceae native to the southeastern United States, from coastal Virginia south to central Florida, and west to eastern Texas and Oklahoma. Reaching 27.5 m (90 ft) in height, it is a large striking evergreen tree with large dark green leaves and large white fragrant flowers. Widely cultivated around the world, over a hundred cultivars have been bred and marketed commercially. The timber is hard and heavy, and

```
body {
    background-image: url("images/tulip.gif");
    background-repeat: no-repeat;
    background-attachment: fixed;}
```

结　果

Planting Guide

Magnolia

Magnolia grandiflora, commonly known as the **Southern magnolia** or **bull bay**, is a tree of the family Magnoliaceae native to the southeastern United States, from coastal Virginia south to central Florida, and west to eastern Texas and Oklahoma. Reaching 27.5 m (90 ft) in height, it is a large striking evergreen tree with large dark green leaves and large white fragrant flowers. Widely cultivated around the world, over a hundred

background-repeat属性可选用以下四个值中的一个:

repeat

背景图像在水平方向和垂直方向上都进行重复(这也是背景图像在background-repeat属性未被指定时的默认显示方式)。

repeat-x

背景图像只在水平方向上进行重复(如左侧的第一个示例所示)。

repeat-y

背景图像仅在垂直方向上重复。

no-repeat

背景图像只显示一次。

background-attachment属性用于指定背景图像在用户滚动页面时的移动方式,是位置固定不变,还是随页面滚动。它可以选用以下两个值中的一个:

fixed

背景图像固定在页面中的一个位置。

scroll

背景图像随用户上下滚动页面而上下移动。

背景图像定位
background-position

如果背景图像不进行重复，你可以使用background-position属性来指定背景图像在浏览器窗口中的位置。

该属性通常会有一对值。第一个值表示水平位置，第二个值表示垂直位置。

left top

left center

left bottom

center top

center center

center bottom

right top

right center

right bottom

如果只指定一个值，那么第二个值默认为center。

还可以使用一对像素值或者一对百分数。这些值表示与浏览器窗口(或是包含盒子)左上角的距离。左上角相当于0% 0%。本页的示例中显示，使用50% 50%可使图像在水平和垂直方向上都居中。

`chapter-16/background-position.html` **CSS**

```
body {
    background-image: url("images/tulip.gif");
    background-repeat: no-repeat;
    background-position: center top;}
```

结　果

Planting Guide

Magnolia

Magnolia grandiflora, commonly known as the **Southern magnolia** or **bull bay**, is a tree of the family Magnoliaceae native to the southeastern United States, from coastal Virginia south to central Florida, and west to eastern Texas and Oklahoma. Reaching 27.5 m (90 ft) in height, it is a large striking evergreen tree with large dark green leaves and large white fragrant flowers. Widely cultivated around the world, over a hundred

---

`chapter-16/background-position-percentage.html` **CSS**

```
body {
    background-image: url("images/tulip.gif");
    background-repeat: no-repeat;
    background-position: 50% 50%;}
```

结　果

Planting Guide

Magnolia

Magnolia grandiflora, commonly known as the **Southern magnolia** or **bull bay**, is a tree of the family Magnoliaceae native to the southeastern United States, from coastal Virginia south to central Florida, and west to eastern Texas and Oklahoma. Reaching 27.5 m (90 ft) in height, it is a large striking evergreen tree with large dark green leaves and large white fragrant flowers. Widely cultivated around the world, over a hundred cultivars have been bred and marketed commercially. The timber is hard and heavy, and has been used commercially to make furniture, pallets, and veneer.

简写
background

CSS   chapter-16/background-shorthand.html

```
body {
  background: #ffffff url("images/tulip.gif")
    no-repeat top right;}
```

结　果

Planting Guide

Magnolia

Magnolia grandiflora, commonly known as the **Southern magnolia** or **bull bay**, is a tree of the family Magnoliaceae native to the southeastern United States, from coastal Virginia south to central Florida, and west to eastern Texas and Oklahoma. Reaching 27.5 m (90 ft) in height, it is a large striking evergreen tree with large dark green leaves and large white fragrant flowers. Widely cultivated around the world, over a hundred cultivars have been bred and marketed commercially. The timber is hard and heavy, and has been used commercially to make furniture, pallets, and veneer.

Ranunculus

Ranunculus asiaticus (Persian Buttercup) is a species of buttercup (Ranunculus) native to the eastern Mediterranean region in southwestern Asia, southeastern Europe (Crete, Karpathos and Rhodes), and northeastern Africa. It is a herbaceous perennial plant growing to 45 cm tall, with simple or branched stems. The basal leaves are three-lobed, with leaves higher on the stems more deeply divided; like the stems, they are downy or hairy. The flowers are 3-5 cm diameter, variably red to pink, yellow, or white, with one to several flowers on each stem.

Tulip

Tulipa gesneriana L. or "Didier's tulip" is a plant belonging to the family of Liliaceae. This species has uncertain origins, possibly from Asia, and has become naturalised in south-west Europe. Most of the cultivated species, subspecies and cultivars of tulip are derived from Tulipa gesneriana. The flower and bulb can cause dermatitis through the allergen, tuliposide A, even though the bulbs may be consumed with little ill-effect. The sweet-scented bisexual flowers appear during April and May. Bulbs are extremely resistant to frost, and can tolerate temperatures well below freezing - a period of low temperature is necessary to induce proper growth and flowering, triggered by an increase in sensitivity to the phytohormone auxin. The bulbs may be dried and pulverised and added to cereals or flour.

background属性就像前面介绍的其他所有背景属性以及background-color属性的简写形式。

该属性必须按照以下顺序来指定,但如果不想指定某个属性,可将其忽略。

(1) background-color
(2) background-image
(3) background-repeat
(4) background-attachment
(5) background-position

CSS3还会支持重复使用background简写,以此来应用多个背景图像。由于在撰写本书的时候只有极少数浏览器支持该属性,因此它尚未得到广泛使用。

```
div {
  background:
    url(example-1.jpg)
    no-repeat top left,
    url(example-2.jpg)
    no-repeat bottom left ,
    url(example-3.jpg)
    repeat-x center top ;}
```

第一个图像显示在顶部,最后一个图像则显示在底部。

图像翻转与子画面

利用CSS，可在用户将光标悬停在一个链接或按钮上时为链接或按钮创建另一种样式(称为**翻转**)，还可在用户单击它时创建第三种样式。

该功能是通过为这个链接或按钮设置背景图像来实现的，这个背景图像中包含了同一个按钮的三种不同样式(但只留出一次能显示一种样式的空间)。你可以在下一页中看到我们在本示例中使用的图像。它实际上是在一个图像上包含了两个按钮。

当用户将光标悬停在相应元素上，或单击这个元素时，背景图像的位置就会移动，从而显示相关的图像。

当一个单独的图像应用在某个界面的多个不同部位时，它就被称为**子画面(sprite)**。你可以添加徽标和其他界面元素，以及各操作按钮的图像。

使用子画面的优势在于浏览器只需请求一个图像，而不必加载多个图像，这可以使网页的加载更迅速。

chapter-16/image-rollovers-and-sprites.html `HTML`

```html
<a class="button" id="add-to-basket">
    Add to basket</a>
<a class="button" id="framing-options">
    Framing options</a>
```

`CSS`

```css
a.button {
  height: 36px;
  background-image: url("images/button-sprite.jpg");
  text-indent: -9999px;
  display: inline-block;}
a#add-to-basket {
  width: 174px;
  background-position: 0px 0px;}
a#framing-options {
  width: 210px;
  background-position: -175px 0px;}
a#add-to-basket:hover {
  background-position: 0px -40px;}
a#framing-options:hover {
  background-position: -175px -40px;}
a#add-to-basket:active {
  background-position: 0px -80px;}
a#framing-options:active {
  background-position: -175px -80px;}
```

ADD TO BASKET ⊕   FRAMING OPTIONS ⬜

ADD TO BASKET ⊕   FRAMING OPTIONS ⬜

ADD TO BASKET ⊕   FRAMING OPTIONS ⬜

结　果

ADD TO BASKET ⊕   FRAMING-OPTIONS ⬜

在本页的示例中，可看到两个类似按钮的链接。它们各有三种不同的状态，这些状态都出现在一个单独的图像中。

由于< a >元素是一个内联元素，所以我们将这些链接的display属性设置为inline-block，并以此表明它们是内联块元素。这样我们就可以为每个<a>元素指定宽度和高度，从而使它们与相应按钮的大小相匹配。

background-position属性用于移动图像，其目的是为了正确显示按钮的状态。

当用户将光标悬停在一个链接上时，伪类:hover对应的规则就会生效，其中的background-position属性会移动图像使按钮显示出不同的状态。

同样，当用户单击链接时，伪类:active对应的规则会使按钮显示出第三种状态。

由于触屏设备目前还无法分辨用户是否悬停在链接上，因此它们不会在用户悬停时改变链接的状态。但在用户单击时，它们可以改变外观。

CSS3: 渐变
background-image

CSS3即将引入为一个盒子指定背景渐变的功能。渐变通过background-image属性来创建。在撰写本书的时候，不同的浏览器需要不同的语法来实现渐变。

由于并非所有浏览器都支持背景渐变，因此最好先为应用渐变的盒子指定一个背景图像，然后为支持这一特性的浏览器提供相应的CSS代码作为替代。

本页着重介绍线性渐变。可以看到，为了创建一个线性渐变，我们需要指定两种颜色(渐变两端的颜色)。

有些浏览器允许你指定渐变角度甚至不同类型的渐变(比如放射性渐变)，但浏览器对线性渐变的支持要更为广泛。

chapter-16/gradient.html   `CSS`

```
#gradient {
  /* fallback color */
  background-color: #66cccc;
  /* fallback image */
  background-image: url(images/fallback-image.png);
  /* Firefox 3.6+ */
  background-image: -moz-linear-gradient(#336666,
    #66cccc);
  /* Safari 4+, Chrome 1+ */
  background-image: -webkit-gradient(linear, 0% 0%,
    0% 100%, from(#66cccc), to(#336666));
  /* Safari 5.1+, Chrome 10+ */
  background-image: -webkit-linear-gradient(#336666,
    #66cccc);
  /* Opera 11.10+ */
  background-image: -o-linear-gradient(#336666,
    #66cccc);
  height: 150px;
  width: 300px;}
```

结　果

背景图像的对比度

如果你想要在一个背景图像上覆盖文本,那么为了保证文本的易读性,这个背景图像必须是低对比度的。

高对比度

低对比度

屏蔽

A low contrast background image makes the text easier to read.

大多数照片的对比度都比较高,这意味着它们并不适合作为背景图像使用。

图像编辑软件(比如Photoshop和GIMP)中有一些用来调整对比度的工具,你可以利用这些工具手动调低图像的对比度。

要在一个高对比度的图像上覆盖文本,你可以通过在文本的下层插入半透明背景色(或者称为"屏蔽")来提高文本的易读性。

HTML & CSS设计与构建网站

示例

图像

这个示例演示了如何使用CSS来创建一个简单的图片库布局。

通过在<body>元素后面重复一个携带纹理的图像，使这个纹理作为背景充满整个页面。一个重复的背景图像有时也称为**壁纸**。

页面的内容位于一个class特性为wrapper的<div>元素中。这个元素用来将页面的宽度固定在720像素。同时，为了使其显示在屏幕的中间位置，它的左右外边距均被设置为auto。

页面中的图像被置于HTML5的<figure>元素中，<figcaption>元素中出现的是相应的图像说明。每个<figure>元素的大小和背景色都由CSS进行设置。图像本身的大小也使用CSS进行设置，并为每个图像添加了一圈单像素的灰色边框。

一个图像以背景的形式出现在说明文本的左侧。我们不希望这个图像充满背景，因此指定其不要重复。文本的左侧使用了内边距，这样文本就不会重叠在背景图像之上。

每个<figure>元素都位于一个<div>元素中，这样做有两个目的。首先，这是为了创建三列式布局，三列式布局是通过指定<div>元素的宽度和外边距并将其向左浮动来实现的。其次，通过在每幅图像的下面添加淡淡的阴影来创建立体效果，使图像看起来像一张卡片。为了保证阴影位于图像的下面，还需要使用background-position属性。

示例

图像

```html
<!DOCTYPE html>
<html>
  <head>
    <title>Images</title>
    <style type="text/css">
      body {
        color: #665544;
        background-color: #d4d0c6;
        background-image: url("images/backdrop.gif");
        font-family: Georgia, "Times New Roman", serif;
        text-align: center;}
      .wrapper {
        width: 720px;
        margin: 0px auto;}
      .header {
        margin: 40px 0px 20px 0px;}
      .entry {
        width: 220px;
        float: left;
        margin: 10px;
        height: 198px;
        background-image: url("images/shadow.png");
        background-repeat: no-repeat;
        background-position: bottom;}
      figure {
        display: block;
        width: 202px;
        height: 170px;
        background-color: #e7e3d8;
        margin: 0px;
        padding: 9px;
        text-align: left;}
      figure img {
        width: 200px;
        height: 150px;
        border: 1px solid #d6d6d6;}
      figcaption {
        background-image: url("images/icon.png") no-repeat;
        padding-left: 20px;
    </style>
```

```
    </head>
    <body>
      <div class="wrapper">
        <div class="header">
          <img src="images/title.gif" alt="Galerie Botanique" width="456" height="122" />
          <p>Here is a selection of antique botanical prints held in our collection.</p>
        </div>
        <div class="entry">
          <figure><img src="images/print-01.jpg" alt="Helianthus" />
            <figcaption>Helianthus</figcaption>
          </figure>
        </div>
        <div class="entry">
          <figure><img src="images/print-02.jpg" alt="Passiflora" />
            <figcaption>Passiflora</figcaption>
          </figure>
        </div>
        <div class="entry">
          <figure><img src="images/print-03.jpg" alt="Nyctocalos" />
            <figcaption>Nyctocalos</figcaption>
          </figure>
        </div>
        <div class="entry">
          <figure><img src="images/print-04.jpg" alt="Polianthes" />
            <figcaption>Polianthes</figcaption>
          </figure>
        </div>
        <div class="entry">
          <figure><img src="images/print-05.jpg" alt="Ficus" />
            <figcaption>Ficus</figcaption>
          </figure>
        </div>
        <div class="entry">
          <figure><img src="images/print-06.jpg" alt="Dendrobium" />
            <figcaption>Dendrobium</figcaption>
          </figure>
        </div>
      </div>
    </body>
</html>
```

▶ 可使用CSS来指定图像的大小。当网站中的多个页面使用相同大小的图像时，这会非常有用。

▶ 可以利用CSS在水平方向和垂直方向上对齐图像。

▶ 对于页面上由任何元素创建的盒子，都可以在其后使用背景图像。

▶ 背景图像可以只出现一次，也可以在盒子的背景中重复出现。

▶ 可以通过移动背景图像的位置来创建图像翻转效果。

▶ 为了减少浏览器加载图像的数量，可以创建图像子画面。

第17章

HTML5布局

- ▶ HTML5布局元素
- ▶ 如何让旧浏览器识别新元素
- ▶ 利用CSS设置HTML5布局元素的样式

HTML5引入了一组新的元素，
这些元素用于定义页面的结构。

前面你已经学习了如何用CSS控制页面的布局，因此我们现在才介绍HTML5中的新元素(而没有与你先前在本书学习的其他HTML元素一块介绍)，这样对于理解它们的工作原理会比较容易。这些新元素将来会在布局的创建中扮演重要的角色。你将在本章中学习以下内容：

● 新的HTML5布局元素以及它们的用法

● 这些元素如何有效地替代<div>元素

● 如何保证旧浏览器识别这些元素

与HTML5和CSS3的所有内容类似，这些元素的用法仍然在不断改变和完善，但其已经在Web开发人员中被广泛使用，而且你也很可能开始使用它们。

传统的HTML布局

　　一直以来，网页设计人员都利用<div>元素将页面中的相关元素集中在一起(比如那些组成页眉、文章、页脚、侧边栏的元素)，并使用class或id特性来指定<div>元素在页面结构中的作用。

　　在右图中你可以看到一个十分常见的布局(在博客站点中尤其常见)。

　　页眉位于页面的顶部，包含一个徽标和网站的主导航。

　　页眉的下方是一篇或多篇文章或日志。有时这里会是一些链接到日志单页的摘要。

　　页面的右侧是一个侧边栏(可能会包含搜索项、近期文章链接、网站的其他栏目或是广告)。

　　在编写这样一个网站时，开发人员通常会将页面的各个主要部分分别置于<div>元素中，并使用class或id特性表明这一部分的在页面中的作用。

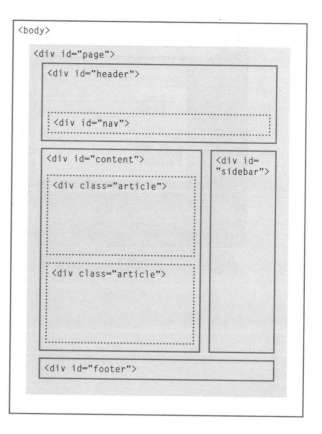

新的HTML5布局元素

HTML5引入了一组新的元素，这些元素允许你对页面的各个部分进行分割。它们的名称直接表明了其中包含的内容。尽管它们仍在不断改进中，但这并不妨碍许多网页设计人员开始使用它们。

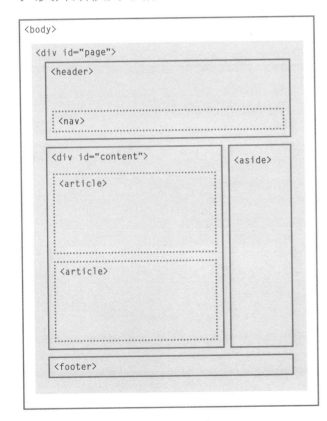

本页的示例与上一页的示例在结构上完全相同，但其中的许多<div>元素已被新的**HTML5**布局元素所替换。

例如，页眉位于新的<header>元素中，导航位于<nav>元素中，文章位于单独的<article>元素中。

创建这些新元素的出发点是网页设计人员可以借助它们来描述页面的结构。例如，屏幕阅读软件可能允许用户忽略页眉和页脚，从而直接阅读内容部分。同理，相对于<header>元素和<footer>元素中的内容，搜索引擎可能给<article>元素中的内容赋予更高的权重。另外，这些元素还能提高代码的可读性。

页眉和页脚
\<header\> \<footer\>

\<header\>元素和\<footer\>元素可以用作：

- 网站中出现在每个页面顶部的主页眉或底部的主页脚。

- 页面中单独的\<article\>或\<section\>中的页眉或页脚。

在这个示例中，\<header\>元素用来包含站点名称和主导航。\<footer\>元素包含版权信息。

每个单独的\<article\>元素和\<section\>元素还可以用自己\<header\>元素和\<footer\>元素来包含页面中相应区域的页眉和页脚信息。

例如，在一个包含多篇博客日志的页面上，每篇单独的日志都可以认为是一个单独的区域。因此，\<header\>元素可能用来包含每个日志的标题和日期，\<footer\>元素可能包含用于将该文分享到社交网站的链接。

注意，本章中所有代码均引自一个文件名为example.html的HTML文档。

---

chapter-17/example.html　　　　　`HTML`

```html
<header>
  <h1>Yoko's Kitchen</h1>
  <nav>
    <ul>
      <li><a href="" class="current">home</a></li>
      <li><a href="">classes</a></li>
      <li><a href="">catering</a></li>
      <li><a href="">about</a></li>
      <li><a href="">contact</a></li>
    </ul>
  </nav>
</header>
```

---

chapter-17/example.html　　　　　`HTML`

```html
<footer>
  &copy; 2011 Yoko's Kitchen
</footer>
```

导航
\<nav\>

```html
<nav>
  <ul>
    <li><a href="" class="current">home</a></li>
    <li><a href="">classes</a></li>
    <li><a href="">catering</a></li>
    <li><a href="">about</a></li>
    <li><a href="">contact</a></li>
  </ul>
</nav>
```

\<nav\>元素专门用于包含网站的主要导航块，比如网站的主导航。

回顾一下关于博客页面的示例，如果你想在文章的末尾插入一些指向相关日志的链接，那么这些链接不能算作主要导航块，因此它们也不应该放在\<nav\>元素中。

在撰写本书时，有些已经开始使用HTML5的开发人员为每个页面底部的链接使用\<nav\>元素(这些链接通常指向隐私政策、合同条款和辅助工具内容)。至于这种用法是能否广泛被采用，还有待观察。

文章
`<article>`

`<article>`元素就像是页面中任意部分(可能是单独存在的部分,也可能是联合出现的某一部分)的一个容器。

它们可以是一个单独的文章、博客日志、评论、论坛贴子,或者任何其他独立的内容。

如果一个页面容器包含多篇文章(或是多个文章摘要),那么每个单独的文章都应当位于其专属的`<article>`元素中。

`<article>`元素还可以彼此嵌套。例如,一篇博客日志可能位于一个`<article>`元素中,而这篇日志的每条评论则位于其子`<article>`元素中。

chapter-17/example.html `HTML`

```html
<article>
  <figure>
    <img src="images/bok-choi.jpg" alt="Bok Choi" />
    <figcaption>Bok Choi</figcaption>
  </figure>
  <hgroup>
    <h2>Japanese Vegetarian</h2>
    <h3>Five week course in London</h3>
  </hgroup>
  <p>A five week introduction to traditional
    Japanese vegetarian meals, teaching you
    a selection of rice and noodle dishes.</p>
</article>
<article>
  <figure>
    <img src="images/teriyaki.jpg"
        alt="Teriyaki sauce" />
    <figcaption>Teriyaki Sauce</figcaption>
  </figure>
  <hgroup>
    <h2>Sauces Masterclass</h2>
    <h3>One day workshop</h3>
  </hgroup>
  <p>An intensive one-day course looking
    at how to create the most delicious
    sauces for use in a range of Japanese
    cookery.</p>
</article>
```

附属信息
‹aside›

```html
<aside>
  <section class="popular-recipes">
    <h2>Popular Recipes</h2>
    <a href="">Yakitori (grilled chicken)</a>
    <a href="">Tsukune (minced chicken patties)</a>
    <a href="">Okonomiyaki (savory pancakes)</a>
    <a href="">Mizutaki (chicken stew)</a>
  </section>
  <section class="contact-details">
    <h2>Contact</h2>
    <p>Yoko's Kitchen<br />
       27 Redchurch Street<br />
       Shoreditch<br />
       London E2 7DP</p>
  </section>
</aside>
```

‹aside›元素有两个作用，具体具有哪种作用取决于其是否位于‹article›元素中。

当‹aside›元素在‹article›元素内出现时，它应该包含与当前文章相关的信息，而不必涉及页面的整体信息。例如，引述和词汇列表可能会作为文章的附属信息。

当‹aside›元素在‹article›元素之外出现时，它应该包含与整个页面相关的内容。例如，它可能包含指向网站其他部分的链接、最新的日志列表、搜索框或作者最新的微博。

部分
⟨section⟩

⟨section⟩元素用于将相关的内容集中到一块，而且每个部分通常都带有一个标题。

例如，一个网站的首页可能包含多个⟨section⟩元素，每个⟨section⟩元素用于包含页面的不同部分，比如最新消息、热门产品、新闻稿注册等。

由于⟨section⟩元素集中了相关的项目，因此它可能包含具有相同主题或用途的多个不同的⟨article⟩元素。

相反，如果页面内有一篇很长的文章，⟨section⟩元素也可用来将这篇文章分成几个部分。

⟨section⟩元素不能作为整个页面的容器使用(除非这个页面只包含一项内容)。如果你需要一个用来包含整个页面的元素，那么这项工作最好留给⟨div⟩元素。

chapter-17/example.html `HTML`

```html
<section class="popular-recipes">
  <h2>Popular Recipes</h2>
  <a href="">Yakitori (grilled chicken)</a>
  <a href="">Tsukune (minced chicken patties)</a>
  <a href="">Okonomiyaki (savory pancakes)</a>
  <a href="">Mizutaki (chicken stew)</a>
</section>
<section class="contact-details">
  <h2>Contact</h2>
  <p>Yoko's Kitchen<br />
     27 Redchurch Street<br />
     Shoreditch<br />
     London E2 7DP</p>
</section>
```

标题组
\<hgroup\>

```html
<hgroup>
  <h2>Japanese Vegetarian</h2>
  <h3>Five week course in London</h3>
</hgroup>
```

\<hgroup\>元素的作用是将一个或多个\<h1\>到\<h6\>的标题元素组合到一块，将它们当成一个标题看待。

例如，\<hgroup\>元素可用来包含一个位于\<h2\>元素中的标题和一个位于\<h3\>元素中的子标题。

人们对这个元素褒贬不一。当HTML5的设计人员第一次提议加入该元素时，因为存在一些反对的声音而将其从HTML5的提议中撤出。但是，随着一些人的看法发生了改变，\<hgroup\>元素又被重新加入到HTML5语言中。有些开发人员不喜欢\<hgroup\>元素的用法，他们更愿意将子标题放在\<p\>元素中(使用一个特性来表明它是一个子标题)。

有些人认为\<hgroup\>除了是一个可以应用样式的元素之外几乎没有什么作用。尽管如此，在那些相信它可用于组合主标题和子标题(当两者都是标题不可或缺的部分时)的开发人员中，\<hgroup\>元素仍然非常受欢迎。

图形

`<figure>` `<figcaption>`

第5章介绍图像时曾经提到过`<figure>`元素。它可以用来包含一篇文章正文中引用的任何内容(而不仅仅是图像)。

值得注意的是,如果`<figure>`元素的内容被移至其他位置(移至页面中的另一部分,甚至是移至一个完全不同的页面),文章仍应该是合理的。

出于这个原因,仅当内容引用`<figure>`元素时才使用该元素,而不应该对页面不可或缺的内容上使用该元素。

使用示例包括:

- 图像
- 视频
- 图形
- 图表
- 代码示例
- 文章主体的辅助文本

`<figure>`元素还应该包含一个`<figcaption>`元素,`<figcaption>`元素为`<figure>`元素的内容提供文本说明。在这个示例中,你可以看到一个`<figure>`元素被添加到了`<article>`元素中。

```html
<figure>
  <img src="images/bok-choi.jpg" alt="Bok Choi" />
  <figcaption>Bok Choi</figcaption>
</figure>
```

分节元素
⟨div⟩

```
HTML                          chapter-17/example.html

<div class="wrapper">
  <header>
    <h1>Yoko's Kitchen</h1>
    <nav>
      <!-- nav content here -->
    </nav>
  </header>
  <section class="courses">
    <!-- section content here -->
  </section>
  <aside>
    <!-- aside content here -->
  </aside>
  <footer>
    <!-- footer content here -->
  </footer>
</div><!-- .wrapper -->
```

在介绍完新元素之后又回顾⟨div⟩元素,这可能令人感到奇怪(毕竟,这些新元素通常可以替代这个元素)。

尽管如此,⟨div⟩元素仍然会是组合相关元素的重要方式。你可以使用新元素来达到前面明确表述的目的;但如果要达到其他目的,就不应该使用这些新元素。

在没有合适的元素用来组合一组元素时,仍可以使用⟨div⟩元素。在这个示例中,⟨div⟩元素作为整个页面的包装容器来使用。

有人问到,为什么没有用来包含页面主体部分的⟨content⟩元素。其原因在于,位于⟨header⟩元素、⟨footer⟩元素和⟨aside⟩元素之外的任何内容都可以看成是主体内容。

为块级元素添加链接

HTML5允许网页设计人员在包含子元素的块级元素周围添加<a>元素。这将使整个块变成一个链接。

这不是HTML5中的新元素，但在之前的HTML版本中，它从来都不是<a>元素的正确用法。

请注意，本页使用的代码与本章其他示例中的代码稍有不同。

```html
<a href="introduction.html">
  <article>
    <figure>
      <img src="images/bok-choi.jpg"
           alt="Bok Choi" />
      <figcaption>Bok Choi</figcaption>
    </figure>
    <hgroup>
      <h2>Japanese Vegetarian</h2>
      <h3>Five week course in London</h3>
    </hgroup>
    <p>A five week introduction to traditional
       Japanese vegetarian meals, teaching
       you a selection of rice and noodle
       dishes.</p>
  </article>
</a>
```

让旧浏览器识别新元素

chapter-17/example.html

CSS

```
header, section, footer, aside, nav,
article, figure {
  display: block;}
```

chapter-17/example.html

HTML

```
<!--[if lt IE 9]>
  <script src="http://html5shiv.googlecode.com/svn/
    trunk/html5.js"></script>
<![endif]-->
```

　　不能识别新的HTML5元素的旧浏览器会自动将这些元素作为内联元素来处理。因此，为使旧浏览器正常显示，你需要在左侧添加CSS代码行，在该行中指出哪些新元素作为块级元素呈现在页面上。

　　IE9是IE浏览器中第一个允许将CSS规则与这些新HTML5布局元素关联起来的版本。为了在之前的IE版本中定义这些元素的样式，你需要使用一些简单的JavaScript，这些JavaScript被称为**HTML5 shiv**或**HTML5 shim**。

　　使用它们时不必了解JavaScript知识。你可以在代码中直接链接Google在其服务器上托管的副本。这段代码应该被置于一个条件注释中，这个**条件注释**用于检查当前浏览器版本是否低于IE9。

　　可是，这种变通方案要求使用IE8或更早版本IE的用户在其浏览器中启用了JavaScript。如果禁用了JavaScript，那他们就看不到这些HTML5元素中的内容。

示例

HTML5布局

这个示例展示了一个使用新的HTML5元素来描述其页面结构的烹饪网站(而不只是使用\<div\>元素来组合项目)。

这个页面中的页眉和页脚分别位于\<header\>元素和\<footer\>元素中。菜品集中在一个\<section\>元素中,此元素class特性的值为courses(用于区分此元素与页面中的其他\<section\>元素)。侧边栏位于\<aside\>元素中。

每道菜位于一个\<article\>元素中,并使用\<figure\>元素和\<figcaption\>元素来插入一个图像。菜品的标题都附有子标题,所以将它们组合在一个\<hgroup\>元素中。在侧边栏中,食谱和联系信息被置于单独的\<section\>元素中。

这个页面使用CSS来定义样式。唯一的不同之处在于我们的选择器使用了新的HTML5元素,这样我们就可以针对这些元素创建规则。为使CSS在IE9之前的各个版本的IE浏览器中都能正常工作,这个HTML5页面包含了一个指向HTML5 shiv JavaScript(在Google的服务器上托管)的链接,这个链接位于一个条件注释之中。

示例

HTML5布局

```
<!DOCTYPE html>
<html>
  <head>
    <title>HTML5 Layout</title>
    <style type="text/css">
      header, section, footer, aside, nav, article, figure, figcaption {
        display: block;}
      body {
        color: #666666;
        background-color: #f9f8f6;
        background-image: url("images/dark-wood.jpg");
        background-position: center;
        font-family: Georgia, times, serif;
        line-height: 1.4em;
        margin: 0px;}
      .wrapper {
        width: 940px;
        margin: 20px auto 20px auto;
        border: 2px solid #000000;
        background-color: #ffffff;}
      header {
        height: 160px;
        background-image: url(images/header.jpg);}
      h1 {
        text-indent: -9999px;
        width: 940px;
        height: 130px;
        margin: 0px;}
      nav, footer {
        clear: both;
        color: #ffffff;
        background-color: #aeaca8;
        height: 30px;}
      nav ul {
        margin: 0px;
        padding: 5px 0px 5px 30px;}
      nav li {
        display: inline;
        margin-right: 40px;}
      nav li a {
```

```
   color: #ffffff;}
nav li a:hover, nav li a.current {
  color: #000000;}
section.courses {
  float: left;
  width: 659px;
  border-right: 1px solid #eeeeee;}
article {
  clear: both;
  overflow: auto;
  width: 100%;}
hgroup {
  margin-top:40px;}
figure {
  float: left;
  width: 290px;
  height: 220px;
  padding: 5px;
  margin: 20px;
  border: 1px solid #eeeeee;}
figcaption {
  font-size: 90%;
  text-align: left;}
aside {
  width: 230px;
  float: left;
  padding: 0px 0px 0px 20px;}
aside section a {
  display: block;
  padding: 10px;
  border-bottom: 1px solid #eeeeee;}
aside section a:hover {
  color: #985d6a;
  background-color: #efefef;}
a {
  color: #de6581;
  text-decoration: none;}
h1, h2, h3 {
  font-weight: normal;}
h2 {
```

示例

HTML5布局

```
        margin: 10px 0px 5px 0px;
        padding: 0px;}
    h3 {
        margin: 0px 0px 10px 0px;
        color: #de6581;}
    aside h2 {
        padding: 30px 0px 10px 0px;
        color: #de6581;}
    footer {
        font-size: 80%;
        padding: 7px 0px 0px 20px;}
    </style>
    <!--[if lt IE 9]>
    <script src="http://html5shiv.googlecode.com/svn/trunk/html5.js"></script>
    <![endif]-->
</head>
<body>
    <div class="wrapper">
        <header>
            <h1>Yoko's Kitchen</h1>
            <nav>
                <ul>
                    <li><a href="" class="current">home</a></li>
                    <li><a href="">classes</a></li>
                    <li><a href="">catering</a></li>
                    <li><a href="">about</a></li>
                    <li><a href="">contact</a></li>
                </ul>
            </nav>
        </header>
        <section class="courses">
            <article>
                <figure>
                    <img src="images/bok-choi.jpg" alt="Bok Choi" />
                    <figcaption>Bok Choi</figcaption>
                </figure>
                <hgroup>
                    <h2>Japanese Vegetarian</h2>
                    <h3>Five week course in London</h3>
                </hgroup>
```

```
      <p>A five week introduction to traditional Japanese vegetarian meals,
        teaching you a selection of rice and noodle dishes.</p>
    </article>
    <article>
      <figure>
        <img src="images/teriyaki.jpg" alt="Teriyaki sauce" />
        <figcaption>Teriyaki Sauce</figcaption>
      </figure>
      <hgroup>
        <h2>Sauces Masterclass</h2>
        <h3>One day workshop</h3>
      </hgroup>
      <p>An intensive one-day course looking at how to create the most
        delicious sauces for use in a range of Japanese cookery.</p>
    </article>
  </section>
  <aside>
    <section class="popular-recipes">
      <h2>Popular Recipes</h2>
      <a href="">Yakitori (grilled chicken)</a>
      <a href="">Tsukune (minced chicken patties)</a>
      <a href="">Okonomiyaki (savory pancakes)</a>
      <a href="">Mizutaki (chicken stew)</a>
    </section>
    <section class="contact-details">
      <h2>Contact</h2>
      <p>Yoko's Kitchen<br />
        27 Redchurch Street<br />
        Shoreditch<br />
        London E2 7DP</p>
    </section>
  </aside>
  <footer>
    &copy; 2011 Yoko's Kitchen
  </footer>
  </div><!-- .wrapper -->
  </body>
</html>
```

▶ 新的HTML5元素可以表明一个网页不同部位的用途, 还可以描述页面结构。

▶ 新元素提供了更明确的代码(相比使用多个\<div\>元素而言)。

▶ 对于不能识别HTML5元素的旧浏览器, 需要告诉它们哪些元素属于块级元素。

▶ 为使HTML5元素能在IE8(以及更早的IE版本)中正常工作, 需要在页面中添加额外的JavaScript, 为此可使用Google提供的免费JavaScript代码。

第18章

建站过程和设计方法

- ▶ 如何着手建立一个网站
- ▶ 了解你的网站受众和他们的需求
- ▶ 如何呈现访问者希望看到的信息

本部分会讨论当你在创建一个
新网站时可以套用的过程。

将分析什么人可能访问你的网站，以及如何确保
在页面上重点包含这些访问者需要的信息。为使你创建
的网站看起来更具专业水准，我们还会介绍设计理论
中的一些关键因素。我们将在本章中介绍以下内容：

- 如何了解你的网站可能吸引的受众群体以及他们期
  望在网站中找到的信息

- 如何组织信息以便访问者可以顺利找到他们所需
  的信息

- 关于信息呈现方式的设计理论，用于帮助访问者达
  到他们的目的

- 一些设计技巧，它们有助于你创建更具魅力、更专
  业的网站

网站为谁而建？

　　每个网站都应该是面向目标受众(并非仅是为自己或者站长)而设计的。因此，了解你的目标受众是非常重要的。

　　在你的预想中某些人会对你的网站主题感兴趣，问几个关于这些人的问题会对建站非常有益。

　　如果你问一个客户，网站面向谁创建，有很多人都会回答道"整个世界的人"。

　　实际上，一个网站不太可能与每个人都有关系。如果你的网站是销售照明用品的，虽然大多数使用计算机的人都在使用照明用品，但他们也不太可能从外国人手中订购这些用品。

　　即使一个网站受到广泛欢迎，你也可以考虑用其中的一类目标受众做访客统计。

目标受众：个人

- 目标受众的年龄范围是多少？
- 你的网站将吸引更多女性还是男性？还是对女性和男性具有同等的吸引力？
- 网站的受众生活在哪个国家？
- 他们是生活在城市还是农村？
- 他们的平均收入是多少？
- 他们的受教育状况如何？
- 他们的婚姻和家庭状况如何？
- 他们的职业是什么？
- 他们每个星期工作多长时间？
- 他们使用网络的频率如何？
- 他们使用哪种设备访问网络？

目标受众：企业

- 企业或相关部门的规模有多大？
- 该公司中访问你的网站的人，他们的职务是什么？
- 他们是为自己还是为别人使用你的网站？
- 他们能控制的预算额度是多少？

根据你的典型目标受众虚构一些网站访问者。他们会成为你建立网站的帮手。他们会对你在建站过程中所做的决定产生影响，从配色方案到内容的详细程度。

姓名	GORDON	MOLLY	JASPER	AYO	IVY
性别	M	F	M	M	F
年龄	28	47	19	32	35
住址	芝加哥	旧金山	纽约	迈阿密	波士顿
职业	教师	律师	学生	零售商	新闻工作者
收入	$62k	$180k	$24k	$160k	$75k
上网频率	2～3天/周	每天	每天	4～5天/周	每天

如果你对网站的使用方式有疑问，或者不清楚应该先解决什么问题，你可以试着问问自己："Gordon或Molly在这种情况下希望如何处理？"

人们为什么要访问你的网站

既然已经清楚网站的访问者是谁，现在你需要考虑的是他们**为什么**访问你的网站。虽然有些人只是偶然间进入你的网站，但他们的到来通常是出于某个特定的原因。

网站的内容和设计应该受到你的用户的目标的影响。

要想判定人们为什么访问你的网站，可以借助以下两类基本问题：

(1) 首先试着发掘用户访问该网站的潜在**动机**。

(2) 然后观察访问者的具体**目标**，这些目标直接促使他们来到你的网站。

主要动机

- 他们是普通的消遣还是要完成具体的目标？

- 如果有具体目标，那这个目标是出于个人原因，还是出于职业原因？

- 他们在这项活动上花费的时间是必须的还是奢侈的？

具体目标

- 他们是想要常规的信息或进行一般性研究(比如某个主题或公司的背景信息)，还是在寻找具体的内容(比如某一特定事实或产品信息)？

- 他们是已经对你提供的服务或产品非常熟悉，还是需要提供相关介绍？

- 他们是否在查找具有时效性的信息，比如最近的新闻或某个特定主题的更新？

- 他们是否在寻找关于某个特定产品或服务的相关信息，以便决定是否要购买它？

- 他们是否需要联系你？如果需要，他们能否当面拜访(这可能要求你提供时间和地点)？或者能否索取电子邮件和电话联系方式？

网站的访问者想要完成什么

要列出人们访问你的网站的所有原因显然不太现实，但你可以寻找他们的主要任务和动机。这个信息可以指导你设计网站。

首先要创建一个列表来列出人们访问你的网站的原因。这时你可以将这个任务列表分配给那些虚拟的访问者(我们在第445页的步骤中所创建的访问者)。

GORDON几年前买了一个网球拍，现在他希望在你的网站上再为他的女朋友买一个。

MOLLY已经在报刊上阅读了你新发布的小狗日托服务，她现在希望了解这项服务是不是适合她。

JASPER在澳大利亚悉尼旅行时所住的一个酒店很差，他正想着投诉这家酒店。

AYO希望研究建筑，并且还希望通过网站提供的一门新课程学习更多知识。

IVY是一名图片编辑人员，他正在一个摄影师的网站上浏览其示例作品，从而决定是否委托这位摄影师。

网站的访问者需要什么信息

你已经了解了谁在访问你的网站以及他们为什么会来，因此你现在需要弄清这些访问者需要什么样的信息才能快捷高效地实现他们的目标。

你可能希望提供额外的支持信息来帮助访问者。

看看人们出于什么原因而访问你的网站，然后确定他们需要什么信息来完成目标。

你可以将信息按照从关键信息到不必要信息或背景信息的方式区分优先级。

访问者在确认你的网站提供了他们正在查找的信息之后，就会认为你的网站与他们紧密相关。

这样一来，你将有更多的机会去向他们展示你认为对其有益的信息(或者向其展示你要推销的产品和服务)。

然而，如果你的网站不能在他们所关心的问题上表现出相关性，他们便很有可能去访问其他网站。

以下几个问题可以帮助你决定给网站的访问者提供什么样的信息。

关键信息

- 访问者是否熟悉网站中的主题范围或品牌，或者说是不是需要你来为他们介绍？

- 他们是否熟悉网站中所涵盖的产品、服务或信息，或者说他们是否需要了解这些产品、服务或信息的背景信息？

- 你所提供的内容的最重要的特点是什么？

- 比起那些提供相似内容的网站，你提供的内容有什么新颖之处？

- 一旦人们在你的网站上完成了预期的目标，他们对这项内容还有没有什么经常会提出的问题？

网站的访问频率如何

有些网站受益于较其他网站更高的更新频率。有些信息(比如新闻)可能会不断更新,而其他内容则基本不变。

相对于一个销售冷门产品(比如家用管道设施和双层玻璃)的网站来说,一个关于时装潮流的网站显然需要更高的更新频率。

一旦建成一个网站,就需要花费大量的时间和人力对其进行更新。

掌握人们回访网站的频率可以帮助你推算对网站进行更新的合理频率。

相对于临时性质的网站更新,建立一个网站更新的计划表是非常有益的。

你常常会发现,一个网站的某些部分得益于比其他部分更高的更新频率。

以下这些问题可以帮助你决定以何种频率更新你的网站内容。

商品/服务

● 人们多久来你的网站进行一次购物?

● 你的库存更新或服务升级的频率如何?

信息

● 网站内容的更新频率如何?

● 与那些只需在你的网站中浏览一次信息的人相比,根据内容的定期更新而回访网站的人所占的百分比是多少?

网站地图

既然已经清楚你的网站上需要呈现什么样的内容,现在你就可以组织这些内容,将它们分成各个分区或页面。

创建一个表示各页面之间关系的图表,并用它来描述网站的结构。这就是所谓的**网站地图**,它可以表示网站中的页面的组织方式。

为了便于决定在每个页面上添加何种信息,你可以使用一种称为**卡片分类**法的技术。

这涉及将访问者需要了解的每条信息放到一张单独的卡片上,然后将相关信息进行分组。

每个组的信息显示一个页面上,对于大型网站,这些页面再进行分组,进而组成网站的各个分区。

网站地图就是将这些分组信息转化成图表的形式。

有时候,向人们询问谁是目标受众可以帮助你对相关信息进行分组。

网站地图往往以首页作为开始。另外,如果是一个划分为多个分区的大型网站,那么有可能每个分区都需要一个独立的首页,然后用它来链接这个分区的所有信息。

例如,对于大多数网上商店来说,每个产品类别都有独立的分区首页,然后这些首页又链接到各个产品页面。

如果有些信息需要出现在多个页面上,你可能需要复制这些信息。

这些网站地图页面(或是页面组)会告诉用户如何浏览本站的内容。

请牢记访问者想要在你的网站上完成的目标。

值得注意的是,有些网站的站长可能以一种出乎公众预料的方式来整理信息。要知道,反映公众对问题的理解才是最重要的(而不仅仅是表达站长对问题的理解)。

网站地图示例

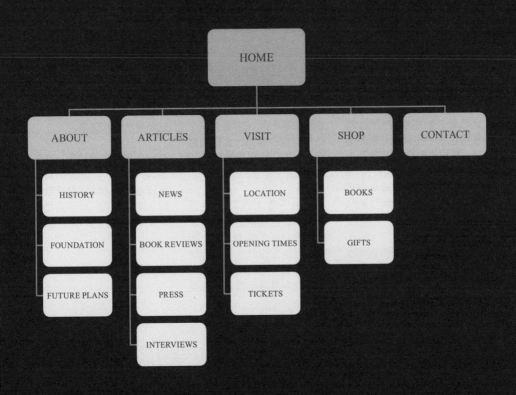

线框图

线框图指网站中每个页面内容的梗概。它显示出信息的层次结构以及需要占用多少空间。

许多设计人员在了解需要显示在每个页面上的元素之后就开始创建线框图。线框图包括一些草图和阴影区域，并用它们来表示页面中每个元素(比如徽标、主导航、标题和正文、用户登录区等等)将要占用的空间和位置。

通过创建线框图就可以保证页面包含它需要的所有信息。

线框图中不能包括网站的配色方案、字体选择、背景或图像等内容。它主要着眼于每个页面中需要什么样的信息，并创建视觉层次以表明每个页面中最重要的部分。

由于在考虑页面的外观之前你已经清楚每个页面上需要显示的信息，因此线框图可以使设计变得更为轻松。在向客户展示设计之前，最好先向其展示网站的线框图。这样做可以使客户确定网站已经具备了它需要提供的所有功能和信息。

如果仅将网站设计展示给客户，常常会使他们只关注网站的外观，从而导致在网站建成之后可能不会提出有关网站功能的问题。

下一页中的示例是在Photoshop中使用960.gs网格系统的模板来创建的。

你可以在纸上，也可使用计算机上的图形软件(比如Illustrator或InDesign)绘制线框图。

网上也有一些绘制线框图的工具，比如：
http://gomockingbird.com
http://lovelycharts.com

线框图示例

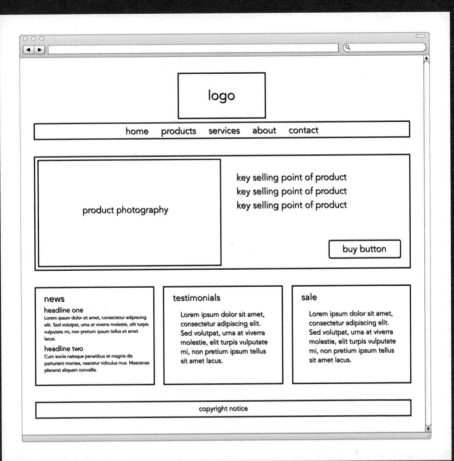

使用设计来传达信息

任何视觉设计的首要目标都在于传达信息。在页面上组织信息和确定信息的优先级别有助于用户认识它的重要性和阅读顺序。

内容

网页通常有许多需要传达的信息。例如，网络报纸的页面含有一些信息，这些信息却不会出现了它的印刷版本中：

- 报头或徽标
- 网站的导航链接
- 相关内容和其他热门文章的链接
- 登录或会员选项
- 用户的评论
- 版权信息
- 隐私政策和条款、广告信息、RSS源、订阅选项的链接

对于页面上的诸多信息，设计人员需要对这些信息进行**组织**，并确定信息的优先级别，使它们能够传达额外的消息并帮助用户找到所需信息。

确定信息的优先级别

如果一个页面上的每项内容都有相同的样式，就会使页面难以理解(不能突出重点内容)。

通过让页面的某些部位**有别于**周围的内容，设计人员就能将用户的注意力移至(或离开)这些部位。

设计人员创建的**视觉层次**有助于让用户关注那些引人注意的重要消息，然后引导用户继续浏览。

我们将在第456～457页介绍视觉层次。

组织

将相关的内容**组合到区**或**块**内能使页面看起来更简单(也更容易理解)。

在没有浏览单个项目的情况下，用户就应该能够确定每个块的作用。

采用**相似**的视觉风格来呈现某些类型的信息(比如为所有按钮或所有链接使用相同的样式)，用户逐渐会将这种风格与某个类型的内容联系起来。

我们将在第458～459页介绍分组与相似性。

让我们借助一个示例看
一下,如何使用设计来有效
地传达一个公司的各种服务
信息。

视觉层次

我们首先注意到是一
张图片和一个标题,这张图
片用来展示该公司提供的服
务,而标题则用来对图片进
行说明。它们的大小和背景
色强调了它们是页面上最主
要的消息。

如果这项服务对用户有
吸引力,那么用户可以在下
面看到更详细的介绍,包括
这项服务的用途、服务所需
的费用以及正在使用这项服
务的用户。

分组

该页面上有几个大块的
信息。

页面的顶部是徽标和导
航。紧随其后的是介绍公司
服务的信息。

再往下是三个不同的分
组,它们展示了这项服务的
用途、涉及的费用以及部分
用户。

相似性

这个页面中有好几个关
于相似性的示例。

屏幕截图左下方的四个
要点都是以相似的方式来呈
现,并且使用了风格一致的
标题和图标。

正文中的所有链接都是
蓝色的,因此很容易分清哪
些文本是可以单击的。

视觉层次

许多Web用户不会阅读整个页面，他们更愿意浏览寻找信息。你可以通过对比方式创建一个视觉层次来突出你的关键消息并帮助用户找到他们的目标。

大小

较大的元素往往首先会吸引用户的注意力。鉴于此，最好加大标题和关键点的大小。

颜色

前景色和背景色可以为关键消息吸引注意力。明亮的部分往往最先吸引用户的注意力。

样式

一个元素的大小和颜色可能与周围的内容一致，但如果要突出该元素，可以为其应用不同于周围内容的样式。

Lorem ipsum
dolor sit amet,
consectetur adipiscing
elit. Lorem ipsum dolor
sit amet, consectetur
adipscing elit.

Lorem ipsum dolor
sit amet, consectetur
adipiscing elit.
Lorem ipsum dolor
sit amet, consectetur
adipscing elit.

Lorem ipsum dolor
sit amet, consectetur
adipiscing elit.
Lorem ipsum dolor
sit amet, consectetur
adipscing elit.

视觉层次指的是眼睛感知外界信息的顺序。它是通过在显示的项目之间添加视觉对比度来创建的。人们总是会最先识别和处理那些具有较高对比度的项目。

IMAGES

图像能够创建较高的视觉对比度，并且通常会最先吸引眼球。他们可以用来在页面中将注意力吸引到一个特定的消息上。在有些情况下，合适的图像可以比一整页的文本更能说明问题。

一个设计优良的视觉层次所产生的效果很大程度上是潜意识的。实现良好的层次结构需要平衡：一个没有什么突出内容的网站是相当平淡乏味的；而如果有太多方面要吸引你的注意，就会难以找到关键信息。这个示例有一个可以满足访问者需求的清晰的层次结构。

分组和相似性

在考虑一项设计时，我们往往会将其中的视觉元素分成不同的组。把相关的信息集中到一起可使设计更容易理解。这里有几个方法可以做到这一点。

相邻

当几个项目被放到一起时，它们给人的感觉比那些互相远离的项目要具有更好的相关性(也可将信息分组嵌套到更大的信息分组中)。

闭合

当需要对复杂的项目进行整理时，我们常常想找一种单一的或易识别的模式或形式。由于这些项目的相邻和对齐，它们的周围就会形成一个真实的或虚构的盒子。

连续

当元素被放置成一条直线或曲线，它们就会被认为比那些没在这条线上的元素具有更好的相关性。这可以引导读者在读完一部后再读另一部分。

空白

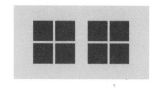

将相关的项目靠近放到一起，而在不相关的项目之间留一个较大的空白。

颜色

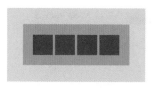

在相关的项目后面添加背景色，能强调它们之间的相关性。

边框

可在分组的四周或者在它和它的邻组之间添加边框。

我们会很自然地注意到设计中的相似性，而且相似的东西让人感觉更具相关性。以相似的颜色、大小、方向、纹理、字体或形状对元素进行重复，可以暗示这些样式一致的元素含义类似而且重要性相当。

Book Reviews

Raw Creation

John Maizels

Raw Creation is the definitive book on outsider art and provides an indispensible guide to the self-taught art of this century and a fascinating account of human creativity. The chapter entitled *Wonders of the World* is mostly dedicated to Nek Chand's Rock Garden and includes a number of color photographs.

Buy on Amazon

Nek Chand Outsider Art

Lucienne Peiry, Philippe Lespinasse

This publication tells the story of Nek Chand and his life and takes the reader on a colorful journey through his Rock Garden, the world's most expansive work of environmental art.

Buy on Amazon

Fantasy Worlds

Deidi von Schaewen, John Maizels

Presenting the world's most unusual, colorful and poetic creations, some of which have never previously appeared in print. *Fantasy Worlds* includes the classics of fantasy architecture such as the Palais Ideal near Lyon and, of course, Nek Chand's Rock Garden in Chandigarh, India.

Buy on Amazon

The Rock Garden

M.S.Aulakh

This small black and white book is M.S. Aulakh's commentary on and tribute to the Rock Garden and is not widely available, but used copies can be found from time to time.

Buy on Amazon

一致性

在这个示例中，各个书评中的书名、作者和购买链接在样式上都具有一致性。在阅读完其中的一个书评后，对于这个盒子中具有相同样式的书评，我们就可以推断出它们的作用。

标题

为信息块添加标题可以清楚地告诉用户该信息块是否对其有用。如果觉得没用，用户就可以忽略该信息块内的所有元素。标题还能帮助屏幕阅读器的用户，因为他们通常可以使用一个选项来收听页面上的标题。

每个视觉块都可以包含各自的层次结构，就像这个示例中所显示的，每本书都有它自己的分区，分区中包含了书名、作者、文本和链接。

导航设计

　　网站导航不仅可以帮助人们指明去向，还能帮助他们了解你的网站内容以及组织方式。优良的导航设计应该遵循以下原则：

简洁

　　理论上，导航应该简捷，便于阅读。最好将菜单中的选项数控制在8个以内。这些选项可以链接到网站各分区的首页，进而链接到其他的页面。

清晰

　　用户应该可以在单击链接之前就预料到他们将会在打开的页面中找到哪种信息。如果可能的话，为每个链接选择一个描述性词语，而不要使用词组。

精选

　　主导航应该仅反映网站的分区以及内容。登录和搜索等功能以及条款和协议等法律信息最好放在页面的其他位置。

Home　Artist Profiles　Exhibitions and Events　Galleries　Books and Magazines
About this Website　Contact Us　Login　Register　Terms and Conditions　Privacy Policy

Home　Artist Profiles　Exhibitions　Galleries　Publications　About　Contact

一个大型网站可能含有主导航、二级导航，甚至是三级导航。主导航通常出现在网站的顶部由左至右显示，或者沿着页面的左侧向下显示。二级导航可能显示在主导航的下方或页面的侧边。三级导航常常位于页面的页脚中。菜单并非用户浏览网站的唯一方式，他们也可以使用各个页面中的链接。有些网站还附带了搜索功能。

在线支持
关于如何利用Google Search在你的网站上实现搜索功能，你可以在本书所附网站中找到相关信息。

当前位置

优质的导航能够显示当前位置。它让用户知道当前所处的位置。为实现此目的，较好的做法是使用另一种颜色或某种视觉标记来指明当前所在的页面。

交互

每个链接的大小应适当，不宜过小，使用户能够方便地进行单击。当用户将鼠标悬停在每个项目上或单击时，链接的外观应当有所变化。应将链接的外观与页面上的其他内容区分开。

连贯一致

一个网站包含的页面越多，其导航项目的数量就越大。尽管二级导航会根据页面进行变换，但最好使主导航保持不变。

Home   Artist Profiles   Exhibitions   Galleries   Publications   About   Contact

Home   *Artist Profiles*   Exhibitions   Galleries   Publications   About   Contact

小结
建站过程和设计方法

▸ 你的网站的目标受众有哪些人?他们为何访问你的网站?他们想要查看什么信息?他们何时可能回访?掌握和了解以上这些信息是非常重要的。

▸ 网站地图可以让你规划一个网站的结构。

▸ 线框图可用来组织每个页面上需要的信息。

▸ 设计的目的在于传达信息。视觉层次能够帮助用户了解你希望告诉他们什么。

▸ 你可以使用大小、颜色和风格来区分不同的信息段。

▸ 分组和相似性可以用来简化你要呈现的信息。

第19章

实用信息

- ▶ 搜索引擎优化
- ▶ 使用分析工具来了解访问者
- ▶ 将网站上传到Web

本书最后一部分将介绍一些实用信息，这些信息可以帮助你推出一个成功的网站。

本章中涵盖的每个话题都有专门对其进行介绍的书籍，但我们将会简要介绍这些话题的关键方面并告诉你需要注意什么。你将在本章中学习以下内容：

- 搜索引擎优化基础知识

- 在网站发布之后使用分析工具了解人们如何使用你的网站

- 将你的网站上传到Web

搜索引擎优化(SEO)

SEO涉及的内容很多,已经有一些专门讲述这一内容的书籍问世。接下来的几页将帮助你理解SEO中的重要概念,这样就可以提高你的网站在搜索引擎上的能见度。

基础知识

搜索引擎优化(或者叫SEO)是指当人们在搜索你的网站涉及的内容时,试图提高你的网站在搜索结果中的排名的一种做法。

SEO的核心是,找到人们在搜索你的网站时可能会输入到搜索引擎的关键词,然后在你的网站中将这些关键词应用到合适的位置,以此来增加你的网站在搜索引擎结果中显示的机会。

为了确定搜索结果的排序,搜索引擎不只看你的网站中出现的内容,它们还会考虑有多少网站链接了你的网站(以及这些链接的相关性)。由于这个原因,SEO通常分为两种:站内优化和站外优化。

站内优化

站内优化是指可以在你的网页中使用的在搜索引擎中提高排名的方法。

它的主要成分是当人们想要搜索你的网站时可能会在搜索引擎中输入的关键词,然后在你的网站的文本和HTML代码中包含这些关键词,让搜索引擎知道你的网站是涵盖了这些话题。

搜索引擎极大地依赖网页中的文本,因此人们搜索时以文本形式输入的那些关键词是十分重要的。你的关键词应该出现在七个必要的位置上。

确保所有图像在它们的alt特性值中都含有恰当的文本,这也可以帮助搜索引擎理解图像的内容。

站外优化

获得来自其他网站的链接与站内优化同样重要。搜索引擎在决定网站排名时的一项重要因素就是计算有多少网站链接到了你的网站。

它们特别在意那些与你的网站内容相关的网站。例如,假设你的网站主要销售鱼饵,那么通常认为一个来自美发网站的链接的相关性低于源于垂钓社区的链接的相关性。

搜索引擎还会考虑位于起始标签<a>和结束标签</a>之间的链接文本。如果链接文本中包含了关键词(而不是"单击这里"或者你的网站地址),就会被认为具有更好的相关性。

如果一个网站中含有指向你的网站的链接,那么链接中包含的文本也应该在你的网站所包含页面的文本中出现。

站内优化

为了提高网站在搜索结果中的可见性，可在网站各个页面中的七个重要位置上加入用户在搜索你的网站时使用的关键词。

(1) 页面标题

页面标题出现在浏览器窗口的顶部或浏览器的选项卡上。它由位于<head>元素中的<title>元素指定。

(2) URL/网址

文件名属于URL的一部分。如果允许的话，可以在文件名中加入关键词。

(3) 标题

如果<h1>到<hn>的标题元素中含有关键词，搜索引擎就会知道这个页面是围绕该主题介绍的，并赋予其更高的权重。

(4) 正文

如果可能的话，在正文中插入至少2到3次关键词可以起到帮助作用。但是，千万不要过度使用这些关键词，因为正文的内容必须具有良好的可读性。

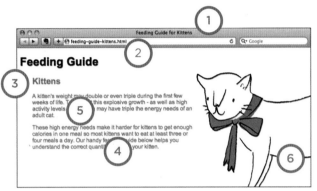

(5) 链接文本

创建页面之间的链接时，在链接文本中使用关键词(而不要使用通用的表达方式，比如"单击这里")。

(6) 图像的alt特性

搜索引擎在理解图像时依赖其alt特性所提供的准确描述。这还将有助于你的图像出现在基于图像搜索的结果中。

(7) 页面描述

描述内容也位于<head>元素中，使用一个<meta>标签指定。它应该是用来描述页面内容的一句话(这些描述不会在浏览器窗口中出现，但它们可能显示在搜索引擎的结果页面中)。

永远不要试图欺骗搜索引擎！否则会受到惩罚。例如，不要添加颜色与背景色相同的文本，因为搜索引擎可以检测到这一点。

如何确定关键词和关键词短语

当你开始考虑SEO的问题时，决定在网站中使用哪个关键词可能会是一项非常艰难的工作。下面的六个步骤可以帮助你为网站确定合适的关键词和关键词短语。

1: 集思广益

列出人们在搜索你的网站时可能在Google中输入的词语。同时确保包括你的网站所包含的主题、产品或服务。

问问别人在搜索你的网站时会使用哪些词语，这非常有用，因为相对于你来说，那些对这个话题不太熟悉的人们可能会使用不同的词语进行搜索(他们不太可能使用专业术语)。

如果描述网站内容需要多个词语，那么你的列表中可能包含一些关键词短语(而不仅是单个词语)。

2: 内容组织

将这些关键词根据网站的各个部分或类别进行分组。

例如，如果你的网站是一个宠物商店，那么网站可能根据不同的动物进行分类(比如狗、猫和兔子)。

在大型网站中，你可能会将这些分类继续分成子类(例如，根据不同的食物品牌进行分类)。

3: 关键词研究

在下面几种工具中输入你的关键词，它们就会推荐一些额外的你可能需要考虑的关键词：
adwords.google.co.uk/
select/KeywordToolExternal
(在使用该工具时，请选择 "exact match" 选项，不要选择 "broad match")
www.wordtracker.com
www.keyworddiscovery.
com

当这些工具为你推荐了额外的关键词时，便可以将这些词语加入到你的关键词列表中(关键词工具很可能会推荐一些毫不相干的术语，因此可以将那些看起来不合适的词语删掉)。

4: 关键词比较

对于任何关键词的搜索，你的网站都不太可能出现在搜索结果的顶部。对于一个竞争非常激烈的主题而言尤其如此。针对某一个关键词进行优化的网站越多，提高你的网站在这个关键词搜索结果中的排名的难度就越大。

有些研究关键词的网站可以告诉你有多少人在搜索某一个关键词，它们可以帮你认识到这些术语的竞争程度有多么激烈。

还可以使用Google的高级搜索功能来只搜索网页的标题，以便确定有多少个网站在它们的页面标题中加入了某个关键词(标题中含有该关键词的页面越多，竞争就越激烈)。

5: 关键词改善

现在，你需要选择将会关注哪些关键词。这些关键词是与网站各个部分关系最为密切的词语。

如果有一个短语与网站的相关性非常紧密，但竞争也很激烈，那么你还是应该使用这个短语。为了提高网站被发现的机会，你可以看看是否有其他的词语可以合并为一个短语。例如，如果你的网站提供的信息或者服务具有地域性，那么你就会发现，在关键词列表中加入你所在的地名能够帮助人们找到你的网站。

如果你的网站是一个位于澳大利亚的推销石板屋顶的公司，那么对于正在查找石板屋顶的访问者的数量来说，即使来自澳大利亚的访问者只有100个，也要好过10 000个来自美国的访问者。

6: 关键词映射

既然已经有了经过完善的关键词，而且弄清了哪些竞争最激烈，哪些相关度最高，现在就可以为每个页面选择合适的关键词了。

选择3到5个关键词或关键词短语映射到网站的每个页面，并将它们作为每个页面的关键词。

你应该不需要将同一个关键词在所有的页面上重复。但也有可能是，当你从首页向网站的各个部分的访问逐渐深入，这些关键词将会变得更加具体，一直具体到单个页面中阐述的主题。

分析工具：了解访问者

只要有人访问网站，你就可以开始分析他们从何而来、要做何事以及何时离开。Google提供的一种称为Google Analytics的免费服务是进行网站分析的最佳工具之一。

注册

要使用Google Analytics服务，需要先从下面的网址注册一个账户：www.google.com/analytics。该网站将会给出一段跟踪代码，你需要将这段代码插入到你的网站的每个页面中。

工作原理

每当人们在浏览器中加载你的网站上的某个页面，跟踪代码就会向Google服务器发送相应的数据。然后Google提供一个基于Web的界面来显示访问者如何使用你的网站。

跟踪代码

跟踪代码由Google Analytics针对你要跟踪的每个网站生成。这段代码应该出现在结束标签</head>的前面。它不会对你的网页外观产生任何影响。

在撰写本书之时，Google正在将Analytics界面升级到第5版。如果你使用自己的账户登录后看到一个不同的界面，请留意一下页面右上角的New Version链接。

网站的访问统计

概述页面类似一个信息快照页面，上面有你想了解的主要内容。特别是，它会告诉你有多少人访问过你的网站。

访问量

这项指标表示人们访问网站的次数。如果访问者在你的网站上有30分钟的时间不活动并去浏览网站中的另一个网页，那么后面这次浏览计为一次新的访问。

独立访问量

这项指标表示在指定时间内访问网站的总人数。如果人们在指定时间内不止一次访问你的网站，那么独立访问量的数值就会低于访问量的数值。

综合浏览量

所有访问者在你的网站上浏览页面的总数量。

每次访问页数

访问者每次访问你的网站时浏览页面的平均数量。

平均网站停留时间

用户每次访问网站所停留的平均时间。

日期选择器

借助位于Google Analytics页面右上角的日期选择器，你可以根据日期选择不同时间段内的分析报告。当你登录Google Analytics时，它通常默认显示最近一个月的报告，但你可以通过更改日期选择器指定显示某个时间段内的报告。

输出

该链接在标题"visitors overview"的正上方，通过该链接你可以将这个页面上的分析数据输出到其他应用程序，比如Excel。

访问者的来访目的

当访问者来到你的网站时, 他们在找什么? 左边栏的内容链接可以帮助你了解这些信息。

PAGES(页面)

该内容告诉你, 访问者浏览最多的页面是哪个页面, 以及他们在哪个页面上停留的时间最长。

LANDING PAGES(着陆页)

该内容显示了人们在你的网站中最先到达的是哪个页面。这非常有用, 因为你可能会发现人们并不总是通过首页进入网站。

TOP EXIT PAGES(离开页)

该内容显示了人们最容易从哪个页面离开网站。如果很多人都从同一个页面离开, 那么你可能得考虑更换或是改进这个页面。

BOUNCE RATE(跳出率)

该内容显示只浏览一页就离开网站的访问者比例。较高的跳出率意味着网站的内容并不是访问要找的内容, 或者说明这个页面不能充分地激励他们访问网站的其他页面。下面的操作算是一次跳出:

- 单击指向其他网站的链接
- 单击广告
- 输入另一个URL
- 使用 "后退" 按钮
- 关闭浏览器

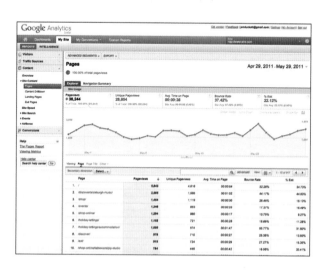

访问者从何而来

你可以借助左边栏的Traffic Sources(流量来源)链接了解访问者的来源。

REFERRERS(反向链接)

该内容显示哪些网站已经链接了你的网站,以及从这些网站来访的人数。如果一个网站向你输送了大量的流量,请与其联系并共同努力,保证流量互通。你也可以寻找内容相似的站点,要求与其建立链接。

DIRECT(直接访问)

该内容显示用户没有通过其他网站的链接而进入的页面。这些用户的访问可能是通过在浏览器中输入URL,或者是使用浏览器收藏夹,又或者是单击email、PDF、Word文档中的链接。

SEARCH TERMS(搜索关键词)

该内容显示用户在查找你的网站时在搜索引擎中输入的关键词。这可以帮助你了解访问者如何对他们正在查找的内容进行描述(这些描述往往会与人们对自己网站的描述有所不同),还可以帮助你对网站内容和SEO关键词做出调整。

ADVANCED FEATURES(高级功能)

关于Google Analytics对访问者进行统计和分析的功能,我们只是进行了简单的介绍。Google Analytics的帮助文档能告诉你更多的高级功能。如果你正在经营一个网上商店,可以去看看它们的电子商务跟踪,此功能增加了有关产品销售和平均采购量等方面的信息。你还可以指定人们可能选择的路径并为这些路径设置目标,然后查看他们在这些路径上可以到达多深的位置,此功能在收集用户数据时非常有用。

域名和主机

为了将你的网站上传到网络,你需要注册一个域名并使用网络托管。

域名

域名就是你的网址(比如google.com、bbc.co.uk)。在很多网站上都可以注册域名。一般来说,你只有为其交纳年费才能持有这个域名。

这些域名注册网站通常有一个表单,该表单用来检查你中意的域名是否可用,并且由于数以百万计的域名已经被注册,因此要为你的网站找到一个合适的域名可能需要耗费较长的时间。

许多提供域名注册的网站同时也提供网络托管。

网络托管

为了便于人们看到你的网站,你需要将其上传到Web服务器。Web服务器是一种特殊的始终联网的计算机。它们在需要的时候,可以被设置为专门面向网页提供服务。

除了一些非常大的网站外,大多数网站被放在Web托管公司的服务器上。这样做通常比自己运行Web服务器要便宜得多,也稳定得多。

有很多种不同类型的托管服务可供选择。现在我们看看那些能帮助你正确选择托管公司的关键因素。

磁盘空间

磁盘空间涉及组成网站的所有文件(所有HTML文件、CSS文件、图像和脚本)的大小总和。

带宽

带宽是指托管公司发送到网站访问者的数据量。想象一下,如果网站中的每个页面都有10个人同时在查看,那么这些数据量就相当于整个网站的10倍。

备份

检查托管公司是否为你的网站进行备份(以及备份的频率)。有的公司只创建备份,以便它们在一台服务器中断的情况下可以恢复你的网站。另外一些公司则允许你访问备份(如果你在升级网站时遇到的意外中断的情形,这能起到帮助作用)。

托管服务

邮箱账户

大多数托管公司会在其Web托管套餐中提供邮箱服务器。你可以查看邮箱的容量以及可用的邮箱数量。

服务器端的语言和数据库

如果你正在使用一个内容管理系统，那么它很可能会使用一种服务器端的编程语言和一种数据库(比如PHP语言和MySQL数据库，或是ASP.Net语言和SQL Server数据库)。一定要检查托管公司提供的技术是否能够支持你的软件正常运行。

要想了解其他人对于某个托管公司的合作体验，最好是查看针对这个托管公司的评论。但是，在出现问题时你往往只能说出托管公司有多么好，这时他们才会尽力帮你(因此你可能希望看到一点关于托管公司的消极评论)。

有许多在线服务允许你将自己的域名指向它们的服务器。比如WordPress.com、Tumblr和Posterous这些博客平台，以及Big Cartel和Shopify这些电子商务平台，它们都能提供用来托管网站的服务器。如果使用这样的平台，那么你就不需要托管你的网站，但通常仍然需要托管你的邮箱。针对这种情况，有些Web托管公司也会提供一些只包含邮箱服务的套餐供你选择。

FTP和第三方工具

可使用文件传输协议将你的代码
和图像传输到托管公司的服务器上。

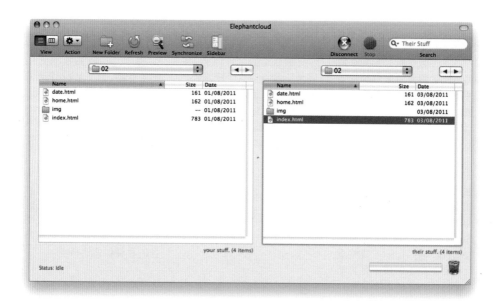

顾名思义，文件传输协议(FTP)允许你通过Internet将文件从计算机端传输到托管网站的Web服务器端。

FTP程序有很多种，在

它们简洁的界面上，一边显示着计算机上的文件，另一边显示着Web服务器上的文件。这些程序允许你将文件从计算机上拖放到服务器上，反之亦然。

那些提供网络服务的各种各样的网站通常是由Web开发人员创建的(目的是让人们不必自己建立这些服务)。

有些托管公司提供了基于浏览器将文件上传到服务器的工具,但人们更习惯使用FTP程序,因为它们传输文件更快。

购买Web托管时,你会得到相应FTP信息,将这些信息输入FTP程序就可以与服务器建立连接。这些信息通常包括一个地址(比如ftp://mydomain.com)、一个用户名和一个密码。值得注意的是,你需要确保这些信息的安全,以防其他人进入你的服务器。

下面是一些常用的FTP应用程序:

FileZilla
filezilla-project.org
Windows、Mac、Linux

FireFTP
fireftp.mozdev.org
Windows、Mac、Linux

CuteFTP
cuteftp.com
Windows、Mac

SmartFTP
smartftp.com
WIndows

Transmit
panic.com/transmit
Mac

下面是一些流行的第三方工具:

博客
wordpress.com
tumblr.com
posterous.com

电子商务
shopify.com
bigcartel.com
go.magento.com

电子邮件时事通讯
campaignmonitor.com
mailchimp.com

社会化网络分享按钮
addthis.com
addtoany.com

▶ 搜索引擎优化有助于访问者使用搜索引擎找到你的网站。

▶ 分析工具(比如Google Analytics)允许你查看有多少人访问了你的网站,他们如何找到你的网站,以及他们来网站做了什么。

▶ 为将网站上传到Web,你需要先注册一个域名并使用Web托管。

▶ FTP程序允许你将文件从本地的计算机上传输到Web服务器上。

▶ 许多公司提供博客平台、电子邮件时事通讯平台、电子商务平台和其他常用的网站工具(从而使人们不必重新编写这些平台和工具)。

The SCIENCE FAIR Surprise

Written by Melissa Blackwell Burke
Illustrated by Patrick Joseph

STECK-VAUGHN
ELEMENTARY · SECONDARY · ADULT · LIBRARY

® A Harcourt Classroom Education Company

www.steck-vaughn.com

Contents